作者简介

崔雪梅 廊坊师范学院副教授，北京体育大学博士，清华大学博士后。主要从事战略管理、中国老年社会学及体育社会学领域的研究，致力于寻求中国体育产业升级、产业链打造及资源市场化运作的解决方案。主持国家社科基金课题1项，参与国家社科重大招标课题2项，以及多项国家、省部级课题。发表论文30余篇。出版专著6部。

李婉铭 英国莱斯特大学硕士研究生，中国社会科学院在读博士。研究方向为经济管理、社会学、传媒。

崔雪梅 李婉铭◎著

「城中村」的社会变迁
——透过体育看中国城市化发展

人民日报学术文库

人民日报出版社

图书在版编目（CIP）数据

"城中村"的社会变迁：透过体育看中国城市化
发展／崔雪梅，李婉铭著．—北京：人民日报
出版社，2018.12
ISBN 978－7－5115－5791－9

Ⅰ.①城… Ⅱ.①崔… ②李… Ⅲ.①农村—城市化
—研究—中国 Ⅳ.①F299.21

中国版本图书馆 CIP 数据核字（2019）第 006784 号

书　　名："城中村"的社会变迁：透过体育看中国城市化发展
作　　者：崔雪梅　李婉铭

出 版 人：董　伟
责任编辑：万方正
封面设计：中联学林

出版发行：人民日报出版社
社　　址：北京金台西路 2 号
邮政编码：100733
发行热线：（010）65369509　65369846　65363528　65369512
邮购热线：（010）65369530　65363527
编辑热线：（010）65369533
网　　址：www.peopledailypress.com
经　　销：新华书店
印　　刷：三河市华东印刷有限公司

开　　本：710mm×1000mm　1/16
字　　数：320 千字
印　　张：19
印　　次：2019 年 7 月第 1 版　　2019 年 7 月第 1 次印刷

书　　号：ISBN 978－7－5115－5791－9
定　　价：95.00 元

序

　　《世界城市》给"城市化"这样定义:"城市化是一个过程,包括两个方面的变化。其一是人口从乡村向城市运动,并在城市中从事非农业工作。其二是乡村生活方式向城市生活方式的转变,包括价值观、态度和行为等方面。"工业革命前夕的英国还停留在农业社会时期,经济发展水平远远落后于地中海沿岸的欧洲南部,不但城市发展缓慢,人口增长也比较迟缓。在乡村中,贵族绅士是休闲生活的主要引领者。在这一时期,以农牧业为主的英国人对于劳动和休闲还没有明确的划分。饮酒成为许多英国人生活中的主要休闲方式。在大量的闲暇时间里,一些体育活动也成为农闲和酒后消遣的内容。特别是在忏悔节、圣诞节等节假日,人们常会在酒后参加一些如足球、板球、赛马、拳击、斗鸡、斗牛等体育活动。由于饮酒和许多体育活动都被安排在礼拜日进行,因此这些行为经常会受到一些虔诚的基督徒的反对,有时甚至会发生冲突事件。

　　17世纪后期英国资产阶级革命的成功为工业革命奠定了基础,围绕着矿产开发、大工业和铁路枢纽、港口等建设,英国各地逐渐形成了越来越多的大城市,产业工人便成为城市市民。此外大量农村人口迅速流入城市以寻求更好的发展前景。这些越来越多居住在城市中的普通民众逐渐在法律上争得了与昔日贵族在形式上同样平等的权利,与此同时,在生活方式及价值标准等方面也渐渐向贵族和新兴资产阶级看齐。昔日作为贵族象征的某些体育运动方式首先开始了自上而下地传播。例如,在工业革命前夕,到赛马场观赛的群体主要是绅士和贵族,而工业革命期间则有越来越多的富裕阶层和中产阶级前来消费。随着工人阶级的不断壮大,一度被视作难登大雅之堂的一些民俗运动如足球、拳击等,也逐渐开始自下而上的普及并成为全民共同的体育休闲方式。英国多数民众的体育休闲内容在政府的导向作用和中产阶级的影响下逐渐背离传统的野蛮而走向现代文明。

　　始于18世纪60年代的工业革命使英国在19世纪中期成为世界上最强大富裕的国家。这不仅仅是一次空前的技术革命,更是一次深刻的社会变革。它对英国的工业化、城市化和社会生活都产生了广泛而深远的影响。工业的快速发展扩大了对劳动力的需求,促使大量农村人口向城市迁移,原有的农牧业休闲文化在城市化的进程中也开始了深刻的革新。受中世纪贵族生活方式影响形成的市民体育休闲和体育竞赛逐渐扩散到整个英伦诸岛,这些影响随着工业革命的进程逐渐扩展到欧洲和全世界,对现代体育的形成和传播产生了决定性的影响。

　　到20世纪中叶,西方国家基本上实现了"城市化"。城市人口占全部人口比例分别为:美国72%,英国87%,联邦德国79%,荷兰86%,加拿大77%,澳大利亚83%。20世纪60年代以后,以大城市为中心的"城市圈"或"城市群"、"城市带"发展较快。目前美国共有四大城市群,即东部的波士华城市群,中部的芝加哥—匹兹堡城市群,西部的旧金山—洛杉矶城市群,南部的达拉斯—休斯顿城市群。

　　伴随着西方工业革命、城市化的发展,由于人们不断增加的余暇时间和对体育日益增长的需求,以竞技为主要特征的一种现代体育文化得以诞生和发展。足球、橄榄球、网球、高尔夫球、保龄球、击剑、游泳、划船、舞蹈、田径、赛马、狩猎、篮球以及郊外运动都起源于英国。19世纪后期到20世纪初,体育运动和户外运动,已经成为欧美以及其他国家国民的一种生活方式。参加体育活动和户外运动逐渐成为现代文明健康的生活方式的标志。现代体育运动的不断发展,对于培养城市居民的市民化也起着越来越重要的作用。

　　中国城镇化是从1978年改革开放以后开始的,当时的城镇化率是17.9%。改革开放40多年里,我国体育发展取得了辉煌成就,短短的几十年内,一跃成为世界竞技体育大国。中国城镇化的顶峰值大约是70%(户籍人口)。按此推算,中国约在2050年才能基本完成城镇化。中国农民进城的方式有三种:一种是农转工,一种是农转居,一种是个体主导型居民工。无论居民采取何种方式进入城市,都面临着一个共同的问题,就是生活方式的城市化问题。2016年,中国城镇人口占总人口比重(城镇化率)为57.35%。流动人口2.45亿人。全国就业人员77603万人,其中城镇就业人员41428万人。城镇化率已达到41.2%,常住人口城镇化率仅为53.7%,要达到发达国家80%的平均水平,还有相当长的路要走。

　　马克思和恩格斯在《共产党宣言》中说:"任何一个时代的统治思想始终都不过是统治阶级的思想"。也就是说在任何一个时代,社会的主流思想都是统治阶级的思想。从农民到市民的转变,最大、最难、最深刻的莫过于精神层面的生活方式变迁。而体育生活是属于精神层面上的生活方式。约瑟夫斯图特在《体育与国民性》中指出:"要想对任何民族的性格做出公正的评判,就一定要调查在他们中通常最为流行的体育项目和消遣方式。"健康的生活方式是社会协调稳定发展的保障,促进人健康发展的基础。在当代社会,城市化是一种现代文明的生活方式。城市化,不仅仅意味着人口在空间结构上的移动,还意味着人口从一种熟识的生活方式进入一种陌生的生存方式时,要接受新的生活环境、人际关系、社会交往、生活观念、社会习俗以及规则意识的改变等。

崔雪梅是我的博士研究生,主要研究方向是战略与管理、老年社会学、体育社会学以及体育经济学等。2012年初冬,作者按照我提出的理论假设开始制定调研计划。理论假设是:(1)体育具有促进人城市化的功能;(2)"城中村"没有基本的公共服务体系,"城中村"居民没有体育生活,不健康的生活方式阻碍了"城中村"居民城市化进程。(3)体育在促进人现代化过程中,可以承担培养居民良好的健康生活方式、解决城市化过程中人的一些社会问题。

在完成本书前,作者历时5年多时间,深入基层对我国城市化发展过程中的居民体育生活状态进行田野调查。

田野调查分为两个时间段完成。

第一阶段(2013.01—2014.06)对我国"城中村"进行田野调查。为了感知整个时代变迁的脉络,作者带着研究任务于2013年1月1日开始对全国"城中村"进行实地考察。历经三个月时间对石家庄、武汉、重庆、长沙、广州、深圳、昆明、贵阳、成都、上海、呼和浩特、沈阳、长春、北京进行田野调查。为了便于研究,作者最终根据实地考察的情况选择北京"城中村",即高碑店村、树村、南宫村以及东大街村作为研究对象,制订初步计划以后,作者开始有计划实施田野调研活动。此部分内容作者形成了阶段性成果,并以专著的形式出版了该部分内容。

第二阶段(2014.08—2018.05)对城市社区进行田野调查。选取北京城市社区安慧里、芍药居、花园村、双榆树作为重点调查和研究对象。

结合第一阶段研究成果、他人对城市社区体育研究的成果以及我国城市化对居民体育生活变迁的影响,作者在第二阶段把研究重点聚焦在"城中村"与城市社区居民体育生活差异的比较方面上,以期通过观察城市化进程中,二者之间体育生活方式变化的差异,了解城市化进程中,体育对居民健康生活的培养作用。第二阶段的主要田野工作聚焦在作者在第一阶段选取的调查对象"高碑店村"和第二阶段选取的调查对象"安慧里"社区上,在延续前期田野工作的基础上,作者详尽地对调查对象进行了深度研究。从宏观和微观两个层面入手,以居民参与体育活动的空间作为一个实地调查的实验室,选用大量的个案研究,在社会空间理论的构建下,以居民的居住空间、休闲活动空间和公共空间作为切入点,调查"城中村"和城市社区居民体育发展现状。研究所得的资料一部分来自村委会、村档案室、地方县志、村志,一部分来源于对居民的实地采访,一部分是作者的实地考察,还有一部分是互联网文献资料。尽量做到资料无限接近事实的本来面目,为研究提供详实、可靠的资料准备。作者田野笔记和访谈记录累计有100万字,照片有1万多张,录音、录像200多次。

　　作者用客观的态度和严谨的科学范式,综合运用社会学和人类学方法,以参与观察法为主,从底层参与观察居民的体育社会空间结构、体育社会空间关系、体育社会空间制度体系以及居民体育活动的轨迹和方式,全面考察他们体育生活互动方式以及社会关系构成,以期揭示城市发展过程中,国家、群体、个人在居民体育生活的实践中具有支配性意义的历史构建,揭示居民在生活区、休闲区和工作区三个空间从事的体育活动的形式及变化过程,揭示居民体育活动的实际图式、策略,将居民参与体育的空间过程与城市社会结构结合起来,通过体育纽带把城市居民连接起来,促进社会融合,加速中国城市化进程。

　　凯文·林奇指出,"无论在任何社会背景中,空间的控制对环境品质都很重要……尤其在一个变迁、多元、权力分配不均、问题尺度大的社会中更是关键……使社区控制自己的空间成为事实,需要在我们经济、政治权力与生活方式中有一些剧烈的变革"。从城市社会空间视角出发,将"城中村"居民看作一个主动寻求现代化的"主体",结合宏观的社会结构和社会制度变迁,对这一过程进行合理解释,描述城市化过程中,居民在日常生活中,体育活动的参与和抉择,以此来说明居民的体育生活和体育世界观,进一步为丰富城市社会空间理论研究,提供一种新的观察、体验和理解,超越传统的理论视域,无疑具有深刻的理论价值。

　　城市居民都是从农村社会进入城市社会,从传统农业社会进入现代工业社会、信息社会,它包含着居民由农业活动向非农产业活动的转变,生活方式由农村单一性向城市生活的复杂性和多样性的转变,以及文化活动方式、思维方式、各种价值观念的转变和再社会化等等。

　　在实际调查中,作者发现,"城中村"体育公共产品供给是一个薄弱环节,提供给居民的体育公共品相当匮乏。主要原因是在我国城市体育统一规划中,由于城市发展的需要,体育公共品供给机制先讲求效率,其次才是公平,造成政府对"城中村"体育资源与城市社区体育资源分配差异,使我国体育公共服务的发展呈现出明显的非均等化态势,导致了体育要素流动、体育资源分配以及体育权利的安排等方面出现了不均衡现象,使"城中村"居民无法参与体育运动,由此还产生了一系列的社会问题。

另一种情况是,在"城中村"中最主要的节俗体育活动就是依托庙会而进行的体育花会表演,它是几千年来中国代代传承下来的对自然的一种敬畏。这种依托庙会而进行的民俗体育花会表演,不仅可以增进"城中村"居民的身体健康,而且有利于促进居民之间的凝聚力,因为共同的信仰,也促进了外来打工者的社会融入。

随着城市的发展,越来越多的"城中村"被纳入城市中来,在统一规划城市体育建设中,无论是健身设施服务方面、健身组织服务方面、健身指导服务方面、体育活动服务方面还是体育信息咨询服务方面,都要把"城中村"体育发展纳入城市发展的统一规划中。关注"城中村"居民的体育生活方式,为推进城市化健康发展,把"城中村"体育资源配置纳入城市整体规划中,实现"城中村"体育公共资源与城市协调、可持续发展具有重要现实意义。将居民体育生活这一构成要素,纳入城市社会空间理论分析中来,从某种意义上讲,既丰富了社会空间理论,又发展了体育社会理论,为体育社会理论研究拓展了新的研究领域。

回顾百年来体育运动的发展,从地域、民族走向世界的实质就是精神价值符合时代的发展要求,确定了正确的社会价值取向,同时也是价值理性和工具理性相互作用的过程,体育活动在培养人们的良好道德品质上有着显著的作用。由于体育与社会的密切关系,体育获得发展并被赋予了一定的象征意义,体育中那些经典的、有社会价值的浅显易懂的名词构建了一个社会子系统,在这个子系统中不同类型的身份加固和社会认可都变成可能。通过成为一个体育社会团体的一员,一个特定的社会角色或者进行一场体育表演,或者作为现场和电视观众,都可以加固自己的身份认同。

体育的社会意义从个人层面上意味着角色、规范、交往、荣誉等,从社会层面上意味着人与社会、社会组织之间的关系、人的社会归属感等,从国家层面来看意味着文化交流和经济一体化等内容。体育的精神内涵是塑造公开、公平、公正的行为品质,它并不看重所选择体育行为的结果,而是着重对人格精神的追求和完善。

随着城市化的快速发展,如何寻求有效的资源积累结构,确保现代化的顺利推进,以达成有效的国家治理,是中国国家发展战略的核心与关键。大国治理是当代中国国家治理的基本特征,当代中国国家治理的战略选择深深受制于其历史传统、现实国情以及时代使命。

体育生活作为一种特定的生活方式,正在成为我们这个时代重要的特征之一。人们通过参与体育活动,可以愉悦身心、提高生活质量、提升生活幸福感以及实现自我发展。作为现代社会恢复体力、发展智力的社会性活动,体育必将成为未来社会的变革引擎,促进环境、经济、政治、社会、科技与文化各方面的发展。因此,当代中国国家治理的战略选择就是通过以现代价值体系的塑造、现代制度体系的构建和现代治理结构的培育为核心内容的政治建设,实现政治建设与大国治理的和谐互动,最终达成有效而民主的国家治理。

杨　桦

2018 年 8 月 2 日于草木斋

摘　要

改革开放 40 年以来，与城市化发展相生的"城中村"日益成为带有普遍性的社会现象。城市社区与"城中村"体育差异问题逐渐成为专家们探讨的议题。了解体育在促进居民城市化中具有的社会功能，旨在为城市体育整体规划发展提供理论依据以及为"城中村"居民社会融入提供了一种新的思考方式、新的理论视角，为实现居民向"市民化"转变提供一种思路和例证。

研究选取城市社区"安慧里小区"与城中村"高碑店村"为个案考察对象，以居民参与体育活动的空间作为调查的对象，运用参与观察的方法，从微观和宏观两个层面反映主体真实的体育生活体验，来考察城市社区与"城中村"居民的体育生活方式。

研究表明：

一、居民体育活动实现取决于两个方面的因素：个体的体育观念和态度以及客观的社会环境。

城市社区居民都有比较清晰的体育观；而"城中村"居民对于体育的认知还比较模糊；城市社区体育组织是向心空间分布状态，其反映了城市社区体育的供给是一种有序供给的状态，是社区的内聚力和动力系统支配影响的结果；"城中村"的体育组织散乱分布于村内，呈不规则的碎片化状态，体育组织分布是社会离心空间。这种空间离散性质的排列所反映的是"城中村"居民社会心理的离散性，这是由于村委的内聚力和动力系统支配弱化而产生的结果；城市社区体育空间的圈层模式使社区内部体育社会结构关系相对稳定；"城中村"体育空间的扇形模式使村内部体育社会结构关系分散、隔离；城市社区居民参与体育活动的方式呈多样化，多是个人行为；"城中村"居民更热衷参与带有节俗庆典性质的体育活动，参与内容和形式都很单一，多是集体行为；城市社区对城市中的"他者"参与体育活动表现出包容性;而"城中村"对"他者"参与体育活动,则表现出排斥性。

二、城市体育正向社会化、社区化、家庭化、设施配套化、活动内容多样化和高档化方向发展。体育促进居民城市化过程中表现出独特的场域和逻辑功能,在促进居民城市化过程中具有不可替代的作用。

城市化发展为现代体育发展提供了物质保障,体育发展对促进人的城市化发展具有不可替代的作用,发展体育是建设体育强国的需要,也是城市化健康发展中不容忽视的问题。

目　录
CONTENTS

第一章　导　论 ……………………………………………………… **1**

第一节　研究源起、选题依据、研究创新及研究意义　1

　　1　研究源起　1

　　2　选题的依据　7

　　3　研究创新与研究意义　9

第二节　研究的理论基础与研究现状　12

　　1　基本概念的界定　12

　　2　理论基础　16

　　3　研究现状　36

第三节　研究方案　62

　　1　研究的基本思路　62

　　2　研究方法　63

第二章　城市化：城市社区与"城中村"发展概述 ……………………… **69**

第一节　城市化与现代生活方式　69

第二节　城市社区——安慧里发展概述　73

　　1　地理与经济环境　73

　　2　历史发展　74

　　3　社会人文环境　76

　　4　休闲娱乐　80

第三节　"城中村"：高碑店村概述　80

1 地理与经济环境 80

2 历史发展 82

3 社会人文环境 84

4 休闲娱乐 86

第三章 城市社区与"城中村"体育生活环境差异 ………………… 88

第一节 城市社区与"城中村"居民体育的认知差异 89

1 城市社区居民体育认知 89

2 城中村居民体育认知 93

3 城市社区与"城中村"居民体育观差异 95

第二节 城市社区与"城中村"体育组织差异 98

1 城市社区与"城中村"体育组织管理体系的差异 99

2 城市社区与"城中村"体育组织类型的差异 101

第三节 城市社区与城中村体育社会空间结构的差异 114

1 体育社会空间评述 114

2 城市社区与"城中村"体育社会空间类型和数量差异 116

3 城市社区与"城中村"体育社会空间分布差异 125

4 城市社区与"城中村"体育空间使用上的差异 137

第四章 城市社区与"城中村"体育生活差异 ………………… 144

第一节 城市社区与"城中村"居民参与体育活动的差异 144

1 安慧里小区居民参与体育活动的情况 145

2 高碑店村居民参与体育活动的情况 158

3 城市社区与"城中村"居民参与体育活动的比较分析 164

第二节 城市社区与"城中村"节俗体育与体育身份认同的差异 166

1 城市社区与"城中村"节俗体育发展差异 166

2 城市社区与"城中村"体育身份认同的差异 175

第三节 城市社区与"城中村"的"他者"体育差异 181

1 城市中的"他者" 181

2 城市社区的"他者"体育 182

3 "城中村"的"他者"体育 184

4 城市社区的"他者"与"城中村"的"他者"体育比较 185

5 高碑店村：一个族群的"他者"体育生活 186

第四节 城市社区与"城中村"体育文化发展的差异 201

1 城市社区传统体育文化的衰退与现代体育文化的多元发展 201

2 "城中村"传统体育的传承发展与现代体育文化的兴起 210

3 现代体育项目的兴起 221

4 "城中村"多元体育文化发展启示 222

第五章 "城中村"体育特有现象的讨论分析 ………………… 228

第一节 "城中村"体育现代化的断裂 228

1 传统体育文化的现代断裂 228

2 "城中村"体育与城市体育的断裂 229

3 个人体育与现代化的断裂 229

第二节 "城中村"居民体育权利贫困讨论 230

1 体育权利概述 230

2 "城中村"体育权利贫困 232

3 "城中村"居民体育权利贫困原因分析 233

第三节 "城中村"居民体育的诉求 240

1 个人安全对体育的诉求 241

2 社会安全对体育的诉求 242

第六章 结论与建议 ……………………………………… 245

第一节 结论 245

1 "城中村"向内构成一种亚体育文化圈 245

2 城市社区体育由内向往构成一种包容开放的体育文化空间 246

3 政府基层体育管理体系的弱管致使基层体育文化活动的弱化 246

4 体育空间的转向造成体育文化活动的极化现象 247

5 城市与"城中村"体育公共服务不均衡，"城中村"优质体育设施配套落后 248

6 体育社会空间结构决定了居民体育生活的选择方式 249

7 体育可以促进居民的社会认同 249

8 "城中村"大部分居民体质下降是另一个公共安全的隐患 250

9 体育文化部门应该参与"城中村"改革和新农村建设 251

10 发展体育维稳成本最低 251

第二节 建议 251

1 构建城市社区与"城中村"体育发展平衡的路径 251

2 构建"城中村"基本体育公共府服务体系 254

致 谢 ·· 263

参考文献 ·· 264

附录1 访谈提纲一 ·· 276

附录2 访谈提纲二 ·· 277

附录3 访谈提纲三 ·· 278

附录4 访谈提纲四 ·· 279

附录5 ·· 281

第一章

导　论

第一节　研究源起、选题依据、研究创新及研究意义

1　研究源起

　　"我们都是被城市化的一员,我们回不去故乡,也离不开城市。从乡村到城市,全球三分之一的人口正在进行最后的大迁移。这个时代的历史,其实有一大部分是由漂泊的无根之人造就而成的"[①]。在接触"城中村"这个概念之前,笔者在道格·桑德斯[②]的《落脚城市》读到这样的描写。笔者,作为这个时代的迁徙大军一员深深被这样的描写打动。评论家逯存磊在评论《落脚城市》一书时写道[③]:"'落脚城市'是一个善意的名词,它区别于'城中村''贫民窟''移民聚落'等倾向歧视性的称谓,为那些充满希望、期冀融入主流社会的外来者所聚居的区域标

[①]　(加拿大)道格·桑德斯著,陈信宏译. 落脚城市[M]. 上海:上海译文出版社. 2012:01.

[②]　道格·桑德斯(Doug Saunders),加拿大《环球邮报》欧洲记者站站长,曾于1998、1999、2000连续三年获得代表加拿大新闻界最高荣誉的"国家新闻奖"。2006年,桑德斯再度获奖,并被评选为当年度加拿大最佳专栏作家。2010年,桑德斯通过巡访全球五大洲二十多个国家和地区,对从乡村到城市的迁移潮和发展中国家的城市化现象进行深度调查,写成《落脚城市》一书。2011年,《落脚城市》在美国、英国、加拿大、德国、荷兰、西班牙等十几个国家和地区出版,并因为在公共事务方面的出色报道,被评为加拿大唐纳奖年度最佳图书。2012年2月1日,上海文艺出版社出版了陈信宏翻译的《落脚社会》。

[③]　逯存磊. 城市飞地的生机与嬗变[Z]. http://blog. sina. com. cn/s/blog_69479efd010 11uyi. html. 2012,05,09.

明,这是过渡性的空间,其所蕴含的巨大潜力与能量远超出我们的想象。"之前怀特的《街角社会》这样描写道:"笔者逐渐意识到,必须围绕某种持续的活动,才能把各街角群体组织在一起。第二年春天的棒球协会在某种程度上满足了这一需要。"①怀特认为街角帮的青年们在体育比赛中,成员的成绩并不由技能决定,而是由他们在群体中的地位决定。一个组织的维持是以某一项所有成员或绝大多数成员都参加的活动实现的。这个活动就是体育。时过百年,不同学者在不同时间从不同的视角,都用一个积极的态度记述了在大规模城市化过程中,发生在城市边缘地带的街角社会的故事。每个繁华或者经济迅速发展的大城市一角,都存在这样一个隐秘的落脚地,它们是由乡村移民构成的城市"飞地"②。

而笔者在这之前对这样的"飞地"的所有认知,是来自一些文献资料负面记载和新闻媒体的负面报道。令人最为震撼的著作者迈克·戴维斯③(Mike Davis)在《布满贫民窟的星球》④(著于2006年)中对贫民窟进行了声嘶力竭的批评。在书中他指出,地球上大多数居住在城市的人口都在忍受可怕的贫困,贫民窟已成为都市化进程中的普遍现象;在贫民窟的发展过程中,政府并没有发挥其作为城市管理者的职能,造成的大量迁徙人口不得不以非法的形式,战战兢兢地生活在贫民窟中,饱受歧视,而得不到政府提供的各种基本保障和服务。公共住房或政府

① (美国)威廉·富特·怀特著,黄育馥译. 街角社会[M]. 北京:商务印书馆. 1994:433.
② "飞地"是一种特殊的人文地理现象,指隶属于某一行政区管辖但不与本区毗连的土地. 通俗地讲,如果某一行政主体拥有一块飞地,那么它无法取道自己的行政区域到达该地,只能"飞"过其他行政主体的属地,才能到达自己的飞地。由于我国历史发展过程的政治、经济、文化等多种原因,我国存在着各种各样、五花八门的不毗邻母体而独立存在的行政区域,包括一般行政单元、工矿区、监狱、农场、村落等等,情况极为复杂。"飞地"行政上完全拥有一块属于自己,但又和自身毫不接邻的地区。比如,我国的"城中村"整个领域被城市包围,行政上隶属于村委会,而游离于城市管理之外。文中提到"飞地"多指具有这一含义的"飞地"。
③ (美)戴维斯著,潘纯琳译. 布满贫民窟的星球[M]. 北京:新星出版社. 2009:01 – 16.
④ 迈克·戴维斯(Mike Davis):1946年出生在美国加州,当代美国社会评论家、都市研究者、历史学家和政治活动家。政治立场属于马克思主义,思想气质和特立独行的萨义德相近。西方世界的左派,其显著标签是标榜正义,追求社会平等,倡导福利经济,尤其热衷于为底层的贫民大众代言,所以,如此一个饱含激情的研究者眼中的都市贫民窟现象,不免过于悲观的渲染。他坚信萨义德的准则"知识分子一定要令人尴尬,处于对立,甚至造成不快"。本书描绘了21世纪极端扩展的城市贫苦景观:除了里约热内卢、金沙萨到孟买的贫民窟生活状况,还指出了城市贫困的不断加剧所带来的严重经济、社会、政治和环境后果。戴维斯对世界城市贫民灾难性困境的忠实描绘不仅为了唤起愤慨,也为了引起更多的关注。

补贴住房的"偷猎"行为已经成为一种城市的半普遍性现象。他认为产生这种现象的原因,一方面是因为国际货币基金组织等倡导降低公共服务的费用却不增加对富人的征税,它导致富人可以有恃无恐地获取住房,另一方面也是因为贫民缺乏政治影响力。中国这样的落脚地称为棚户区、窝棚区、"城中村"、城乡结合部。

20世纪90年代末以来,"城中村"日益成为中国城市化中带有普遍性的社会现象。在改革开放后的40多年时间里,我国经济取得了快速发展,在许多大城市,新区建设和旧城改造同时进行,城市边缘地带迅速城市化,农业用地逐渐转化为非农业用地,一些城市周边的农村被纳入城市,被高楼大厦包围,成为了一种非农非城的特殊社区。这类特殊社区被学者、专家、政府及媒体称为"城中村"。发生在"城中村"里的种种故事,也遭到一些学者、媒体及政府的非议。比如,"城中村"是各种社会问题和矛盾堆积场所,环境脏乱差,社会风气和社会治安恶化,黄、赌、毒流行,各种刑事和治安案件多发,成为城市藏污纳垢的角落";"城中村"内普遍存在公共服务及市政设施不配套、居住环境恶劣、安全隐患突出、社会治安及管理问题复杂等问题,对城市整体形象提升和城市空间资源合理开发利用带来极大的负面影响;"城中村"管理极其混乱,外来人口膨胀,出租屋成为黄、赌、毒的温床、"超生游击队"的藏身之所;这些"洗脚上城"的农民,他们不用劳作,有村社的分红和出租屋的租金,对宗族观念、对求神拜佛的尊崇弥漫了整个村落;城市在进化,村庄在消失,居民在夹缝中裂变,破落的"城中村"被视为城市发展的死角,也被蚁族奉为喧闹城市的栖身地等描述。在40年左右的时间里,批评的焦点从供电、下水道治理、消防、卫生等基础设施缺乏,转变到治安和社会服务的短缺,再到教育和公共文化设施等体现现代城市文化的软硬件的不足等。直到最近,"城中村"的正面价值才开始被留意,比如历史记忆、社区开放和人群与文化的多元性。

桑德斯以"落脚城市"称呼这些地区,更符合大多数人的心意,它充满了人文气息的关怀,也更加人性化。歧视性语言描述和柔性化关怀的反差,总是让人的内心有所触动,最终引领笔者对于这一"落脚城市"地带开始深刻的思考。在阅读了大量有关"城中村""平民窟""边缘地带""城市化"及"社会变迁"等国内外研究的学术专著和论文之后,笔者才对40多年间,中国城市化发展带来的大规模人口迁徙有了初步认识,对"城中村"的认识也开始趋于理性。为此笔者走访了北京、上海、广州、天津、石家庄、成都、重庆、昆明、武汉等城市中几个比较著名的"城中村",有了一些实地调研的资料。笔者认为桑德斯的"落脚城市"定义可能更符合人道主义的要求,这里所理解的"落脚城市"是指农村居民前往城市后,最初落脚并聚集定居的地方,"城中村"是其中的一块落脚地。桑德斯认为,适宜的政策和支持会让落脚之地获得接纳,从而使落脚人得以融入正常的社会;反之则会导致经济停滞、极端势力增长。这并不是一个人文学者的危言耸听,当北京海淀区唐家岭、六郎庄靠近中关村电子商城最大的两个"城中村"被拆迁时,直接造成中关村许多企业倒闭,为此笔者专门调研了中共村电子商城,发现许多店铺都人去楼空。当打工者都离开了,靠打工者生存的企业也就不存在了,企业不存在,那么打工者又依靠谁来生存呢? 这个社会是一个共生的社会,富人依靠穷人而生存,穷人依附富人而生存,谁也离不开谁。北京社会科学院 2013 年底发布的《北京社会发展报告》①中《北京市"城中村"改造中的农民就业问题研究》提供的数据表明,这样的拆迁同样也波及到了本地年轻人,造成主动失业率高达 20%。失业是拆迁村可持续发展的隐患。而实际观察的情况,远远比文本资料的介绍要复杂得多。在调研的过程中,笔者发现一些村子和城市交接,外观和城市没什么区别,但是从定义上却是"城中村",一批新型的"城中村"问题,正在我国悄然发生。也就是说,在人们更多地关注传统"城中村"社会问题时,新形式的新型"城中村"在中国已悄然兴起,因为它们外观上更接近城市,而被专家和学者忽视。

落脚城市的历史,渊源已久,从未停止过。18 世纪末至 20 世纪初,欧洲与新大陆间的交流,直接改变了世界的政治、经济、文化格局。孟德拉斯在书中指出,"20 亿农民站在工业文明的入口处,这就是在 20 世纪下半叶当今世界向社会科学提出的主要问题"②。19 世纪,是欧洲城市大发展的年代。英国、法国、德国等西欧国家,城市人口成倍增长,大城市相继出现。人口的急剧增加,一些城市出现了住房、食物、交通、职业、卫生设施和医疗保健及社会秩序等方面的问题。Wilson (1987)提出城市贫民窟的居民会面临系列的社会问题的观点,激发了对于贫民窟形成所导致社会隔离负面作用的激烈讨论。很多国家都采取了各种措施应对贫民窟的社会问题。美国学者 J·布鲁姆③认为当今欧美的贫民窟与早期相比已经有了全然不同的新特征,与各种问题混合后变得更复杂了。而落脚城市,作为过

---

① 戴建中编. 北京蓝皮书:北京社会发展报告(2012～2013)(2013 版)/曹婷婷. 北京市"城中村"改造中的农民就业问题研究——以海淀区为例[R]. 社会科学文献出版社. 2013:229－236.

② (法)孟德拉斯著,李培林译. 农民的终结[M]. 北京:社会科学文献出版社. 2010:01－10.

③ Warner S. B,Jr. Streetcar Suburbs:The Process of Growth in Boston 1870～1900 [M]. Cambridge:Harvard University Press. 1978:45－55.

渡性的空间,其重要性不言而喻,于此,施政者是直面之,抑或采取"鸵鸟政策",将直接影响着未来社会的发展。

"城中村"是"落脚城市"定义中最重要的一块落脚地,具有双重的功能,它既是城市异质的边缘,也是替代贫民窟而成为农民工融入城市并转变成新市民的摇篮和跳板。夕阳西下,有归飞的鸟儿唧唧鸣叫,有炊烟从低矮的房屋升起,畜栏里牛羊走动,儿童嘻嘻奔跑于田间,老人漫步秋林山顶,这样的村庄正在慢慢从我们视线中消失,无论我们愿意或不愿意,这样美丽的田野都将成为一种记忆存在我们的心间,一去不复返。中国正经历着历史上最大规模的迁徙,几亿传统农民,正在转变成职业工人,各行各业的工作人员,从乡村社会快速向城市社会推进,如此巨大规模的非农化、工业化和城市化,在世界工业化历史上还不曾发生过,它意味着人们的生产方式、职业结构、消费行为、生活方式、价值观念都将发生极其深刻的变化,这将彻底变换人类的社会生态。"城中村"作为非正规城市化空间,由于外来移民创建的各种非正规部门的集聚,使其较单纯的低成本移民聚居区具有了更为复杂的空间结构和管理关系。传统的亲属体系、家庭关系、婚姻关系、邻里关系,以及他们道德观、文化观和价值观,还有文化传承、农业文明传承等问题,都将随着社会的城市化变迁而发生裂变。反观西方19世纪中期至20世纪早期清除贫民窟的历程,虽然采取的措施多种多样,但是由于忽视了社会问题、人的城市化问题,单纯从解决住房问题入手,花费了100年才基本解决居住问题,且贫民窟现象一直保留至今。忽视社会问题和人自身发展的问题,匆忙改造是一个误区,有可能将让城市在未来付出更大的代价。前车之鉴,我们需要重新审视"城中村"的问题,它绝不仅仅是一个空间环境的问题,也不是一个通过地产开发就能解决的问题,而是一个关系社会稳定、社会公平和城市协调发展的综合性问题。"城中村"的城市化发展并不意味着农民的终结,农民能否顺利地融入城市,完成市民化,是一个比空间变迁和居住模式改变更为复杂的问题。对于绝大多数农民来说,其融入城市或许应该是一个通过代际转换方可完成的问题,其过程充满了矛盾、排斥和冲突。

体育对人们树立健康的生活方式、培养竞争意识、拓展"开放"的视野、丰富充实情感生活、培养良好的素质以及培养良好的家庭和邻里关系等方面都起着重要的"载体"作用,它的发展程度是社会文明程度的标志之一。尽管现代化的城市变化中,所有迁徙者都遭遇到自身的生活方式、思想观念、文化模式冲击和调整,但是无论世事如何变迁,社会如何发展,体育休闲娱乐都是人们永远关注的主题。

它从人类诞生以来,就依附于人的生活而存在,人们通过各种体育娱乐活动来愉悦自己的身心,宣泄自己的情绪,自觉地改善自我身心和开发自身的潜能。它镶嵌于人们生活的方方面面,随着人们生活方式的变迁而变迁。

广州市白云区石井镇,夏茅、环滘、榕溪等"城中村"沿线数公里,河水污染严重,河水变成黑色,发出阵阵恶臭。就是在这样的环境里,几群孩子用布条绑在沿河的树上,光着脚在跳皮筋,一边跳一边唱。在树丛中,还有农民工吊起的沙袋,在闲暇时,一群人围在一起,打几拳,踢几脚,间或发出阵阵喝彩声。如果这些还不足以给人以震撼,那么武汉的贺家墩村、航侧村和姑嫂树村三个"城中村"浓厚的足球文化足以让人震撼。由于在姑嫂树村出了一名女足国脚岳敏,航侧村出来一名国脚蒿俊闵,带动了三个村子足球文化的普及。这里男女老幼,都喜欢踢球,村里除了有宏兴俱乐部外,每一个自然村还有自己的足球队,每周末都会有一场足球比赛。足球对于居民来说不仅是娱乐,更是一种归属感。这两件偶然事件,足可以激起人们的好奇心,我们不禁带着疑问走进"城中村","城中村"居民究竟有怎样的体育生活? 体育在我国大规模的城市化过程究竟能给人带来了什么? 它在促进人的现代化中,究竟应该承担什么样的角色? 我们所看到的是片面行为还是普遍行为? 生活在"城中村"这样大规模的"城市落脚人",无论是迁徙来的居民还是本地居民,究竟有怎样的体育生活呢? 他们是否真正享受到了自己创造的这样文明城市的体育成果呢? 他们是否经常锻炼身体? 而他们又是如何关注自己的健康问题的呢? 他们是否对体育有需求,他们又需要什么样的体育活动呢? 政府是否给他们提供了一个基本的体育服务体系? 他们是否享受了作为公民的基本权利——体育权呢? 体育是否可以促进他们融入社会呢? 等等。目前我国学者对这样群体的体育生活方式还少有关注,由此,关注"城中村"这块"城市落脚地"居民的体育生活,是一个非常迫切的问题。在《街角社会》的研究中,青年帮的青年们经常聚在一起,玩保龄球、打棒球、玩纸牌,谈论赌博、赛马等,青年帮体育活动后面是一个有序的组织结构,以及《落脚城市》所描绘的"外来移民迁徙至落脚城市,其所注目的是向上的通道,如果这一条途径是畅通的,他们在善待自己的同时也会善待自己所居住的区域"。这让我们有理由认为体育对于培养人、为人提供上升机会的重要作用。上述种种机缘巧合,促使本研究论题得以形成。

2 选题的依据

2.1 全民健身是国家战略

2014年10月,国务院下发的《关于加快发展体育产业促进体育消费的若干意见》中指出,发展体育事业和产业是提高中华民族身体素质和健康水平的必然要求,有利于弘扬民族精神、增强国家凝聚力和文化竞争力。这是我们首次将全民健身上升为国家战略,把全民健身事业从体育工作的一个环节逐步上升为国家战略,将其推向了一个更高的发展平台。建议指出,推进健身休闲产业供给侧结构性改革,提高发展质量和效益,培育壮大各类市场主体,丰富产品和服务供给,不断满足大众多层次多样化的健身休闲需求,到2025年,基本形成布局合理、功能完善、门类齐全的健身休闲产业发展格局,产业总规模达到3万亿元。各地要把发展健身休闲产业纳入国民经济和社会发展规划;各级体育行政部门要加强职能建设,充实体育产业工作力量。充分利用郊野公园、城市公园、公共绿地及城市空置场所等建设群众体育设施。鼓励基层社区文化体育设施共建、共享。"城中村"是城市的一部分,应该纳入体育发展的整体规划中,发展"城中村"体育恰恰是最好的契机。

2.2 体育是建设健康中国的重要组成部分

习近平总书记强调:"没有全民健康,就没有全面小康",因此健康是促进人的全面发展的必然要求,是经济社会发展的基础条件,是民族昌盛和国家富强的重要标志,也是广大人民群众的共同追求。全民健身实现全民健康,建设体育强国的根本在于让全体人民都参与进来,提高健康水平和生活品质。体育全周期、全人群保障人的身体健康。通过体育运动可以促进人体八大系统(运动系统、神经系统、循环系统、呼吸系统、消化系统、内分泌系统、免疫系统及泌尿系统)的健康。群众体育是人民幸福的保障。发展体育运动、增强人民体质,是我国体育事业发展的基本方针,党中央、国务院高度重视全民健身工作,把全民健身作为人民增强体魄、健康生活的基础和保障,上升为国家战略。

群众体育是体育强国建设的根本,离开了根本,体育强国就无从谈起。党的十八届五中全会明确提出推进健康中国建设。全民健康是全体中国公民都拥有的一项基本权利。每一个公民都可以通过参加体育锻炼,获得身体健康,参加体育锻炼也是每一个公民的基本权利。2016年6月,国务院关于印发全民健身计划(2016—2020年)的通知开篇指出:全民健康是国家综合实力的重要体现,是经济社会发展进步的重要标志。10月,国务院办公厅印发的《关于加快发展健身休闲产业的指导意见》又指出,加快发展健身休闲产业,是建设"健康中国"的重要内容。

2.3 基本体育公共服务体系建设是居民实现参与体育权利的保障

国务院关于印发"十三五"推进基本公共服务均等化规划的通知指出,基本公共服务均等化是指全体公民都能公平地获得大致均等的基本公共服务,其核心是促进机会均等,重点是保障人民群众得到基本公共服务的机会,而不是简单的平均化。享有基本公共服务是公民的基本权利,保障人人享有基本公共服务是政府的重要职责。推进基本公共服务均等化,是全面建成小康社会的应有之义,对促进社会公平正义、增进人民福祉、增强全体人民在共建共享发展中的获得感、实现中华民族伟大复兴的中国梦,都具有十分重要的意义。

坚持公平公正的原则,以提高全体人民健康水平为核心,完善基本体育公共健康体系保障系统、建设体育健康环境、发展体育健康产业为重点的基本的体育公共服务体育系统全覆盖。这是深入贯彻落实科学发展观的重大举措,是深化收入分配制度改革、维护社会公平正义的迫切需要,是全面建设服务型政府的内在要求。是要逐步建立城乡一体化的基本公共服务制度,健全促进区域基本公共服务均等化的体制机制,加大公共资源向农村、贫困地区和社会弱势群体倾斜力度,把更多的财力、物力投向基层,缩小基本公共服务水平差距,促进资源均衡配置、发展机会均等。

国家倡导建立健全基本体育公共服务体系,其本质就是在国家经济社会发展的同时,保障全体公民最基本的人权,公民能够公正、平等、普遍享有保障与均等服务色彩的公共服务类型。其基本目标就是确保生活在不同区域之间、城乡之间、居民个人之间能够享受到基本公共服务水平一致。为此,加强基层公共体育设施建设。全面实施全民健身计划,健全基层全民健身组织服务体系,扶持社区体育俱乐部、青少年体育俱乐部和体育健身站(点)等建设,发展壮大社会体育指导员队伍,大力开展全民健身志愿服务活动。积极推广广播体操、工间操以及其他科学有效的全民健身方法,广泛开展形式多样、面向大众的群众性体育活动。建立国家、省、市三级体质测定与运动健身指导站,普及科学健身知识,指导群众科学健身。推动落实国家体育锻炼标准,加强学生体质监测,制定残疾人体质测定标准,定期开展国民体质监测。大力推动公共体育设施向社会开放,健全学校等企事业单位体育设施向公众开放的管理制度。建立覆盖城乡的基本公共服务体系网络,最终实现体育公共服务一体化。2017 年,习近平总书记提出大力发展群众体育,通过全民健身实现全民健康,进而实现全面小康目标。

3 研究创新与研究意义

3.1 研究创新

都市人类学研究内容主要包括城市中的文化类型、城乡关系、城市中的种族、贫困和城市空间等问题。有关城市社区体育与"城中村"体育的差异研究领域,都市人类学家尚未关注,都市人类学作为研究城市认知社会的新视角,强调主体性的存在和行为策略的过程,关注人生活的社会空间和日常生活实践,这为我们研究城市社区体育与"城中村"体育的差异提供了一个新的分析框架。这样,城市社区体育与"城中村"体育的差异研究就需要开拓一种新的都市人类学视角和研究潜力,一种新的都市人类学研究方式,一种新的理论解释方式和新的解释框架。这需要来自城市社区体育与"城中村"体育的居民日常生活的体育实践的原始素材,城市社区体育与"城中村"体育的居民亲身参加的各种体育娱乐活动是体育实践的关键因素。这就要求我们要突破都市人类学,对传统城市的社会结构、社会网络范式或者社会文化范式,从新的视角对都市人类学理论作出一种诊断式的理解,将都市人类学的视野拓展至城市社区体育与"城中村"体育居民参与体育活动的微观观察语境中,从底层反映和倾听居民对体育的需求,从他们真实的体育生活中,感受他们的共同的体育娱乐方式和彼此共同认同的体育活动。

本研究的创新在于:其一,从研究方法上,以都市人类学实地研究为主,借鉴社区研究法,应用客观的态度和严谨的科学范式,对城市社区体育与"城中村"体育进行亲身经历考察,对观察、搜集、记录、整理的大量文字资料、音响资料、视频资料、运用社会学的统计方法进行处理,以确保研究的客观性。在进行每一个领域的研究中,首先建立一个理论基础分析框架,使每一个被观察对象都在这个理论分析框架下进行,确保每一个观察的对象都与一个清晰的理论命题相连接联结,以保证所有参与观察的对象,都在相对客观的理论基础上进行,在操作过程中,遇到每一个问题,都不是一种研究方法能完成的,基本上每一个问题研究,都综合运用了社会学和人类学方法交叉应用,这样的指导思想贯穿整个研究过程,人类学和社会学研究法的混合运用,参与观察研究对象的整个过程,应该还是比较独特而新颖的方法运用。

其二,以动态的故事描述为写作方式,强调研究主体的能动性。分析居民作为体育活动参与主体的自我认同,赋予事件中心性的位置,以个人、家庭、邻里、朋友为关系纽带,从日常生活中的体育行为为着眼点,侧重在各个阶层的真实的体育活动情况及形成和运行逻辑。聚焦他们社会类属和群体符号边界的生成以及在城市中现代体育项目的体验与获得,全面考察他们与生活中其他人群互动的体育方式。在体育领域的研究应该是比较独到和新颖的。

其三,研究的切入点上,以城市社区体育与"城中村"体育的居民的居住空间、休闲活动空间和公共空间作为切入点,进入居民的体育生活,参与观察他们的体育生活方式。城市社区体育与"城中村"不是一个封闭的社会,它是城市的一部分,而且城市社区体育与"城中村"居民的生活也不是一个封闭的生活,必然和周围的城市空间发生各种各样的互动和交往。城市社区体育与"城中村"不仅仅是居民居住的一个空间,因此在考察居民的体育活动时候,绝不能仅仅局限于他所生活的空间进行。都市的社会网络通常不局限于一个固定的区域,它从起源的地方拓展到更为广泛的居住区域当中。

由于都市体育文化和都市体育环境的多样性及复杂性。"城中村"在城乡二元文化碰触、冲突和融合中,体育的社会结构、体育活动方式、体育消费水平、体育思维观念都要和城市重新整合。以"城中村"居民参与体育的空间为切入点,通过体育纽带把"城中村"居民和城市居民连接起来,促进社会融合,这既是本研究切入点的创新也是也是本研究的理论创新。

其四,从理论层面上,在城市社区体育与"城中村"居民体育的研究事实中采取都市人类学这一理论视角,将居民体育活动放置于城市空间脉络中,将城市视为研究该主体体育活动的背景,将该主体日常的体育活动,依据他们的生活区、休闲区和工作区三个空间进行亲身考察,以期揭示城市发展实践中,国家、群体、个人在"城中村"居民体育生活的实践中支配性意义的历史构建,揭示该主体在生活区、休闲区和工作区三个空间从事的体育活动的形式及变化过程,从而揭示该主体在遭受社会排斥后的体育活动的实际图式、策略,将城市社区体育与"城中村"居民参与体育的空间过程与城市社会结构结合起来。这些都是比较有独创性的。从经验事实到居民体育空间的实践和书写,我们看到了一种城市社区体育与"城中村"居民体育生活差异的真实存在,可以说,通过对城市社区体育与"城中村"居民体育参与观察研究,将"城中村"居民体育生活这一构成要素,纳入到都市人类学理论分析中来,从某种意义上来讲,具有开创的意义,既丰富了都市人类学理论,又发展了体育人类学理论,为体育人类学理论研究拓展了新的研究领域。

3.2 研究的意义

3.1 构建基本体育公共服务体系，对实现公平正义，推动和谐社会发展具有重要的实践意义。

十八大报告中提出："使发展成果更多更公平惠及全体人民。"逐步建立以权利公平、机会公平、规则公平为主要内容的社会公平保障体系，强调"更公平"，符合"以人为本"理念。由于我国城市发展的需要，体育公共品供给机制先讲求效率，其次才是公平，造成政府对"城中村"体育公共产品供给是一个薄弱环节，提供给村民的体育公共品相当匮乏，使我国体育公共服务的发展呈现出明显的非均等化态势，使"城中村"村民无法参与体育运动及享受体育运动，由此还产生了一系列的社会问题。实际上这造成了我国公民体育权利的不平等。而我们就是通过本研究实现差异缩小并逐渐实现村民平等享受体育的权利。作为世界人口最多的社会主义大国，全体中国人民始终都是体育发展的主体，都享有健康的权利，增强人民体质、提高全民族身体素质和生活质量，是体育事业发展的根本宗旨，充分体现了以人民为中心的发展理念。建立"城中村"以体育权利公平、参与体育机会公平、参与体育规则公平为主要内容的体育社会公平保障体系，努力营造"城中村"与城市社区公平的体育社会环境。保证人人平等参与体育、平等发展体育的权利，促进人人健康，把健康融入所有政策，全方位、全周期保障人民健康，实现强国梦，是全体中国人的梦想。建设公共体育服务体系要坚持以人为本，面向基层、保障基本、服务群众，牢牢把握公共体育服务的公益性质。研究"城中村"体育和"城中村"社区体育和谐发展具有重要的现实意义。

3.2 研究城市社区与"城中村"体育的差异具有深刻的社会学价值。

城市社区体育对"城中村"体育的发展具有示范意义。但是实施上村民体育生活方式的形成取决于两个方面的因素：客观的社会环境、个体的体育观念和态度。不是体育公共服务体系健全了，村民就有了体育生活方式，这个过程完成可能需要一个更长的时间。村民能否顺利地融入城市，完成市民化，是一个通过代际转换方可解决的问题，其过程充满了矛盾、排斥和冲突。体育作为人类文化和精神文明建设的一个部分，它对人们树立健康的生活方式、培养竞争意识、拓展"开放"的视野、丰富充实情感生活、培养良好的素质以及培养良好的家庭和邻里关系等方面都起着重要的"载体"作用。弥补"城中村"体育发展不足，促进"城中村"体育与城市社区体育以人民健康为中心，推动全民健身和全民健康深度融合，具有重要的社会学价值。

3.3　有关"城中村"体育发展研究是建设中国体育事业发展的需要,也是城市化健康发展中不容忽视的问题。

关注""城中村""这一特殊群体的体育生活方式,为推进城市化健康发展,按照科学发展观,把"城中村"体育资源配置纳入到城市整体规划中,以人为本,统筹城乡关系,实现城中村体育公共资源与城市协调、可持续发展具有重要的理论意义和现实意义。在 2016 年 8 月,习近平总书记提出:要倡导健康文明的生活方式,树立大卫生、大健康的观念,把以治病为中心转变为以人民健康为中心,建立健全健康教育体系,提升全民健康素养,推动全民健身和全民健康的深度融合。李克强总理表示,要构建全程健康促进体系,全周期维护和保障人民健康。未来将推动创建运动休闲城市,2016 年 12 月,刘延东副总理在体育工作座谈会上强调,要树立"大体育"理念,努力实现体育工作全地域覆盖、全周期服务、全社会参与、全球化合作、全人群共享,不断增强广大群众的获得感和幸福感。习近平总书记提出举办2022 冬奥会,最根本目的是让广大老百姓受益,把全民健身普及开来。国务院印发了 2016~2020 年全民健身计划,这是"十三五"时期发展全民健身的顶层设计,同时,提出了一系列新的目标、任务、举措、要求。当前要做的就是要把全民健身计划打造成全民幸福计划,所有的工作都要围绕以人民为中心,让百姓有更多的获得感和成就感。关注"城中村"这一特殊群体的体育生活方式,为推进城市化健康发展,按照科学发展观,把"城中村"体育资源配置纳入到城市整体规划中,实现"城中村"体育公共资源与城市协调,是城市化健康发展不容忽视的问题。

第二节　研究的理论基础与研究现状

1　基本概念的界定

1.1　社区、城市社区与"城中村"

所谓社区,就是指聚居在一定地域范围内的人们所组成的社会生活共同体。[①]基本要素包括:一定数量的人口、一定范围的地域、一定规模的设施、一定特征的

---

① 郑杭生.社会学概论新修.第 3 版[M].北京:中国人民大学出版社,2003.

文化、一定类型的组织。① 其特点是:有一定的地理区域、有一定数量的人口、居民之间有共同的意识和利益、有着较密切的社会交往。

所谓城市社区又称都市社区,是城市地域的社会共同体,即由一定城市地域范围的人群及其社会活动、社会关系、社会心理、社会组织制度诸方面构成的特定社会机体。文化上具有两大特征:理性化、世俗化。②

所谓"城中村",就是指在繁华的城市里或城乡结合部,是那些没有或只有很少农田,居民已经基本不务农,农民部分甚至全部转变为城市居民,但依然保留农村管理体制的一种村社型组织。③

城市社区和"城中村"都是人类社区的一种类型。其社区结构都是由各要素的内部及其相互间形成的相对稳定的关系或构成方式,④分社区外部结构和社区内部结构。社区外部结构:社区与外部区域范围中各类社会组织的相互关系。社区内部结构:社区成员结构(数量、分布、构成)、社区空间结构(用地、空间、建筑、设施)、社区文化结构(信仰、价值观、行为规范、生活方式、地方语言等)、社区组织结构(垂直式、水平式)。⑤

1.2 体育、城市社区体育和"城中村"体育

体育,是一种复杂的社会文化现象,它以身体与智力活动为基本手段,根据人体生长发育、技能形成和机能提高等规律,达到促进全面发育、提高身体素质与全面教育水平、增强体质与提高运动能力、改善生活方式与提高生活质量的一种有意识、有目的、有组织的社会活动。⑥ 体育发展的规模和水平是衡量一个国家、社会发展进步的一项重要标志,也成为国家间外交及文化交流的重要手段。体育包括体育文化、体育教育、体育活动、体育竞赛、体育设施、体育组织、体育科学技术等诸多要素。⑦

本研究定义的城市社区体育,就是指城市某一居住区的居民,在一定的社区体育空间内(社区内体育空间或者社区外体育空间),通过参与形式多样的身体活动达成强身健体、运动医疗、健康长寿、健身健美、减肥塑形、减压释放疲劳、培养

---

① 黄宗凯. 社会学概论[M]. 成都:西南交通大学出版社,2009.
② 周文建,宁丰. 城市社区建设概论[M]. 北京:中国社会出版社,2001.
③ 崔雪梅. 北京"城中村"居民体育研究[D]. 北京体育大学,2014:(05),17-18.
④ 唐忠新. 中国城市社区建设概论[M]. 天津:天津人民出版社,2000:22-23.
⑤ 于显洋. 社区概论[M]. 北京:中国人民大学出版社,2016:33-35.
⑥ 熊晓正. 体育概论[M]. 北京:北京体育大学出版社,2008:13-14.
⑦ 陈咏声. 体育概论[M]. 北京:商务印书馆,1933:17-18.

性格特征以及优雅体态、休闲娱乐、社会交往等目的群众体育活动或者个人体育活动。这里的居民既包括有该社区户籍的居民也包括无该社区户籍的居民。

"城中村"体育，就是指"城中村"居住居民，以健康、锻炼身体、休闲娱乐、游戏、养生、娱乐身心、社会交往为目的，而进行的各种形式的体育活动。这里所指的居民既包括本地土著居民也包括外来居民。①

1.3　生活方式和体育生活方式

生活方式是不同的个人、群体或全体社会成员在一定的社会条件制约和价值观念制导下所形成的满足自身生活需要的全部活动形式与行为特征的体系。基本要素分为生活活动条件、生活活动主体和生活活动形式三个部分。

所谓"体育生活方式"②是指：在一定社会客观条件的制约下，社会中的个人、群体或全体成员为一定价值观指导的满足多层次需要的全部体育活动的稳定形式和行为特征。体育生活方式的结构可分为三个部分：体育活动的条件，即人自身、自然和社会的条件；体育活动的主体，即个人、群体和社会；体育活动的形式，即活动项目、内容及组织形式等。

1.4　城市社区居民与"城中村"居民及其人口结构

1.4.1　城市社区居民及其分布结构

城市社区居民，是指在一定时期内，固定居住在城市某一社区范围内的公民。社区居民分为有城市户籍居民和非城市户籍居民。他们都是社区居委会的服务对象，只是在服务过程中，有些服务内容专门针对本社区户籍的居民，有些服务内容面向所有的居民。城市社区居民的结构构成如图1－1所示。

1.4.2　"城中村"居民及其人口结构

新华字典解释居民是指固定住在某一地方的人。本研究认为"城中村"居民，就是指一定时间内，固定住在"城中村"内，长期从事生产和消费的人或法人。包括有户籍居民和无户籍居民。本研究引用"居民"概念而不是"村民"概念，是因为在城中村居住的人口结构比较复杂，这里既有当地农民，又有当地农转非的居民，也有农转工的工人、退休工人、还有大量形形色色的外地人口，用"村民"这一称呼，远远不能涵盖其人口的全部，而"居民"的概念则能涵盖在城中村中居住的所有人口。凡是居住在"城中村"的人口，都是本研究的研究范畴，因此本研究采

---

① 崔雪梅. 北京"城中村"居民体育研究[D]. 北京体育大学,2014,(05):17－18.
② 苗大培. 论体育生活方式[M]. 北京:北京体育大学出版社. 2004,(01):58－16.

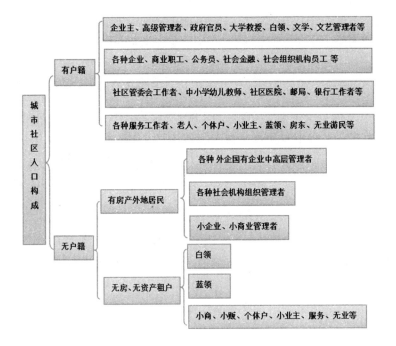

图 1－1　城市社区人口结构图

用"城中村"居民这一概念。居住在北京"城中村"居民的具体详细构成结构如图 1－2 所示。

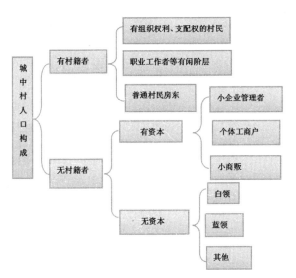

图 1－2　"城中村"人口结构图

2 理论基础

2.1 都市人类学理论

都市人类学(Urban anthropology)理论和研究方法来源于人类学,是人类学的一个分支,主要研究都市对人类行为的影响,涉及的领域及议题有都市的基本组织及职能、都市中的族群与族群关系、乡村移民、贫穷与新自由主义等①。《简明文化人类学词典》把都市人类学定义为以人类学的方法研究分析都市及都市社区的演变规律、结构、类型、生活方式、社会组织、都市病态及其解决方法等问题的学科。②

20世纪30年代,社会学与人类学利用"社区研究"(community research)的方法,开展了对城市"社区"的研究。如,林德夫妇③(Robert Staughton Lynd, Helen Merrell Lynd)出版了《中镇:一项美国文化研究》(Middletown:A Study in American Culture)一书。林德夫妇向人类学家威斯勒④(C. Wissler)请教,参考了参与观察法,描述了社区及社区之间各个构成要素之间的关系。自1930年起,雷德菲尔德⑤对墨西哥南部尤卡坦进行了长达16年的考察,还曾经到过中国、印度、波多黎各等国以及欧洲。他继承了H. J. S. 梅恩、F. 滕尼斯、迪尔凯姆的传统,在对农村文化向城市文化变迁的研究中,致力于区分民俗社会(农村)与都市社会。他认为

---

① Ulf Hannerz. *Exploring the City:Inquiries Towardan Urb an Anthropology*[M]. Columbia University Press. 1980:01.

② 陈国强主编. 简明文化人类学词典[M]. 杭州:浙江人民出版社,1990,08:47.

③ Robert Lynd and Helen Lynd. Middletown:A Study in American Culture[M]. New York:Harcourt,Brace and World,1929:47 – 48.

④ 威斯勒,美国人类学家,1897年毕业于印第安纳大学,1901年在哥伦比亚大学获哲学博士学位,1903~1909年在哥伦比亚大学担任人类学助教、讲师。他担任纽约市美国自然博物馆长达40年之久。并在1924~1940年期间兼任耶鲁大学人类学教授,威斯勒曾提出文化区域的概念。

⑤ 雷德菲尔德(1897~1958),美国人类学家、社会学家。早年学习法律,1923年去墨西哥访问,受到当地传统文化的影响,返美后在R. E. 帕克的鼓励下研究人类学。1927年为芝加哥大学讲师,1928年获该校哲学博士学位。1930年任华盛顿卡内斯研究所副研究员。1934年任芝加哥大学人类学教授、社会科学部主任。雷德菲尔德的研究方法和理论受到英国功能学派人类学的影响,同时在方法上还受到帕克为代表的芝加哥经验社会学的影响。当多数人类学家把注意力集中在原始人及其文化时,他却致力于农村社区的研究。他的另一个理论贡献是提出了大传统与小传统的概念。前者指社会精英们建构的观念体系——科学、哲学、伦理学、艺术等;后者指平民大众流行的宗教、道德、传说、民间艺术等。著有《尤卡坦的民间文化》《小社区》《农民社会和文化》等。

民俗社会受习俗支配,是小而封闭的,强调组织化客体的神圣性的社会。民俗文化与都市文化共同组成了文明的连续统一体。1943 年怀特(Whyte)的《街角社会:一个意大利人贫民区的社会结构》①,怀特以参与观察者的身份,置身于观察对象的环境中,对波士顿市的一个意大利人贫民区进行了实地研究,以及 1948 年赫尔曼②(Hellmann)和班通(Banton)写的著作,50 年代前苏联发表的研究工人的论著等,都是都市人类学早期比较好的作品。典型研究是美国人类学家 Oscar Lewis③(1959 年)的《五个家庭:墨西哥贫穷文化案例研究》。他从社会、社区、家庭、个人层面系统研究了生活在城市贫民窟居民的贫困文化,从文化角度分析贫困存在的根源。

都市人类学作为一门独立的人类学分支学科,国际上通常认为应从 60 年代开始。因为这个时期出现了较多的著作,并对都市人类学学科建设进行了广泛讨论,一些都市人类学家运用民族志技术分析传统城市。例如,美国对其境内的城市少数民族进行的研究,北美人类学家开始注意城市少数民族,加拿大对讲法语

---

① 《街角社会:一个意大利人贫民区的社会结构》是美国芝加哥学派社会学家、美国艺术和科学研究院院士威廉·富特·怀特于 1936 至 1940 年,对波士顿市的一个意大利人区进行的实地研究。他以被研究群体——街角帮一员的身分,置身于观察对象的环境和活动中,对闲荡于街头巷尾的意裔青年的生活状况、非正式组织的内部结构及活动方式,以及他们与周围社会(主要是非法团伙成员和政治组织)的关系加以观察,并及时作出记录和分析,最后从中引出关于该社区社会结构及相互作用方式的重要结论。
② Fuchs S, Kuhlicke C, Meyer V. Editorial for the special issue:vulnerability to natural hazards—the challenge of integration[M]. In care of the state:. Polity Press,2011;795 - 800.
③ 奥斯卡·刘易斯(Oscar Lewis),美国人类学家。首次提出贫困文化理论。它通过对贫困家庭和社区的实际研究,从社会文化的角度解释贫困现象的理论。这一理论认为,在社会中,穷人因为贫困而在居住等方面具有独特性,并形成独特的生活方式。穷人的独特的居住方式促进了穷人间的集体互动,从而使得与其他人在社会生活中相对隔离,这样就产生出一种脱离社会主流文化的贫困亚文化。处于贫困亚文化之中的人有独特的文化观念和生活方式,这种亚文化通过"圈内"交往而得到加强,并且被制度化。进而维持着贫困的生活。在这种环境中长成的下一代会自然地习得贫困文化。于是贫困文化发生世代传递。贫困文化塑造着在贫困中长大的人的基本特点和人格,使得他们即使遇到摆脱贫困的机会也难以利用它走出贫困。

的加拿大人和其他少数民族的研究等。1962 年伊德翁·舍贝里(Gideon Sjoberg)①在他的代表作《前工业城市》中,将历史资料与民族志方法结合起来。欧洲各国对少数民族研究也作出了成绩,1978 年出版了《西欧少数民族语言》。

随着科学技术的飞速发展,工业化和都市化进程加快,大规模的劳动力向都市迁移,当代都市人类学家越来越关注移民在都市的适应问题。从英国都市人类学家对非洲城镇的调查开始,都市人类学家就一直关注都市移民的适应情况。如今的研究领域也越来越宽泛,包括对志愿社团、家庭和亲属、农民移居城市和矿区寻找工作等问题的研究。与此同时,美国人类学家也注意到美洲、亚洲和大洋洲的都市问题。他们研究对象多是大都市中的新移民及其居住区、贫民窟、少数民族聚居区及强占公地搭房的违章建筑区等亚文化现象、迁居者的适应情况。比如,迈克尔·班顿②(Bernard P. Banton)以迁居者为经纬,讨论了原居地以及新居地一些制度的变迁与迁居者的适应情况。当国家权力虚弱的时候,传统纽带(traditional ties)中的亲族关系就成为"信任图"(charts of trustworthiness)的核心③。

尽管都市人类学的研究中心在英美,但都市的诱惑是世界性的。都市人类学家了运用跨文化对中国、印度、南美、日本以及世界上其他地方与英美进行了比较研究。在拉丁美洲,都市移民的研究同样也占有重要地位。一些人类学家研究发现发展中国家处于变化中的劳动性质和工会运动。其他的则考察由第三世界经济发展引起的地域性都市不均衡的消费增长。

20 世纪 80 年代中国城市化加快,大规模民工开始涌向都市,都市人类学开始

---

① 伊德翁·舍贝里(Gideon Sjoberg),瑞典籍社会学家和历史学家,美国得克萨斯大学文学院社会系名誉教授。《前工业城市》从历史和"非工业化"的角度,以比较的方法,描述和分析工业社会之前的城市结构,同时提供了与全球城市生活发展相关的背景资料,通过讲义城市的发端、前工业城市的扩张模式、人口统计与生态学、社会阶级、婚姻与家庭、经济及政治结构、信息传播等问题,作者提出结论:各地方的前工业城市在社会和生态结构上表现出惊人的相似点;此种相似点虽不一定拥有某种特定的文化内容,但至少在基本形态上是可以确定的。

② Michael Banton. Encyclopedia of nationalism, Paragon House[M]. 1990:68 - 69.

③ Kahn M. Tahiti Intertwined:Ancestral Land, Tourist Postcard, and Nuclear Test Site[J]. American Anthropologist, 2000, 102(1):7 - 26.

进入中国。1989 年出版了《都市人类学》①一书。1992 年 6 月成立了中国都市人类学会。中国人类学家杜荣坤②认为中国都市人类学研究的内容包括："都市文化的形式、变迁及对现状的影响;历史上的移民运动、各种文化的交融汇合即多元文化的形式和发展;社会习俗,特别是汉族生活习俗的研究,其中包括婚丧嫁娶、节庆活动、住房陈设、建筑风格等变化和遗存;家庭结构、成员关系的变化即妇女社会地位问题;城市居民家多民族化即民族关系等问题;农村多余劳动力涌入城市及城市人口膨胀问题;民族地区城市的兴起及特点和如何利用民族的风俗习惯与宗教信仰问题;传统文化与都市现代化建设关系;城市建设与生态环境治理问题等。费孝通先生认为中国都市人类学的研究,要强调中国多元文化的主体在工业化和城市化道路上发生的变化。费孝通的都市社会人类学体系,不是单纯的"社区方法论",而是结合了社区分析、比较研究法、应用人类学、社会结构论的复杂体系。

事实上,都市人类学家由于巧妙地结合了整体的、跨文化的、进化性的研究,创造了人类学研究当代社会诸问题的研究模式。③ 通过考察都市的社会组织,关注都市独有的社会关系类型和社会生活模式。将都市不同的文化历史背景进行比较。把都市本身作为研究的场景而不是研究本身,将人类学理念和田野调查方法运用到了实际研究中。在研究方法上,从最初沿袭文化人类学对孤立状态下部落文化的研究,发展到和社会科学方法和标准的人类文化学方法结合,借鉴社会、经济学、政治学,逐渐形成都市人类学研究的常规方法,除了重视实地调查,引用第一手资料之外,还注重运用随机抽样、问卷调查、跨文化比较法、情景分析法及网络分析方法、时间历史分析法等方法。研究主题也由起初的移民文化扩展到贫困、社会结构和阶层、少数民族的适应、种族邻里、城市人群等方面,通过以权力的更大的组织结构来分析都市的社会生活从而考察都市中小型的社会组织形式。其中的一些研究立足于地域性单位,例如邻里区域;其它研究社会网络以及把居住在同一区域和附近区域的人们联系起来的关系网;还研究大型都市中社会问

① 本书是根据北京 1989 年 12 月 28 日至 1990 年 1 月 2 日第一届都市人类学国际会议的文稿,并按照都市人类学的体系汇编而成的,反映了当前国际都市人类学研究的最新成果。1979 年,阮西湖倡仪并组建中国世界民族学会,他长期担任秘书长、常务副会长、名誉会长。80 年代末,阮西湖等将都市人类学学科引进我国。他是该学科的主要创始人。
② 阮西湖. 都市人类学[M]. 北京:华夏出版社.1991,04(07):18 – 25.
③ 尹建中. 研究都市人类学的若干问题[C]. 李亦园编《文化人类学选读》. 台湾:台湾食货出版社,1980:58 – 60.

题,例如犯罪、社会秩序紊乱、贫困、无家可归等。这些研究考察了都市中不同群体的社会组织形式和文化实践,例如黑帮、亲属网、无家可归的酗酒者、罪犯、娼妓等。此类研究一般都包括了形成当地社区的政府规章系统、都市政治学、福利机构以及经济条件。其它的一些研究则着重于社会控制系统,例如警察、法庭和监狱。

　　都市人类学一直都致力于协调底层社会群体与上层社会群体、反映弱势群体的疾苦,并为其谋利益,这反映了都市人类学对于都市底层社会和非主流文化的关注。中国的都市具有不同于其他国家的都市特色,中国都市人类学专家都从不同的角度,对"城中村"的发展给予了长足的关注,他们认为"城中村"是城乡互动的一个缩影。但是都市人类学专家对"城中村"体育的发展问题则少有涉及。体育作为一种社会制度,嵌入在居民社会生活中,与家庭、教育、信仰、宗教等要素结合起来,教会居民基本的社会价值观与道德标准,通过集体的展示,影响个体社会角色的学习,塑造社会角色,促进社会成员和谐。这种制度文化直接来自移民或者土著居民的原体育文化,并且是代代相承下来的而使居民在变迁过程中逐渐适应都市化的生活。我们可以看到,作为一个群体的制度的社会结构都是以一定的原则为基础的①,性别、年龄、地域、亲属,是一切人类社会结构的最基本的原则。②"城中村"的这种制度是指一套有体育活动而构成的一种社会关系,这套关系是居民为了要达到一定的体育目的而共同参与体育活动所引起的。通常体育运动是一个社会团体活动的中心,在都市中移民和土著民的原体育文化节日,在促进社会组织内部的凝聚力,具有特殊的重要作用。像美国意大利人的博西球③(Boc-

---

① 麻国庆,比较社会学:社会学与人类学的互动[J]. 民族研究,2000,(04):34.

② (英)雷蒙德·弗思著,费孝通译. 人文类型[M]. 北京:商务印书馆. 1991:77.

③ bocci 或 bocce,亦称博西球、地掷球、亦作意大利式保龄球。流行於意大利皮埃蒙特和利古里亚(Liguria)以及居住在美国、澳大利亚和南美的意大利裔中间。管理该项运动的机构为意大利博西球联合会。1951 年在意大利热那亚举行首届世界锦标赛,场地长约 23 公尺(75 呎),宽 2.4 公尺(8 呎),四周有木板围着,端线板约 30 公分高,每名队员或每队轮流向小靶球滚动或抛掷 4 个直径为 10 ~ 13 公分(4 ~ 5 吋)用木头、金属或人造合成材料制成的球。一轮完毕,要看谁的球最靠近靶球,凡较对方之球更为靠近者,每球得 1 分,通常以任何一方得满 12 分时为一局。

ci),英格兰的印度人的卡巴迪(Kabaddi)[①]等运动的举行就促进了民族稳定,体现了体育的社会情感功能。我们需把"城中村"体育发展放在具体的都市环境背景中去考察,分析"城中村"体育文化的成因,把握"城中村"体育发展的脉络以及"城中村"体育发展的特征和影响因素,如何在发展的同时避免和消除都市体育发展的不平衡性,提高都市化体育发展的效率级质量。作为一门理论和应用并重的学科,都市人类学应以独特的视角讨论"城中村"体育发展的社会问题。

2.2 城市社会空间理论

2.2.1 空间与社会空间

在早期,空间大多都隐于社会学家著作里。马克思认为资本积累是建立在时间对空间消除基础上的,农业、工业和人口随着时间和空间而转型。涂尔干《宗教生活的基本形式》里指出"特定社会的每一个人都以同样的方式体现着空间"。齐美尔的《空间社会学》[②](1903)最早探讨了空间议题,他指出空间的排他性、分割性、固定化、接近和远离、制约性和流动性等五个基本空间形式。

空间成为社会理论的一个核心主题则要到 20 世纪 70、80 年代以后。帕克、伯吉斯等芝加哥学派的社会学家提出了诸如同心圆之类的解释框架,对于城市空间有了较为直观的概括。福柯、布迪厄和吉登斯等人也纷纷揭示了空间中所隐含的权力、符号与资本等方面的因素,进一步推进了对空间本质的理解。曼努尔·卡斯特[③](Castells,M)(1972)在《城市问题:马克思主义方法》认为,城市空间是社会

---

① 卡巴迪源在印度,是一种徒手运动,是印度和巴基斯坦青年男子的民间体育运动项目。在平坦的场地上进行,不需任何器械。场地上有长 6.40~7.32 米的中线,中线两端各坐一人或堆以衣服为标志,这项运动需要敏捷性、很好的肺活量、肌肉协调性和快速反射能力。卡巴迪起源于南亚,这项运动据说已经有 4000 多年的历史,起初卡巴迪只是一种古老的民间游戏,用作个人的进攻和防守的练习,逐渐发展成为一项规范的体育运动,后来逐渐传到巴基斯坦、斯里兰卡、尼泊尔、缅甸等国。比赛在南亚非常流行。21 世纪 30 年代,有了跨国比赛。这项运动在西印度被称为 HU - TU - TU,在东印度成为 HA - DO - DO,在南印度和孟加拉称为 chedugudu,在北印度称为 kaunbada,它随着时间的流失经历了地域的变迁,现代卡巴迪综合了这些不同的名称的游戏规则。1990 年第十一届北京亚运会卡巴迪首次成为正式比赛项目。卡巴迪的比赛场地长 13 米,宽 10 米,中线将场地分为大小相等的两部分,是一种状似中国民间的"老鹰抓小鸡"游戏的运动。卡巴迪深受印度人的喜爱,印度在卡巴迪界堪称"领袖",从 1990 年北京亚运会起,他们连拿了五届冠军,优势无人撼动。

② 叶涯剑. 空间重构的社会学解释[M]. 北京:中国社会科学出版社,2013:23.

③ Manuel Castells. The Urban Question. A Marxist Approach (Alan Sheridan,translator). London, Edward Arnold (1977) (Original publication in French,1972).

结构的表现,社会结构是由经济系统、政治系统和意识形态系统组成的。福柯在《纪律与惩罚》①(1975)中认为,哲学观念的转变、时空体验的转型、学科从分工到整合推动了社会理论的空间化。布迪厄(Bourdieu,1973)以社会空间的视角研究了阿尔及利亚人的家庭关系。布迪厄(Bourdieu,1977)提出空间概念的重要性,受到了地理学家的关注。列菲弗尔是最早系统阐述空间概念的学者,在《空间的生产》(The Production of Space)②(1974)中指出"社会空间是一种物质的存在,也是一种形式的存在,一种社会关系的容器。"他提出空间生产的三元论,即空间的实践(spatial practice)、空间的再现(representations of space)及再现的空间(representional spaces)。"空间实践"指发生在空间并跨越空间的相互作用,经济生产和社会再生产基本过程的一部分:"空间的再现"是一个概念化的空间,是科学家、规划者、城市主义者、技术官僚和社会工程师的空间;"再现的空间"指被图形与符号以及生活在空间里的人们赋予生命力的空间。之后列斐伏尔在《空间:社会产物与使用价值》中指出:空间的生产就是空间被开发、设计、使用和改造的全过程。空间是社会性的,它牵涉到再生产的社会关系,亦即性别、年龄与特定家庭组织之间的生物—生理关系,也牵涉到生产关系,即劳动及其组织的分化。③"生产空间"(to produce space),在概念上与实际上是最近才出现的,主要是表现在具有一定历史性的城市的急速扩张、社会的普遍都市化,以及空间性组织的问题等各方面。由空间中的生产(production in space),转变为空间的生产(production of space),乃是源于生产力自身的成长,以及知识在物质生产中的直接介入。詹明信(Fredric Jameson)(1982)在《文化转向》④中认为:文化是一种空间和空间逻辑支配的文化。

之后社会学家布迪厄、吉登斯和德·塞尔杜(deCerteau,1984)等,开始在其著作中论述空间的社会属性,为都市研究重建理论基础。1985年,一批社会学家和地理学家联合出版《社会关系与空间结构》(Social Relations and Spatial Structures)⑤(Gregory&Urry,1985),自此空间成为社会理论家关注最重要的议题。布

① Michel. Surveiller et punir:naissance de la prison[M]. Gallimard,1993,82(3):245-254.
② Lefebvre,Henri. The production of space[M]. Blackwell,1991,27(79):175-192
③ 列斐伏尔. 空间:社会产物与使用价值现代性与空间的生产. 王志弘译[M]. 上海:上海教育出版社,2003:53-64.
④ (美)弗雷德里克·詹姆逊(Fredric Jameson)文化转向[M]. 北京:中国社会科学出版社2000,(6):15-33.
⑤ Allen N J,Gregory D,Urry J. Social Relations and Spatial Structure[J]. Man,1988,22(1):197.

迪厄(Bourdieu,2002)延伸了其空间理论,认为空间是一种社会关系,空间的建构由位居此空间的行为者、群体或制度所决定,越接近的人同质性越多,即空间的距离与社会的距离相符。马克·戈特德纳认为(1995),城市空间是镶嵌在一个复杂的政治、经济与文化之网中。所要阐述的就是社会与空间存在着相互交织的关系。曼努尔·卡斯特(Castells,M)在《网络社会的崛起》(1996)中提出了"流动空间"(space of flows)的概念,流动空间就是通过流动而运作的共享时间之社会实践的物质组织。吉登斯(1984,1998)在其著作《社会学理论的若干中心议题》、《历史唯物主义的当代批判》①和《社会的构成》提出了"在空间结构下,社会互动形式影响着社会的资源分配结构和运行机制,时间和空间关系紧密联系着权力产生和结构再生产。美国学者爱德华·W·索亚(2010)提出了空间的异质性,即空间的社会性、空间性与时间性的"三重辩证法"。社会关系中的事件是通过空间而形成的,受到空间的限制、调解。爱德华·W·索亚的理论主要来自福柯(M. Foucault)社会空间不能以自然(气候与地理形势)历史与"文化"来解释。

　　2.2.2　邻里、社区、社会区和社会空间

　　城市空间结构是在古典区位理论基础上发展起来的、总体的、动态的区位理论,是在一定区域范围内社会经济各组成部分关系的空间集聚规模和集聚程度的学说。由于工业革命以及城市化的发展,导致了大量农民向城市迁移,致使城市空间结构发生了明显的改变。城市空间是由居民、政府,各种社会组织以及物质实体空间组成,是人类的主要聚居场所,也是社会、经济与文化发展到一定阶段的产物和反映。

　　(1)邻里。在这一空间中,邻里是城市社会的基本单位,是相同特征人群的汇集元素,也是个人交往的主要空间,个人交往的大部分内容在邻里内进行,这种交往只需要步行即可完成,比需要交通工具才能完成的交往要频繁得多,其形式以面对面接触为主,是指占据一定地域,彼此相互作用,不同社会特征的人类生活共同体。

　　(2)社区。邻里是外部力量和地方影响的冲突点、由若干个邻里单位构成了更为复杂的空间形态——城市社区。社区是一个相对独立的地区性社会,类似植物群落。社区人口之间本质上是一种共生体,有明显的相互依存关系。社区由邻里构成,但有比邻里更复杂的动态特征与空间特征,是指占据一定地域,具有大致相同生活标准、相同生活方式,以及相同社会地位的同质人口的汇集。城市空间

---

① 安东尼·吉登斯. 历史唯物主义的当代批判:权力、财产与国家[M]. 上海:上海译文出版社,2010:23 – 33.

的社会学特性导致了城市社会空间结构的形成。社会是城市社会的基本单位,是相同社会特征的人群的汇集。

(3)社会区。社会区人口之间是社会关系。生活在不同社会区的人具有不同的特性、观念和行为。反映在空间上,社会区是由数个社区构成的更大范围的城市均质地域。社会区不同于城市本身有比较明显的空间范围,也不同于多数邻里和社区有固定的地物界线,社会区的边界比较模糊、不易辨认。

(4)社会空间。新的交通运输与通信系统使相互关联的大都市区域在广阔的领土内部联系起来,同时也连结起世界上其他相似的区域,全球化的地理学由余留下的农村区域所依赖的大都市区之间连结的网络构成。在这个新空间结构下,生产关系、阶级关系、权力关系与文化体系都被重新界定。新城市社会学就是在都市研究发展过程中完成的,其更加关注空间、阶级、性别与种族歧视等元素。社会学所指的社会空间,一是英美社会学界的所谓基层社会(Substrate Society),以涂尔干为代表,指的是社会分化,包括社会地位、宗教和种族的变化;二是法国社会学界有关邻里和人与人的交往的研究,以劳韦(C. D. Lauwe)为代表。地理学家将城市社会空间看作与物质空间和经济空间相对应的概念,社会空间是社会活动和社会组织所占据的空间,按照活动对象将城市的社会空间划分为居住空间、行为空间和感应空间等[10],并按照空间等级大小划分为邻里、社区和社会区。地理学所指的社会空间,近似于劳韦的观点,不过有明显的地域意义,最小单位为家庭,较大的为邻里(街坊)、社区,最大的为城市区域甚至国家。城市地理学所研究的社会空间通常包括邻里、社区和社会区三个层次,而以社会区为主。如图 1-1 所示空间结构理论在实践中可用来指导制定城市国土开发和区域发展战略。

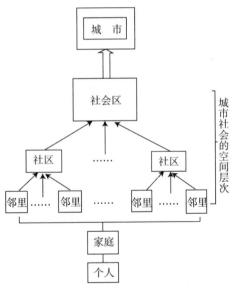

图 1-1 城市社会的空间层次

2.2.3 城市社会空间结构的研究学派与研究方法

关于城市社会空间结构研究,已形成多种学派。主要包括景观学派、社会生态学派、区位论学派、行为学派、结构主义学派、时间地理学派。城市社会空间结构研究的流派介绍如表格 1-1 所示。

表1-1　城市社会空间结构研究流派①

研究流派	流派的内容简介	缺陷
景观学	介于环境派和区域派间的流派。运用外部观察方法,研究包括城市形态和土地利用,城市的建筑物、广场、道路、河流等的空间配置类型,建筑高度和建筑材料、城市色彩、城市道路网形态。城市的形成基础和发展阶段不同,其形态与土地利用结构也不同。通过比较研究可以认识不同城市之间的异同。	表面化,忽视作为城市内部活动的主体人类活动本身,无法解释因果缘由。
社会生态学	社会生态学派与景观学派相对,其代表为芝加哥学派,受达尔文进化论和古典经济理论的影响较太。研究强调人与社会系统备要素在环境中相互作用,并对人类社会行为具有重大影响。是社会工作的基础,不同的社会集团在各种人类活动的竞争中逐步出现了有空间特色的结构。生态学派提出了一些对城市理论体系有意义的概念。认为城市空间的发展是由零散建筑——村落——小城镇——(规模化)城市——卫星城市——城市群——地球村——大宇宙空间(空间站)的过程。	把人看得过于机械化和一般化,忽视了人类活动背后的文化及传统的影响。
区位论学	区位理论是关于人类活动的空间分布及其空间中的相互关系的学说。具体地讲,是研究人类经济行为的空间区位选择及空间区内经济活动优化组合的理论。其发展大致经历 3 个阶段:①古典区位理论。屠能农业区位论,诞生于 19 世纪初期的自由资本主义时代,是市场经济条件下农业布局的理论。用接近性和地价负担能力等主要概念来说明同心圆土地利用模型的形成机制。②近代区位理论。其理论的核心就是通过对运输、劳力及集聚因素相互作用的分析和计算,找出工业产品的生产成本最低点,作为配置工业企业的理想区位。克里斯泰勒的中心地理论的核心则认为:合理购物行为的消费者和追求利润最大化的企业家,这两者的合理化行为的结果表现为中心地等级体系。从立足于单一的企业或工厂转变为立足于城市。提出了关于城市和工业区位问题。③现代区位理论。以空间经济研究为特征,着眼于区域经济。	屠能学说只在交通不发达的城市郊区,尚能见到市场距离对土地利用方式或集约程度的显著影响。现实中很难满足克氏提出的假设条件。认为消费者首先是利用离自己最近的中心地。
行为学	行为主义学派的创始人华生(J. B. Watson)创立了"行为主义"理论。行为学派往重行为的意识决定过程。托尔曼在 1948 年首次提出认知地图的概念。然而托尔曼的研究并没有引起广泛的关注。直到凯文·林奇在(1960)《城市意象》出版以后,人们才对认知地图的结构和功能给予了广泛的关注。凯文·林奇指出,城市环境对于人类主观感受有巨大影响力。区域是观察者能够想象进入的相对大一些的城市范围,具有一些普遍意义的特征。在进行城市地域空间结构研究时,尤其注重购物和迁居行为。尽管中心地模式是以消费者利用最近的中心地为前提的,但事实上,除距离外决定购物地的因素有很多,其中行为因素就起决定性的作用。	将人对城市环境的理解仅仅看做是对物质形态的知觉认识。城市意象研究在虽然在理论和实践都有很高的建树,但是但近现代这方面的成就不很突出。

---

① 刘林,刘承水. 城市概论[M]. 北京:中国建筑工业出版社,2009:34 - 35.

研究流派	流派的内容简介	缺陷
结构主义学	结构主义学派又可分为制度论学派和马克思主义学派。制度论学派19世纪末20世纪初。主要代表人物有凡勃伦等。认为影响社会经济生活的主要因素是制度、法律和伦理等，而不是市场。人类行为受社会制度的制约，特别注重产生各种社会制度的政治、经济体制。制度学派虽然强调制度分析、结构分析的重要性，但它所说的制度、结构的含义极为广泛，其中既包括所有制、分配关系，又包括国家、法律制度、意识形态等等。它把所有这些制度、结构并列在一起，用以解释社会经济变化的原因。马克思主义学派则注重社会备阶层之间的力量关系。研究认为物质是时间和空间中存在、作用于我们的感觉并在我们的感觉中反映出来的客观实在。重点在于城市中产生社会不公平等现象的政拾、经济体制和城市空间结构的关系等。	制度学派并不是一个严格的、内部观点统一的经济学派别。它实际上抹煞了经济基础与上层建筑之间的辩证关系，并且曲解了社会经济变化的原因和过程。忽视了认识论的问题。
时间地理学	时间地理学是一种研究在各种制约条件下人的行为时空特征的研究方法。20世纪60年代后期瑞典地理学家哈格斯坦德提出，并由以他为首的伦德学派发展而成。主要表现在对区域规划、人地关系及社会史的研究中。从时间尺度看，地理学分为3个时段：古地理学、历史地理学和时间地理学。20世纪70年代以来，随着历史地理学家强调地理学的时间研究之后，时间地理学派的一些地理学家出版了专著，研究了大城市结构、人口和工业、建筑布局和配置，建立了时间空间模式，在时空轴上动态地、连续地研究人类活动对城市空间结构的影响，认为时间在所有的行为尺度中是一个基本组分，和空间一样同属于可利用的资源。	时间和空间不仅是自然科学领域和哲学层面的问题，也是当代人文和社会科学领域的重要话题。但时间问题在旅游研究中并未得到充分重视。

城市社全空间结构研究方法主要有景观分析方法、城市填图方法、社会区研究法、因子生态分析法。城市社会空间结构研究方法介绍如表1-2所示。

表1-2　城市社全空间结构研究方法

方法	简介
景观分析方法	研究对象是城市空间的物质属性，包括城市物质环境的空间分异及其演化过程。一个小消费城市的内部地域结构可能只由交换流通功能的商业区和居住功能的居住区组成，比较简单。而城市规模越大，功能区分化就越明显，城市社会空间结构也就越复杂，对这些复杂的功能地域的配置组合状态进行研究，并进行模式化表示，是城市地理学研究的领域。实际上，从区域的角度研究城市的形态、区位、功能、结构、配置等的城市地理学而言，城市社会空间结构及其模式研究最为重要。这主要在于：城市功能活动要在一定的城市地域范围内进行，并形成一定的空间秩序，作为社会、经济、文化各种要素空间投影的内部地城结构的研究。又有助于理解整个城市社会的全貌。研究根据物质环境、社会构成、就业便利和商业设施等分析影响居住选择意愿的各个因素，还对不同经济地位和种族背景的社会群体的居住选择意愿及其空间分布模式进行了分析。

续表

方法	简介
城市填图方法	城市土地利用结构是城市社会空间结构在城市地域上的综合反映,构成了城市内部空间结构的骨架。因此,一般从分析各种城市土地利用类型及其组合状况出发来说明城市内部社会空间结构的特征。城市土地利用现状图是城市土地利用研究中经常使用的资科,但因它是为城市规划所制,往往土地利用分类过细,各种用途上地的分布范围杂乱,也难以进行里化分析。在日本,城市上地利用研究中还经常使用建筑物用途表示图(1/3000)、城市住宅地图级地籍图(1/600)等。城市土地利用图的显简单表示方法封 c 是方格法. 即每个方格内只填一种用途,其特点是间单明了但没有里化和混合土地利用的划分。比方格法较为精确的有分数(分子、分母)表示法和三分表示法。
社会地区分析法	社会地区研究主要研究领域是城市空间的社会属性。是城市内部小地区一国情统计区(census tract)的一种类型化方法,并且与城市空间结构研究的理论发展紧密相连。从整个城市社会变动中演绎推导出城市的地域分化。第一步是指标的选取。选取反映现代是会变化的三种尺度,即各种关系的深度和广度的变化、功能分化、组织的复杂化,伴随这种变化的三个发展趋势是职业构成的变化、生活方式的变化和空间人口在分布的变化。因此,通过分析形成三个复合概念:社会阶层、社会化和社会隔离。第二步,对这样复合概念,以人口统计小区为单位,选取能用数字表示的指标。比如社会状况用的白领工人比率,家庭状况用女性就业比例和家庭人数,社会隔离用人种、出身地、宗教、年龄等指标。第三步,分区计算上述三指标的得分。第四步,以这三项指标的组合情况决定各区的特性。
因子生态分析法	这种新的研究,又称为城市因子生态系统。从人口普查资料中抽取人口特征、社会经济及房屋等指标,以人口普查小区为基本单元,研究城市社会空间结构的方法。可以分为野外的(田间的)、实验的和理论的三大类。野外的研究方法是首先的,并且是第一性的。实验研究是分析因果关系的一种有用的补充手段。利用数学模型进行模拟研究是理论研究最常用的方法。运用计算机大量处理数据、多变里地理数学方法的利用、城市内部小地区统计资料的整理,通过变数群的统计分析去油出主要因子。

2.2.4　城市社会空间结构的模式

城市社会空间结构研究由来已久。最早可追溯到胡尔德(1904)和加尔平(1918)提出城市中心向外呈同心圆状推进和沿主要交通线呈放射状推进的看法。但由于不能解释其形成的内在机制,并没有构成一派学说。20 世纪 20 年代后,芝加哥学派用生态学方法构建城市空间结构的三大经典模型,即同心圆理论、扇形理论和多核心理论。城市空间结构的古典模型如表 1-3 所示。

表 1 – 3　古典城市空间结构模式

模型	简介
同心圆模式	美国艺加哥大学社会学教授伯吉斯于 1925 年最早提出同心圆城市地域结构模型。以芝加哥为例。这一理论认为:城市以不同功能的用地围绕单一的核心,有规则地向外扩展形成同心圆结构。这一理论实质上将城市的地域结构划分为中央商务区(CBD)、居住区和通勤区三个同心圆地带。从本质上看,伯吉斯的同心圆城市地域结构为城—郊二分法,即中央商务区和居住区组成城区,通勤区组成郊区。很显然,伯吉斯的同心圆理论没有考虑交通线对城市社会空间结构的影响。
扇形模式	霍依特(1939)提出了城市地域结构的扇形理论。城市就整体而言是圆形的,其核心只有一个。交通线路由市中心向外做放射状分布。随着城市人口的增加,城市将沿交通线路向外扩大,同一使用方式的土地从市中心附近开始逐渐向周围移动,由轴状延伸而形成整体的扇形。中央商务区位居中心区,批发和轻工业区沿交通线从市中心向外呈楔状延伸,由于中心区、批发和轻工业区对居住环境的影响导致居住区呈现为由低租金向中租金区的过渡,高房租区沿一条或几条城市交通干道从低房租区开始向郊区呈楔状延伸。霍依特的扇形理论虽然强调了交通干线对城市地域结构的影响,但它仅仅分析了城区结构形态,而忽略了城区以外广大地域的描述。
多核心模式	C. D. Harris 和 E. L. Ullman (1945)提出。城市是由若干不连续的地域所组成,这些地域分别围绕不同的核心而形成和发展。影响城市中活动分布的基本原则:有些活动要求设施位于城市中为数不多的地区;有些活动受益于位置的互相接近;有些活动对其他活动容易产生对抗或消极影响,这些活动应当避免同时存在;有些活动因负担不起理想场所的费用,而不得不布置在不很合适的地方。在这四个因素的共同作用下,加上历史遗留习惯和局部地区的特征,通过相互协调的功能在特定地点的彼此强化,不相协调的功能在空间上的彼此分离,因此而形成了地域的分化,形成各自的核心,从而构成了整个城市的多中心。

在城市社会空间结构的三大经典模式中,同心圆模式注重城市化原因,其基本原理是流入城市移民集团的同化过程;扇形模式注重社会经济地位,焦点是不同地价住宅地区的发展移核心模式,强调各种不同社会集团经济活动的次地区发展。因此,这三者的关系并不对立,扇形和多核心以同心圆为基础。同心圆扇形和多核心又是社会区分析和因子生态研究中的一个方面,城市因子生态结构分解后即是同心圆、扇形和局部集中的三种成分,所以说,这三种空间成分是城市地域结构组合的基本因素。

第二次世界大战以后,城市经济得到迅速发展,城区对其周围地区越来越保持着一种非常深刻的相互依存关系。为了更准确地进行城布地域结构的划分,城市学家开始了"城区一边缘区一影响区"三分法的探索。形成了现代城市社会空间结构模式主要有:迪肯森三地带模式、塔弗的理想城市模式、麦吉的殖民化城市模式。穆勒的大都市结构模式等。具体情况如表格1-4所示。

表1-4 现代城市社会空间结构模式

模型	简介
迪肯森三地带模式	迪肯森(1947)推崇伯吉斯的同心圆模式,城市地域结构从市中心向外发展按中央地带、中间地带、地缘地带、郊区地带排列。埃瑞克森折衷理论城市地域结构从中心商务区呈放射状延伸,居住区填充于放射线之间,市区外缘由工业区包围。
塔弗的理想城市模式	塔弗(Taaffe,1963)提出理想城市模式。一个由中央商务区、中心边缘区、中间带、外缘带和近郊五个部分组成的理想城市结构模式。
麦吉的殖民化城市模式	1975年Russwurm提出了由城市核心区、城市边缘区、城市影响区和乡村腹地构成的区域城市结构模式。
穆勒的大都市结构模式	穆勒(1981)提出了一种新的大都市空间结构模式,由四个部分组成,即衰落的中心城市、内郊区、外郊区和城市边缘区,与多核心模式相比,这个模式可称为多中心城市模式,在大都市地区,除了衰落的中心城市外,在外郊区正在形成若干个小城市。
穆勒的大都市结构模式	穆勒(1982)提出了一种新的大都市空间结构模式,由四个部分组成,即衰落的中心城市、内郊区、外郊区和城市边缘区,与多核心模式相比,这个模式可称为多中心城市模式,在大都市地区,除了衰落的中心城市外,在外郊区正在形成若干个小城市。

2.2.5 中国城市社会空间研究

国内学者对城市空间结构的研究起步较晚,但研究也取得了一定的成果。比如,中国城市空间生产机制、城市空间结构的重构、新城市空间结构、城市空间分异、城市空间商品化、城市空间分工、城市"弱者"空间实践探索等;对可到达性、居住空间、购物空间和休闲空间的研究等;网络空间、虚拟空间研究等。

中国在计划经济时期,城市是国有企业的集群,城市空间只有使用价值,没有经济价值。改革开放以后,中国从计划经济向市场经济的转型、土地价值的凸显,使城市空间的改造向产业空间、居住空间和消费空间转向。城市政府主持整个城市空间的开发并参与区域空间开发竞争。城市空间演变呈现出越来越多的经济利益驱动性和利益冲突性。地方城市政府发展经济刚需性和城市精英趋利性主导着城市政治的发展方向,并因此建立中国城市空间开发的行政体系。尤其是在20世纪90年代土地改革以后,中国城市空间的发展以及再生产被纳入资本扩大再生产的体系中,加之劳动密集型经济、技术(知识)密集型经济和服务型经济向城市集中集聚,促使大规模农村人口、就业人口向城市转移,使中国城市空间发生了剧烈变化。城市空间出现了许多问题,比如交通拥堵、社会隔离、城中村、老旧社区、棚户区等。同时城市居民对城市的期望与日俱增,期待更方便的交通、更宽敞的住宅、更公平的就业机会和更舒适的生活等。在这种背景下,通过城市空间向郊区蔓延的"摊大饼发展模式"已经不能解决中国城市空间发展的问题,规划学、地理学、社会学等学者们期望通过更多的对居民行为的研究来探讨智慧城市的发展之路。

中国的城市空间形态与结构的产生受国家及城市的政治、社会、经济条件极大的影响,在国外城市空间结构的基本模式的影响下衍生出多种不同的城市空间形态类型。依据城市核心区、城市外围功能区(组团)和周边卫星城市之间的相互关系,可将我国城市空间形态结构类型划分为七种类型。如表1-5所示。

表1-5　我国城市空间结构的衍生类型

模型	简介
单核集中块状结构类型	城市新增功能用地围绕着原有核心区,向周围较为紧凑、均衡、呈圈层扩展而形成和发展起来的。
连片放射状结构类型	其形成机理与单核集中块状结构大体相同,只是受自然条件或交通要素的限制,城市向各个方向的扩展表现出不均衡性,若干方向较为发育,若干方向较为不发育,总体呈放射状。如南昌、合肥等城市均为连片放射状城市空间结构。
连片带状类型	由于自然条件(如河谷、滨海地带、带状交通线)等的影响,城市中心区和外围功能区连片向两侧拉长,卫星城镇和其他方向的外围功能区均不发育,兰州、青岛、等城市属于此类。

续表

模型	简介
多核点线式结构	城市中心区分置于两个独立地形块,各自形成了特定的外围功能区。比如沿海潜口城市,随着城市主要潜口从内河向外海推移,潜口型城区逐渐脱离原有的城市中心区,发展成为一个独立的城区,与原有中心城区形成双城格局,如湛江。另一种依托若干重点建设项目布局或其他因素,跳跃性地开辟新市区。如包头、湛江市的双城空间结构类型。
核心与卫星城结构	核心区与外围功能区高度集中发育,并在城市周围地区逐渐形成较为发育的卫星城镇。在城市规划和政策引导下将中心市区迁移出来的或新建工业项目,在大城市外围集中布置,形成新的城市发展中心。如上海、南京等城市均为带卫星城的大城市结构类型。
多中心组团式结构	集中的城市为分散的若干核心城镇所代替,各类外围功能区也分置于各自的核心城镇和卫星城镇。这类城市的空间格局最为松散,如淮南、大庆等城市均为分散型城镇结构类型。又可分为:多点分散、分散组团。
一城乡镇结构类型	城市中心区和部分外围功能区形成中心城区,而另一部分外围配置在相应的卫星城镇中。主城区是城市的经济、文化、政治中心,而卫星城镇则具有某种专业职能,如个旧、重庆等城市均为一城多镇型城市空间结构。

中国城市空间结构的演化带来了城市社会结构的演化。城市居民老龄化、小户家庭和独生子女明显增多、社会治安与犯罪率上升、就业岗位分布与居民迁移意向、外来人口的集聚与管理、城市不同地段社会环境的差异、城市更新与社区网络的保存等,这些都是城市内部结构调整与完善的主要内容。

2.3 社会控制与社会失范

在 19 世纪末 20 世纪初,美国社会出现大规模工业化、城市化和移民浪潮,面对现代的美国,初级群体和社区迅速解体,人们不得不生活在完全陌生的社会环境中,社会交往的"匿名度"大为提高,人性中的"自然秩序"难以再对人的行为起约束作用,离轨、犯罪等社会问题大量出现。美国社会学家 E. A. 罗斯[①](Edward A. Ross,1901)在《社会控制》一书中首次从社会学意义上提出社会控制的概念。

---

① 美国社会学家 E. A. 罗斯在 1901 年出版的《社会控制》一书,认为在人的天性中存在一种"自然秩序",包括同情心、互助性和正义感三个组成部分. 人性的这些"自然秩序"成分,使人类社会能处于自然秩序的状态,人人互相同情、互相帮助、互相约束,自行调节个人的行为,避免出现因人与人的争夺、战争引起的社会混乱.

E. A. 罗斯①认为必须用社会控制这种新的机制来维持社会秩序,即社会对个人或集团的行为进行约束。他还认为,舆论、法律、信仰、社会暗示、宗教、个人理想、礼仪、艺术乃至社会评价等,都是社会控制的手段,是达到社会和谐与稳定的必要措施。自从罗斯提出社会控制这一概念以来,社会控制便成为社会学的一个重要领域。

一般意义上的社会控制不仅包括对社会成员的约束、批评、监督和制裁等手段,还包括帮助、支持、指导、教育等积极的影响过程。社会控制②是指社会或社会组织利用各种社会规范来影响社会成员以便其遵守社会规范、维护社会秩序的全部过程。社会规范依托于有效的制度和组织,反映一个群体的共同意见,即一种共享的价值观体系,包括法律、规则、习惯、传统、道德、伦理、宗教、风俗习惯等规范,引导和制约个人和集体行为。社会规范③具有一系列的功能。它最终约束社会成员的行为,对社会成员起着调节、选择、系统、评价、稳定与过滤作用,并限定着人与人之间的关系,维持其相互依赖、保持沟通,以推进不同社会群体和社会成员相互合作,使人们的行为符合社会成员认同的行为模式,以维护社会秩序。而社会规范不是一成不变的,随着社会的发展而不断演化。随着社会生产力的不断发展,社会结构逐渐复杂,个人之间、群体之间、个人与群体之间的利益冲突也越来越多。社会控制在社会生活中占据的地位越来越重要。

当社会急剧变迁时,旧的行为规范已不适用,或受到怀疑时对社会成员行为指导作用和制约作用会减弱,而新的规范尚未建立起来或者不具备制约社会行为的能力,社会便失去了行为规则,产生了规范的真空状态,此时社会处于一种失范状态。在社会失范状态下,各种旧的规范、新的规范以及在社会实际生活中人们自创的规范杂然并存,社会成员的行为往往会超越旧有社会规范的约束和限度而产生社会失范行为。社会急剧变迁还造成社会文化的各个部分发展不平衡,而导致社会越轨行为。还有一些社会因素为越轨行为提供了机会或条件。比如,社会控制力降低、遵从行为未受到鼓励、越轨行为未受到惩罚、制度不健全等,均可导致越轨行为的产生。

---

① （美国）詹姆斯·克里斯(James Chriss),纳雪译. 社会控制[M]. 北京:电子工业出版社. 2012,05,10:35－55.

② 郑杭生/主编. 社会学概论新修(第三版)[M]. 北京:中国人民大学出版社. 2003,01,01:453.

③ 李毅. 社会学概论)[M]. 广州:暨南大学出版社. 2011,03,01:200－213.

　　失范（Anomie），亦称脱序，是由于社会规范失调产生一种社会反常的状态，即在一个社会中缺乏人们可以共同遵守的行为准则之意。19 世纪让·马利·居约认为：①"失范是一种有创造力的新生事物，是一种非常好的性质"。社会学家迪尔凯姆，在《社会分工论》②（1893）中，将居约的"失范"概念引入社会学中，从而使这个概念广为人知。杰克·D·道格拉斯艾、弗兰西斯·C·瓦克斯勒的《越轨社会学概论》③将失范注释为："一种准规范缺乏、含混或者社会规范变化多端，以致不能为社会成员提供指导的社会情境。"

　　迪尔凯姆④认为工业革命对社会经济结构、价值观取向、文化认同、社会关系等方面产生了深刻的影响与变迁，农业社会向工业社会转变，旧有的宗教信仰、价值观念、道德体系已经被解构，而工业社会所需要的社会机制、价值体系、道德秩序等并未建立，这样，社会的某些方面便受到不适当的控制，因此，社会就会处于失范状态。他还把失范与现代社会的病态相联系。他认为⑤，失范只是暂时的规则匮乏状态，社会习俗仍旧可以规定和协调新的社会器官和功能及其相互关系，失范主要指一种对个人的欲望和行为的调节缺少规范、制度化程度差，因而丧失整合的混乱无序社会状态。迪尔凯姆指出，如果社会处于失范状态之中，人的欲念和行为会由于缺乏有效的约束和控制而无限膨胀。一旦社会出现了失范行为，而未及时建立起合理的社会规范和社会道德体系，就会使整个社会处于混乱无序的状态。所以，迪尔凯姆致力于寻找在时代转型期新出现的社会秩序的基础，并努力创造社会整合的新局面。

　　美国社会学家罗伯特·金·默顿⑥（Robert King Merton）深化了迪尔凯姆的失

①　（法）国雅克·马利坦．刘有元，罗选民译；罗选民校．艺术与诗中的创造性直觉（现代西方学术文库）［M］．生活．读书．新知三联书店．1991,01,01：123.

②　（法）涂尔干．渠东译．社会分工论（新版）［M］．生活．读书．新知三联书店 2013,02,01：157 −255.

③　（美）杰克·D·道格拉斯，弗兰西斯·C·瓦克斯勒．张宁，朱欣民译．越轨社会学概论［M］．石家庄：河北人民出版社，1987,03：46.

④　（法国）埃米尔·迪尔凯姆．社会学方法的准则［M］．北京：商务印书馆．1995,12,01：80 −102.

⑤　（法国）埃米尔·迪尔凯姆．冯韵/译．自杀论［M］．北京：商务印书馆．1996,12,（01）：138 −205.

⑥　（美）罗伯特·金·默顿（Robert King Merton）：美国著名的社会学家，科学社会学的奠基人和结构功能主义流派的代表性人物之一．在《社会理论与社会结构》（1949）社会失范理论．

范理论,他从功能主义的观点出发,把社会结构引入了社会失范的研究领域,并应用于分析犯罪现象。罗伯特·金·默顿①将失范的含义由无规范更改为规范冲突,他认为社会越轨行为是社会结构的产物,个体行为与社会结构有紧密的联系,社会结构失范则必然会导致个体行为失范。社会价值观②确定了社会追求的目标,而社会规范界定了达到目标可采用的手段。从伯特·金·默顿的理论中,我们可以看到文化价值的重要性。他认为,文化价值是社会共同遵从的意识规范,为社会树立发展目标,而制度化手段是社会承认合法的,为了实现个人文化目标的方式,如果一味强调实现文化目标,忽视实现这种目标的手段,文化目标与制度化手段之间发生脱节,人们不能用合法手段去实现这些目标时,就会出现社会失范状态,促进社会越轨行为的发生。因此,越轨行为就是文化目标与制度化手段之间矛盾的产物。根据这一理论,伯特·金·默顿划分了五种个人适应模式③,即顺从者、创新者、形式主义者、逃跑主义者和反叛者,只有顺从者类型是合法的,其他几种方式都会有越轨行为。但人们也可以通过遵从、创新、仪式主义、退却主义和造反等不同方式(后四种属于越轨行为)去适应这种失范,以这些方式去抵制社会规定的目标或手段,抑或同时抵制它们两者。

在体育领域里,西方社会学者,维利亚斯在《文明的进程》一书中认为,体育对社会暴力具有控制作用,文明的进程和体育对暴力的社会控制息息相关。体育是一种最常见的虚拟活动,它会制造出很多人们在现实生活中不可能得到的经历,带给人们一些意想不到的愉悦。他认为体育的这种虚拟活动不是孤立的,而是融合在人类日复一日的生活经验中。在文明的进程中,埃利亚斯更进一步说明了体育镶嵌于人们的社会情感、社会交往以及休闲活动中,并对社会成员的行为具有规范化作用。但体育的这种功能是建立在社会结构制度规范对人控制是有效的范围内的基础上才能体现出来。一旦控制能力减弱,便产生了失范行为。依据默顿理论,当个体在社会化过程中接受了由文化机构所规定的文化目标,而没有将由社会结构所规定的达此目标的制度内化时,或者通向这一目标的制度化手段受

---

① Merton, Robert King. Social Theory and Social Structure[M]. New York:Free Press. 1957:260 - 344.

② Merton, Robert King. Social Structure and Anomie[J]. American Sociological Review. 1938, (03):672 - 682.

③ Mertonv Robert King. Social Theory and Social Structure[M]. New York:Free Press. 1957: 264 - 265.

到阶级结构等方面的很大限制时,来自失败的威胁就会导致以失范为特征的个体适应模式大量出现。"城中村"是村中城市化过度的产物,传统文化对人的控制已经减弱,而新的文化价值尚未构成,因此社会失范在这里发生是不可避免的,同样"城中村"体育的社会失范行为也会发生。对于体育失范行为的研究最著名的是有关"足球流氓"的研究。如,埃里克 G. 邓宁,帕特里克·墨菲,约翰·迈克尔·威廉斯(1988 年),他们在《足球流氓根源》一书中,认为足球流氓是社会发展到一定阶段,由于社会秩序混乱和阶级冲突引起的一种社会失范现象①。史蒂芬、彼得·马什②在(2005 年)在《足球流氓》一书中认为,足球流氓不能很好地融入到文明社会,是因为他们的组织结构和社会主流组织结构联系纽带是一种断片性的捆绑,具体变现为失业、贫困、男性中心主义,以及这些问题造成的人与人之间的强烈攻击性、强迫性、狭隘性的特点。这使他们的结构组织和社会所认可主流结构组织联系纽带减弱,甚至脱节和发生冲突,于是社会失范就产生了。社会失范行为在某种意义上也可称为社会越轨行为。

无论是社会学者还是体育学者,他们对社会失范行为的理论分析,都着重强调社会转型期的社会道德、文化价值观的建构,目的是建立合理的社会结构和社会秩序,促进社会整合和良性发展。当代中国社会正处于历史性转型过程中,中国社会转型是浓缩的、急剧的,具有一定的社会风险,包含失业、社会分化、犯罪、社会不安、公害等社会代价。社会失范可以表现很多情景,如社会秩序的破坏、离轨、犯罪现象的增多、社会生活中道德的败坏、腐败的盛行等。这种现象在我国城市化进行过程中,大多数"城中村"社区表现得尤为突出。以社会失范理论解释发生在"城中村"中的体育赌博、体育犯罪等社会越轨行为,试图运用社会控制理论框架构建"城中村"体育的社会结构、社会规范制度,是本文研究"城中村"体育现象的另一个理论支撑。"城中村"的社会体育结构和规范制度对控制发生在"城中村"体育越轨行为起着关键的作用。文化结构承载的是普遍的概念、理想和价值,而社会结构则通过身份角色等方式确定某种行动是否被正当的规范所控制。

①　Eric G. Dunning, Patrick J. Murphy, John Michael Williams. The Roots of Football Hooliganism: An Historical and Sociological Study[M]. Routledge & Kegan Paul, Limited, 1988:203 – 255.

②　Steve Frosdick, Peter MarshFootball Hooliganism[M]. Taylor & Francis, 2005, (07), 01. :197 – 220.

3　研究现状

3.1　关于乡村社会变迁与"城中村"的研究

3.1.1　乡村社会变迁与乡村生活变迁的研究

在自然经济占统治地位的小农社会里,比邻与一个村落的人群,可以鸡犬之声相闻老死不相往来。在生产商品社会、社会化、现代化的当代社会,栖息在近一亿五千万平方公里地球陆地上50亿人,却有如共居在一个村落里,彼此息息相通,往来不绝,地球大小依然,前者是咫尺天涯,后者是天涯若比邻。随着科学日新月异的发展,新技术革命的迅猛前进,世界经济多样化的联系日益紧密,地球村居民的相互依赖日甚一日。当今的世界,是一个经济全球化的世界,科技的发展,信息的传递,逐渐使地球变成一个大的开放社区,世界的格局正在发生激烈的演变,以经济为龙头的全球化正在带动其它领域,迅速地浸透到世界的各个角落。在这一背景下,传统的封闭乡村已经不复存在,面对这一变化,人类学者试图从各个角度对社会变迁和人类生活境遇作出各自的解释,而乡村现代化是每一个学者必须面临的课题。

20世纪80年代美国人类学家克莱德.M伍·兹在其著作《文化的变迁》①对欧美人类学界研究社会文化变迁理论、研究方法和相关文献作了一个历史性的梳理和阐述,提出:"人类学及其社会科学家再也不能够被动地停留于简单的变迁影响的研究。我们必须应该用我们的知识和技能,努力缓解世界性的事变,如发展现代化、工业化和都市化所带来的普遍社会分裂……"罗吉斯、伯德格②在《乡村社会变迁》指出:"社会变迁像一条红线一样,贯穿了整个乡村社会。……商业、学校、教会、农场以及社区都在走向联合,农民不再是一副"乡巴佬"的样子,乡村人与城市人的价值观越来越接近。……变迁影响了农民。同样也震动了那些居住在小城镇和城郊的人。发生在美国的变迁也同样发生在其他国家,不发达国家的千千万万农民开始进入现代化。"作者从职业、家庭等几个方面论述了农村社会的变迁,从理论上分析了农村发展与现代化的过程。同时,对制约农村现代化的种种因素作了较详尽的分析。作者的分析虽然以美国农村的变迁为主要线索,但并

---

①　(美)克莱德.M. 伍兹/何瑞福译. 文化变迁[M]. 石家庄:河北人民出版社.1988;3-8.

②　(美)罗吉斯伯德格著/王晓毅译. 乡村社会变迁[M]. 杭州:浙江人民出版社.1988,(05);11-12.

没有局限于美国一个国家的农村变迁,而是广泛地涉及到了拉丁美洲、亚洲和非洲等发展中国家的农村变迁。

20世纪之中国乡村社会变迁,是一个相对独立的研究领域,在中国出现了一大批有关乡村社会变迁的优秀著作,比如,Huang P C①(1986)《华北的小农经济与社会变迁》、陈吉元②(1993)《中国农村社会经济变迁:(1949－1989)》、王春光③(1996)《中国农村社会变迁》、龚维斌④(1998)《劳动力外出就业与农村社会变迁》、乔志强和行龙⑤(1998)《近代华北农村社会变迁》、龚维斌⑥(1998)《劳动力外出就业与农村社会变迁》、周沛⑦(1998)《农村社会发展论》、曹锦清⑧(2000)《黄河边的中国:一个学者对乡村社会的观察与思考》、侯建新⑨(2002)《农民,市场与社会变迁/冀中11村透视并与英国乡村比较》、李佐军⑩(2000)《中国的根本问题:九亿农民何处去》、李学昌⑪(2001)《20世纪南汇农村社会变迁》、周祝伟和林顺道及陈东升⑫(2001)《浙江宗族村落社会研究》、游海华⑬(2001)《劳动力的流动与农村社会经济变迁》、杜润生⑭(2003)《中国农村制度变迁》、孙立平⑮(2003)《断裂:20世纪90年代以来的中国社会》、曾绍阳和唐晓腾⑯(2004)《社会

① Huang P C. 华北的小农经济与社会变迁[M]. 中华书局. 1986:13－15.
② 陈吉元. 中国农村社会经济变迁(1949－1989)[M]. 太原:山西经济出版社. 1993:22－23.
③ 王春光. 中国农村社会变迁[M]. 昆明:云南人民出版社. 1996:10－11.
④ 龚维斌. 劳动力外出就业与农村社会变迁[M]. 北京:文物出版社,1998:8－9.
⑤ 乔志强,行龙. 近代华北农村社会变迁[M]. 新华书店经销. 1998:10－12.
⑥ 龚维斌. 劳动力外出就业与农村社会变迁[M]. 北京:文物出版社. 1998:13－17.
⑦ 周沛. 农村社会发展论[M]. 南京:南京大学出版社. 1998:8－11.
⑧ 曹锦清. 黄河边的中国:一个学者对乡村社会的观察与思考[M]. 上海:上海文艺出版社. 2000:12－13.
⑨ 侯建新. 农民,市场与社会变迁/冀中11村透视并与英国乡村比较/东方历史学术文库:冀中11村透视并与英国乡村比较[M]. 北京:社会科学文献出版社. 2002:45－47.
⑩ 李佐军. 中国的根本问题:九亿农民何处去[M]. 北京:中国发展出版社. 2000:34－45.
⑪ 李学昌. 20世纪南汇农村社会变迁[M]. 北京:华东师范大学出版社. 2001:120－123.
⑫ 周祝伟,林顺道,陈东升. 浙江宗族村落社会研究[M]. 北京:方志出版社. 2001:45－50.
⑬ 温锐,游海华. 劳动力的流动与农村社会经济变迁[M]. 北京:中国社会科学出版社. 2001:44－50.
⑭ 杜润生. 中国农村制度变迁[M]. 成都:四川人民出版社. 2003.
⑮ 孙立平. 断裂:20世纪90年代以来的中国社会[M]. 北京:社会科学文献出版社. 2003:67－69.
⑯ 曾绍阳,唐晓腾. 社会变迁中的农民流动[M]. 南昌:江西人民出版社. 2004:5－8.

变迁中的农民流动》、温锐和王春光①(2005)《农村社会分化与农民负担》、黄海②(2008,博士论文)《当代乡村的越轨行为与社会秩序》、陈柏峰③(2008,博士论文)《乡村混混与农村社会灰色化》等。这些优秀著作,为笔者的研究提供了丰厚的理论基础和研究范式指导。有关乡村社会的变迁论题,一直是中国学者们"长时段"探讨的课题,随着城市化的进一步加快,人类学家和社会学家对中国乡村社会的变迁论题研究开始延伸到都市。其中"城中村"(都市里的村庄)是人类学家和社会学家关注的热点。

3.1.2 "城中村"研究

国内对"城中村"的关注开始于20世纪80年代末,相关的研究成果陆续问世,对"城中村"的研究也由感性描述开始走向理性思考层面,大致研究包括"城中村"概念、分类、形成的机制、改造、人类学考察等几个方面。

有关"城中村"概念研究。国内学者对"城中村"的关注从1980年代城乡边缘带研究开始,但当时并未引起十分的重视。1989年,顾朝林、熊江波从国外引入了"城市边缘区"的概念,开始了国内学者对这一领域的探讨,之后学界把"城中村"称为"城乡边缘带"(1998,张建明)、都市里的村庄(1995,李增军)、都市里的乡村(田,1998莉)、城市里的乡村(1999,敬东)、"城市边缘带"(2000,郑静)等。随后的研究中"城中村"作为一个学术的概念日渐明晰,比如,蓝宇蕴(2001)、李钊(2001)、李晴(2002)、张建明(2003)、刘吉(2003)、李培林(2004)、李俊夫(2004)、翁智超(2004)。

"城中村"分类的研究。张建明(1998)运用因子分析法和聚类分析法将"城中村"分为基础设施优越型、集体经济实力型、土地资源充足型。陈怡和潘蜀健(1999)以城市和村庄相交的形态特征将"城中村"划分为全包围型、半包围型、外切型飞地相邻型、相离型、内切型。郑静(2000)以"城中村"的演变过程分成四个阶段。李立勋2001)将"城中村"分为成熟型(成熟的"城中村")、成长型(扩展中的"城中村")、初生型(形成中的"城中村")。李培林(2002)将"城中村"分为处于繁华市区完全没有农用地的村落、市区周边还有少量农用地的村落、处于远郊还有较多农用地的村落。陈鹏(2004)将"城中村"分为"城郊村""城缘村""城

① 王春光.农村社会分化与农民负担[M].北京:中国社会科学出版社.2005:5-8.
② 黄海.当代乡村的越轨行为与社会秩序[D].华中科技大学.2008:4-7.
③ 陈柏峰.乡村混混与农村社会灰色化[D].华中科技大学博士论文.2008:7-9.

中村"。吴智刚等(2005)把其划分为典型"城中村"、转型"城中村"和边缘"城中村"。郭建明、吴凯(2006)从"城中村"分为发展型和成熟型。

有关"城中村"的形成机制研究。张建明(2003)、李俊夫(2004)、李培林(2004)王如渊(2004)等以及谢志岿(2005)《村落向城市社区转型——制度、政策与中国城市化进程中"城中村"问题研究》这些专著为"城中村"分布成因进行了可贵的分析,也标志着有关"城中村"的研究进步了一个新台阶。

"城中村"改造研究。韩冉、李红(2003)从二元结构理论和城市化进程角度,探讨了"城中村"问题产生的原因和解决的有效途径。佘立中、张旭彬(2003)对"城中村"房屋拆迁及补偿问题进行了研究。李俊夫(2004)提出"城中村"土地制度从"二元"到"一元"的转制。闫晓培(2004)分析了广州"城中村"改造中出现的问题与矛盾,并提出改造思路。谢青等(2006)从土地增值角度探讨"城中村"改造中的利益分配问题。崔艺红(2007)从"城中村"集体土地国有化的法律途径及其补偿问题对其改造进行探讨。

"城中村"人类学考察研究。周大鸣(1999)《中国乡村都市化》、李培林(2004)《村落的终结——羊城的故事》、孙庆忠(2001)《都市村庄——广州南景村的人类学追踪》、李晴(2005)《城市"村落"的形态——珠海"城中村"空间与社会变迁的都市人类学分析》、刘朝晖(2005)《超越乡土社会——一个侨乡移民村落的历史、文化与社会结构》、邵媛媛(2010)《转型中的实践——对一个"城中村"社区现实状态的人类学研究》、刘娟(2012)《以面鱼的文化变迁看"城中村"的权力关系》等。这些都是有关"城中村"具有文化学意义的论著,在"城中村"文化变迁的过程中,做出了可贵的探讨。

上述研究代表了乡村社会变迁研究的主流,他们从不同的视角研究乡村社会的发展与现代化变迁的过程,并对制约农村现代化的种种因素作出了深刻的分析和探讨。研究的内容虽然没有涉及到"城中村"体育的范畴,但是这些研究成果,开拓了作者的研究思路,为本研究提供详实的理论基础。因为体育镶嵌于人们生活的制度中,社会生活发生了变迁,体育不可避免也要发生变迁。研究一个区域的体育发展变化,应该把其置于它变化的宏观的社会背景来研究,这样,不仅知其然而且还能知其所以然,因此本部分对乡村社会变迁以及"城中村"变迁进行文献综述,目的是为后面"城中村"体育研究提供更广泛的宏观背景资料。

3.2 国内关于外城市社区以及城市社区体育的研究

3.2.1 国内关于外城市社区理论研究

城市社区基本理论研究主要包括社区类型学理论、人文区位学理论、社区权力理论、社会网络理论、社区冲突理论、社区行动理论。

(1)社区类型学理论,主要代表有滕尼斯、涂尔干、齐美尔、韦伯、沃斯等。主要是对农村社区与城市社区进行比较研究。滕尼斯(1887)代表作《礼俗社会和法理社会》,将人类社会抽象成以农村为代表的礼俗社会和以城市为代表的法理社会两种理想化类型。在《社区与社会》一书中,他把社会生活的组织形式分为两种不同的类型,即以乡村为特征的"社区"和以城市为特征的"社会",并从社会关系的角度作了对比分析。农村社会具有强烈的内聚性,人们彼此关心,团结一致,亲密无间。这种关系为共同的语言和传统所维系,其基础是共同的利益、目标、价值和规范,亲属关系、邻里关系和朋友关系。而在城市社会中,亲属关系、邻里关系和朋友关系日渐势微,人们很少有共同的价值和规范,他们关心的只是自己的事情,个人自私自利和强烈的个人主义。涂尔干则分别以"机械团结"和"有机团结"来描述农村和城市的特征。韦伯也提出了乡村社区和城市社区的差异,主张全面、具体地研究城市。齐美尔主要讨论城市和乡村生活方式的差异。

(2)人文区位学理论主要代表是罗伯特·帕克、伯吉斯、麦肯齐和沃斯。他们是芝加哥学派的著名代表人物,创立了人文区位学理论,为城市社区发展做出了重大贡献。帕克(1916)第一次指出可以把城市看作是"一种有机体"和"一种心理物理过程,并提出要借鉴人类学的方法对当代城市生活进行"更深入、更公正的研究"。在《城市发展:一项研究计划的导言》一文中,伯吉斯提出了揭示城市内部空间的"同心圆"假说,并启发了后来的研究。麦肯齐在《人类社区研究的生态学方法》一文中,阐释了城市社会变迁的各种过程,提出了"生态过程论"。沃思在《作为生活方式的城市性》分析和总结了以前城市社会学家的理论和观点,研究积累的大量描述城市现象的材料,建构了系统的城市社会学理论。斯通认为,一个社会经过大规模城市化后,居民的社区观念失落,人与人之间的关系,已不再具有一种团聚共享的社区邻里的情感,社区中的人变成一群陌生人,人与人之间的关系相当冷淡,毫无群体感,个人心理上疏远感严重。

(3)社区权力的研究有两种主要的理论:分层论和多元论。前一种理论适合解释传统社区的权力结构,后一种理论适合解释现代社区的权力结构。分层论,认为社区居民分为若干阶层,其中少数的上层人物形成权力精英集团。他们根据自身的利益决定社区的各种事务,可能会为少数人的利益不惜牺牲多数人的利益。早在 20 世纪 30 年代,林德夫妇就对中镇社区中权力不平等分配的描述引发了社区权力研究。亨特(1953)在著作《社区权力结构:决策者研究》中认为,有权力者最喜欢结交工商业者、政府官员、市民组织等。米尔斯在《权力精英》中第一次提出,经济、社会、军事群体领袖的统治阶级,控制国家决策过程。多元论认为,社区的决策是多种力量共同作用的结果,决策人士可能来自不同的利益群体,代表着不同的利益。代表人物是达尔。达尔《谁统治:美国城市中的民主和权力》(1961)著作中,运用决策途径方法,对康涅狄俄州的纽黑文社区进行了研究,认为社区存在各种不同的利益群体,各自有代言人。不同的利益群体为各自的利益互相抗衡、互相制约。达尔的研究、波尔斯比(N. Polsby)的《社区权力和政治理论》(1963)以及沃芬格(R. Wolfinger)的《声望与社区权力研究中的现实》构成了多元论理论和方法的核心。

(4)社会网络理论(Social Network)是一种新的社会学研究范式。有两大分析要素:关系要素和结构要素。20 世纪 30 年代,英国著名人类学家 R·布朗最早提出社会网络概念。主要研究文化如何规定有界群体(如部落、乡村等)内部成员的行为,它从社会网络关系或人际关系的网络结构出发来分析解释社会现象,打破了以往对社会由相互割裂的群体和阶层组成的先验理念,提供了一个结构主义分析的微观基础。强关系维系着群体、组织内部的关系,弱关系在群体、组织之间建立纽带联系。20 世纪 70 年代,社会网络理论研究趋于成熟。格兰诺维特 Granovetter(1973)最先在《《弱连带的优势》中提出联结强度的概念以及"弱联系优势(the Strength of Weak Tie)理论①。他将联结分为强、弱联结两种。林南对格兰诺维特的"弱关系强度假设"进行了推广,进而提出了社会资源理论。他认为,那些嵌入个人社会网络中的社会资源——权力、财富和声望,并不为个人所直接占有,而是通过个人直接或间接的社会关系来获取。20 世纪 90 年代,社会网络理论在社区研究中得到了广泛发展。美国社会学家韦尔曼(Wellman,1982)提出将个人社会网络当作社区,并且提出一个家庭可能同时存在"社区失落"与"社区保存"两种情况。韦尔曼(Wellman,1988)把"网络"视为联结行动者(Actor)的一系列社会联系(Social ties)或社会关系(Social relations)。它们由构成社会结构的要

---

① Gibson - Graham, J. K. Beyond Global vs. Local: Economic Politics Outside the Binary Frame [M]// Geographies of Power: Placing Scale. 2002:25 – 60.

素组成,主要存在于社会团体和社会关系网之中。美国学者 Burr 在 1992 年提出了结构洞的概念。Burr 认为社会资本伴随行动主体的中介机会而产生。主体拥有的结构洞越多,具有的社会资本越多。

(5)社区冲突理论,可追溯到美国社会学家 L·A. 科赛(Lewis Coser,1913~2003),他认为在一定条件下,冲突具有增强社会组织的适应性和促进社会整合等正功能。社会学家 J. S. 科尔曼(1957)在《社区冲突》一书中,在社区范围内研究社会冲突。他认为经济争端、政治争端和价值观的冲突,可能会激起群体间的对立意识,导致社区冲突,导致社区冲突的各种事件互相强化,在冲突之初就必须制止这种恶性循环。W. A. 葛木森于 60 年代又进一步研究了社区冲突的类型和作用。他把社区冲突分为积怨冲突和常规冲突。他发现政治上控制的转移、社区整合程度低会导致积怨冲突。一般常规社区是相当沉闷和停滞的,而一些有积怨的社区则表现为生机勃勃。桑德斯(1975)在《社区》一书中提出:社区冲突包括对立关系、权力分配以及居民的激烈情绪三要素。其中对立关系类型不同引起社区冲突也不同,社区变迁与社区冲突相关联。

(6)城市社区行动理论,是美国 20 世纪著名社区行动领导者,先后创立邻里委员会、工业地区基金会等社区组织,提出的一套被称为"亚伦斯基主义"的社区行动理论,推动了美国社区的发展,为后来各国及地区社区行动提供了理论武器。

城市社区服务理论研究的形成可追溯到 19 世纪 20 年的亚当·斯密《福利经济学》,之后又有市场失灵理论、政府失灵理论、公共产品理论、公共产品理论及新公共管理理论等。19 世纪,在城市化进程中,大多数国家形成大规模的"贫民窟"。如德国、英国、法国等。Wilson(1987)提出城市贫民窟的居民会面临着系列的社会问题的观点,激发了对于贫民窟形成所导致社会隔离负面作用的激烈讨论。Ana Carolina Letichevsky、Thereza Penna Firme(2012)认为巴西的贫民窟存在贫困、失业、毒品和暴力威胁等问题。为了应贫民窟的产生,很多国家都采取了各种措施,如:荷兰、瑞典、丹麦、法国和英国等(Andersen,2002;Andersson and Brama,2004;Atkinson and Kintrea,2001;Skifter - Andersen,2003;Kintrea,2007;Kleinhans,2004;Uitermark,2003;Musterd and Andersson,2005)。英国、荷兰等国家,采用新建住房措施来治理贫民窟(Van Kempen et al. ,2005)。反观西方 19 世纪中期至 20 世纪早期清除贫民窟的历程,虽然采取的措施多种多样,但却单纯从解决住房问题入手,忽视了人的社会问题,花费了 100 年才基本解决居住问题,且贫民窟现象一直保留至今。进入 21 世纪后,越来越多西方学者关注贫民窟人发展的社会问题。

城市社区研究在20世纪初传入我国。最早有资料可查的是1917年清华大学教授狄特莫(C·G Dittmer)指导该校学生在北京西郊对195家居民的生活费用的调查。真正的中国城市社区研究是1980年代以后,单位制的解体和市场经济、私营部门的快速发展,社区制成为了单位制最好的替代品。民政部(2000)发布《关于在全国推进城市社区建设的意见》,被认为是中国社区建设运动的开始。经过20多年的发展在很多地方已取得了丰硕成果、新型城镇化与社区人口有序流动、城市社区建设与管理创新、城市社区保障与反贫困问题、城市社区生态环境保护、城市社区老年化问题、城市社区文化传承与保护、城市社区风险预警与防范、城市社区社会分层与社会结构变迁、城市社区社会组织与社会政策、城市社区公共服务均等化问题。

3.2.2 国内外城市社区体育的研究

(1)日本、美国、新加坡是社区体育发展较为成功国家的代表。日本的行政管理为三级管理体制,即"中央政府—都道府县政府—市区町村政府",与此相适应,日本的社区体育就是通过这样一个金字塔形的管理体制得以振兴和发展的。美国社区体育由基层政府承担。主要由公园休闲委员会负责大众体育管理与服务工作。新加坡20万人左右的居民区,必须建有一个全民健身活动中心。健身中心主要向居民提供设施齐备,主要包括降低体重与提高心肺功能设备的健身房。

国外社区体育的研究开始于20世纪六七十年代。最早的研究是社区体育参与的研究,主要是对体育人口进行调查和对体育活动的状况进行评价,其中对体育人口的研究不仅对年龄、性别、健康状况等进行研究,目前更多的采用多层(频度、强度、时间等)研究,不仅对参与者进行研究,更注重对潜在人口和特殊人群的研究。对体育活动评价方面的研究,就事论事的分析方法已经被摒弃,更多的主要从生活角度来研究体育运动与居民的关系。社区体育组织的研究主要集中在组织结构和俱乐部两个方面的研究。其组织结构的研究多为组织构成、成员关系、关键人物等方面,俱乐部多为形态类型研究和俱乐部经营研究。近年来欧美国家,有关城市社区体育理论研究越来越集中于对体育在社区发展所承担的角色进行论述,并形成丰富的基础理论和实践应用理论。如:Coalter 等(2000)的著作《The role of sport in regenerating deprived urban areas》及 Marirose 等(2002)在《Survey of the Injury Rate for Children in Community Sports》的研究。体育作为恢复人的本质与体现人价值的生活活动,成为城市社区服务理论研究者关注的热点。如西班牙学者 Priscilla Wamuciia(2011)认为:利用青少年体育协会组织网站分析贫民窟青少年如何在竞争中识别自己的身份,以通过体育组织来影响青少年的行为是更有效的方式。麦克劳克林认为,"社区中心是一个社区的黏合剂,它为人们的休闲娱乐、强身健体以及整个社会的成长提供了一片安全舒适的场所。"

(2)我国城市社区体育研究始于 20 世纪 80 年代中期,2000 年以后形成了城市社区体育研究的高潮。学者们主要集中于对社区体育的概念、特点、目标及功能,社区体育的建设、管理、发展及对策研究。有关体育在社区发展的作用少有论述。在中国知网按照发表年度,输入关键词"城市社区体育"搜索,从 1992 年至今,找到 3422 条结果。其中 1992 年 1 篇,以后逐年增加,2004 年至 2006 年城市社区体育的研究论文,每年超过了 100 多篇。在 2007 年至 2010 年,研究的篇幅,每年超过 200 多篇。2011 年、2012 年两年达到了峰值,城市社区体育的研究篇幅都超过了 300 多篇。2013 年开始回落,至 2015 年,每年研究的篇幅又回落到 200 多篇。从 2016 年开始有关社区的研究论文逐渐减少。2016 年 193 篇,2017 年至今53 篇。具体情况如表 1 – 1 所示。

表 1 – 1 (1992 ~ 至今)有关城市社区体育研究论文分析指数表

主题:城市社区体育 × 查看城市社区体育的指数分析结果

分组浏览:学科		发表年度	研究层次 作者 机构 基金							
2017 (53)	2016 (193)	2015 (262)	2014 (268)	2013 (285)	2012 (330)	2011 (330)	2010 (286)	2009 (264)	2008 (242)	2007 (235)
2006 (172)	2005 (165)	2004 (115)	2003 (60)	2002 (42)	2001 (42)	2000 (20)	1999 (6)	1998 (22)	1997 (17)	1996 (5)
1995 (2)	1994 (4)	1992 (1)								

从 2004 年,学者开始,对"城市社区体育研究"进行文献综述总结。至今总共有 7 篇研究综述。如表 1 – 2 所示。

表 1 - 2　2004 ~ 2014 城市社区体育研究综述数量统计表

	题名	作者	来源	发表时间	数据库	被引	下载	阅读	热度
1	改革开放三十年我国城市社区体育研究综述	于玲玲;包红林	内蒙古师范大学学报(哲学社会科学版)	2008-11-25	期刊	13	429		
2	城市社区体育现状研究综述	李贺林	搏击(武术科学)	2014-10-28	期刊	1	124		
3	近十年我国城市社区体育发展现状的研究综述	翟方;董英明	河南教育学院学报(哲学社会科学版)	2010-09-30	期刊	8	522		
4	我国城市社区体育研究综述	李凤新	体育科学研究	2004-03-30	期刊	35	821		
5	和谐社会建设中城市社区体育研究综述	李学营;吴绪东	郑州铁路职业技术学院学报	2007-12-20	期刊	4	225		
6	2001-2006年我国城市社区体育发展现状研究综述	孙瑄瑄;张莹;赖扬;刘志红	北京体育大学学报	2007-11-25	期刊	9	868		
7	关于我国城市社区体育评价的研究综述	张龙;叶国玺;颜永涛;黄荣芳	体育科技	2012-03-15	期刊	4	257		

学者李凤新(2004)从社区体育概念的界定、城市社区体育发展的历史进程、时代价值、研究的基本现状、主要成就和主要问题等几个方面第一次对城市社区体育研究进行了综述总结和概述。李学营、吴绪东(2007)以"和谐社会建设"视角对城市社区体育研究进行综述概况。孙瑄瑄、张莹等(2007)又对 2001 ~ 2006 年我国城市社区体育发展现状进行综述研究。主要概述了"城市社区体育发展现状中存在的问题的"以及"城市社区体育发展现状的建议",通过对近 6 年来有关城市社区体育发展现状论文研究成果的整体分析可看出,以研究经济较发达地区的文章明显较多于研究经济欠发达地区的文章,例如对新疆西北等地区的研究文献基本处于空白状态。于玲玲、包红林(2008)对改革开放三十年我国城市社区体育研究进行了综述。研究表明:城市社区体育的研究大多关注城市社区体育现状、对策以及发展模式等应用性问题,对社区体育基本理论问题的探讨还不够深入,还未形成符合我国国情的社区体育理论体系,原创性、有影响的研究成果不多。翟方、董英明(2010)对 2000 年到 2010 年十年间我国城市社区体育的综述表明:城市社区体育研究出现区域不平衡性。张龙叶、国玺等(2012)关于我国城市社区体育评价的研究综述,从理论研究、评价指标体系研究、发展水平评价研究、社区体育服务评价研究、健身环境评价研究和居民体育意识评价研究 6 大类进行综述总结。李贺林(2014)的综述研究发现,对于城市社区体育基本理论的研究还不够深入,对于城市社区体育对策的研究缺乏原创性,有影响的研究成果较少,有关区域性城市社区体育研究成果较少。

通过对上述学者文献综述的厘析,可以看出在 2014 年之前,最主要的研究主题,集中在城市社区体育的公共服务研究领域,在中国知网按照年度发表时间搜索"城市社区体育公共服务"关键词找到 1,097 条结果,这些多是文献有关体育基本公共服务的相关研究,占城市社区体育研究总篇数的三分之一。通过对 2015 年以后的文献观察厘析发现,这种研究态势依然呈递增态势。具体情况情况表格表 1 - 3 所示。

表 1 - 3　1997 - 2017 年城市社区体育公共服务指数表

主题:城市社区体育公共服务 ×　　　查看城市社区体育公共服务的指数分析结果

分组浏览:学科			发表年度	研究层次　作者　机构　基金							
2017 (27)	2016 (139)	2015 (165)	2014 (130)	2013 (161)	2012 (111)	2011 (110)	2010 (56)	2009 (51)	2008 (42)	2007 (34)	
2006 (23)	2005 (21)	2004 (12)	2003 (9)	2002 (1)	2001 (3)	1998 (1)	1997 (1)		《		

　　总之,中国的城市社区研究主要集中在城市社区居民参与体育的现状描述、存在的问题以及对策等研究领域。对于城市社区体育对社区居民的社会促进作用少有研究。目前虽然我国学者对城市社区体育研究热度不减,但是研究的范畴主要是重实证调查,轻理论研究。有关城市社区体育理论研究深度和广度都不够,具有影响力的研究成果较少。

3.3　国内城市边缘群体体育的研究

3.3.1　国外有关"城市边缘群体"体育的研究

　　国外学者对"城市边缘群体"体育的研究成果比较丰富。最早的论述应该是怀特(1940)的《街角社会》。怀特在《街角社会》中,通过对住在美国贫民窟,两个不同性质的青年俱乐部以及他们和其他俱乐部之间的体育比赛活动的深入观察,发现隐藏在贫民窟的有社秩序社会结构,并指出俱乐部成员的体育成绩不是由个人技术能力决定,而是由成员在俱乐部的地位决定。

　　20 世纪之后由于城市化的高速率发展,城市人口超过农村人口,在世界上贫民窟出现上升蔓延的趋势,促使越来越多的人居中在贫民窟中。体育"促进贫民窟居民的社会化作用",以及"贫民窟居民的体育生活方式"的研究主题,被西方学者广泛关注。比如,Sidaway R、Duffield B S[①](1984)《A new look at countryside rec-

---

① Sidaway R,Duffield B S. A new look at countryside recreation in the urban fringe[J]. Leisure Studies. 1984,3(3):249 - 272.

reation in the urban fringe》的研究认为,在城乡结合部提供体育娱乐的政策定位一直被当局大力提倡,但这一政策制定依据的假设却很少实证研究。该研究在回顾以往的研究历史表明,通过在城乡结合部周围(10公里以内)建立一个体育游憩区域,可以吸引更多的城市边缘群体进行体育锻炼。更遥远的(超过10公里)的体育游憩区域,吸引的人群多是较富裕的或者受过良好教育的少数人。在城乡结合部,还没有满足贫民区居民的体育游憩的需求。Riess S A[①](1991)在 *City games:The evolution of American urban society and the rise of sports*,认为,在都市里村庄新移民,渴望把一些志趣相投好朋友聚集在一起,因此建立了民族体育俱乐部,通过参加民族体育比赛、民族体育项目锻炼身体等方式,提高他们的文化底蕴。社会改革者也努力,通过体育运动来改善城市生活质量。Mukhopadhyay A、Dutt A K[②](1993)《Slum dwellers' daily movement pattern in a Calcutta slum》研究了加尔各答城市贫民窟的日常活动模式,认为加尔各答城市贫民窟居民通常到加尔各答室内和盐湖体育场进行身体活动,到达场地的方式是乘公交车,有时也走路过去,体育场馆距离贫民窟都在3～5公里内,通常距离贫民窟半径在3～5英里的地区被视为高频活动区,距离平民窟100～160公里,视为低频活动区。Ashok K. Dutt、Suprabha Tripathi、Anupa Mukhopadhyay[③](1994)在《Spatial Spread of Daily Activity Patterns of Slum Dwellers in Calcutta and Delhi》研究认为,贫民窟居民的休闲娱乐活动,主要以体育运动、看电影、马戏团表演等为主,他们平均每个月有一半以上的人参加康乐活动,其中包括观看足球和板球赛季的体育比赛,他建议当局政府应该给贫民窟居民休闲娱乐提供政策上的帮助。

随着城市化的加剧,越来越多青年集聚城市的贫民窟中,但遗憾的是城市并没有给年轻人提供更多上升的空间机会,而是使他们多限于绝望和贫困中,成为城市化新的边缘化群体。从1998年开始,由于玛萨瑞青年体育协会,通过体育活动对于贫民窟青年成功的培养,给青年们提供了一个上升的空间路径,致使西方学者,开始关注体育组织对贫民窟居民的塑造功能,有关贫民窟青年这一群体也

---

① Riess S A. City games:The evolution of American urban society and the rise of sports[M]. University of Illinois Press. 1991:22 - 23.

② Mukhopadhyay A,Dutt A K. Slum dwellers' daily movement pattern in a Calcutta slum[J]. Geo Journal. 1993,29(2):181 - 186.

③ Dutt A K,Tripathi S,Mukhopadhyay A. Spatial spread of daily activity patterns of slum dwellers in Calcutta and Delhi[M]//The Asian City:Processes of Development,Characteristics and Planning. Springer Netherlands. 1994:309 - 326.

成为西方体育学者的关注热点,比如,Trangsrud R①(1998)在《Developing skills and building self – esteem:outreach through sports. Mathare Youth Sports Association – Kenya.》中的研究指出,玛萨瑞青年体育协会②通过在贫民窟推广发展体育运动,宣传贫民窟环境清洁,帮助青年人了解艾滋病和教育他们负责任的性行为等。并给青年人提供了很多就业的机会,使他们成为球队的球员、教练、健康教育者和管理者等。贫民窟青年人在参与体育多动中,发展了技能,也建立了自尊。有关玛萨瑞青年体育协会最详实的研究应该是 Jamin Shitsukane Muliru③(2008,荷兰海牙大学)的博士论文《A CAPABILITY ENHANCEMENT INITIATIVEFOR NAIROBI URBAN SLUM YOUTH IN KENYA:A Case Study of Mathare Youth Sports Association Approach in Mathare》。Jamin Shitsukane Muliru 研究了玛萨瑞青年体育协会(麦萨),如何使用社区运动服务,在内罗毕 16 个最贫困的贫民窟,来提高青年能力的。Jamin Shitsukane Muliru 指出,玛萨瑞青年体育协会(MYSA)约有 2 万名青年会员,其中超过 1.4 万人参加了足球活动,协会通过向青年提供各种体育培训、组织多种形式的锦标赛以及与其他社区青年的体育比赛互动,培养他们的强健体魄、体育精神以及领导才能,对他们进行环境清洁意识、艾滋病病毒等宣传活动。研究表明,在玛萨瑞青年体育协会中,一些青年人成为球队的球员、教练、健康教育者和协会的管理者。研究表明,体育运动可以有效地培养青年人的社会能力,并使他们成为有责任感的公民。随着玛萨瑞青年体育协会对青年的培养得到社

① Trangsrud R. Developing skills and building self – esteem:outreach through sports[J]. Mathare Youth Sports Association – Kenya. 1998:12 – 20.

② Mathare Youth Sports Association (MYSA) is a sports development aid organization in Mathare, a collection of slums in Nairobi. In sports it focuses mainly on association football, and furthermore it is active in the field of community building. MYSA was founded in 1987 by Canadian Bob Munro who was an advisor for the United Nations in Nairobi at that time, for environmental policy, water resources management and sustainable development. In Mathare children led him to a football field that was covered with flinders and trash. With cleaning the field the first step was made for MYSA. On August 22, 1987, a youth competition was started with all together 27 clubs. In 2010 14,000 children in 1,200 teams are active. Meanwhile MYSA has grown to be the greatest youth association of Africa. Since 1992 there is football for girls as well and in 2006 one third of the players were girls. MYSA has its own professional football club, Mathare United F. C. which meanwhile has provided four players to the national football team of Kenya. Football players Dennis Oliech of AJ Auxerre and Jamal Mohammed once started his career at MYSA

③ Jamin Shitsukane Muliru. A CAPABILITY ENHANCEMENT INITIATIVEFOR NAIROBI URBAN SLUM YOUTH IN KENYA:A Case Study of Mathare Youth Sports Association Approach in Mathare[D]. Ohio University. 2008:4 – 10.

会广泛关注,西方体育学者把玛萨瑞青年体育协会的培养计划作为一种体育现象来进行研究,并称作"麦萨"模式或者"麦萨"方法等,有关此组织的研究文献也呈逐年递增趋势。最近的一篇关于玛萨瑞青年体育协会的文章是,Priscilla Wamucii PhD①(2014)《The Role of Sports in Strategic Health Promotion》,主要研究了玛萨瑞青年体育协会对贫民窟青少年健康教育策略。

在 2003 年,学者 Kimball R. I②(2003)在《Sports in Zion:Mormon Recreation,1890 – 1940》研究认为,1890 年以来,随着美国快速的工业化和城市化,美国锡安,摩门教领袖挖掘利用体育娱乐项目来改善城市的问题,体育作为促进青年人身体和精神的卓越的手段,正在指引青年人成为有社会责任感的公民。该研究认为体育在社会上应该具有更广泛的功能。Hesbon Otieno Achola(2006)③在《Koch Life:Community Sports in the Slum》以参与观察者的身份,亲身体验了贫民窟居民的体育生活。作者从贫民窟居民日常体育活动入手,分析影响贫民窟居民参与体育活动因素、以及参与体育活动过程中产生的复杂社会关系。研究认为体育对贫民窟居民具有教育作用和促进社会融入的功能。Kimathi T(2013)④My personal critical Review concerning Slum Tourism in Kenya 的研究认为,发展体育旅游,可以为贫民窟居民提供更多的就业机会。他们充当翻译、导游和运输等职业。他们的亲属、配偶和家庭的员也从中获得了更多的物质财富。贫民窟体育旅游也为青年人发展提供了一个更广泛的上升机会,一些贫民窟的青年人通过外国人的赞助,以体育为职业,成为体育名人,达到他们的人生目标。Dr Sunetra Kaviraj,Dr. Abhik Sinha,Dr. Nabanita Chakraborty,⑤在(2013)《Physical Activity Status and Body Image Perception Adolescent Females in A Slum In Kolkata,India.》研究认为,贫民窟的青春期少女身体活动不足,提出家庭和社会应以社区体育活动为基础,在青春期少女锻炼身体的频率、持续时间、强度、类型和必要的身体活动等方面提供指导,政

① Wamucii P. The Role of Sports in Strategic Health Promotion[M]. Strategic Urban Health Communication. Springer New York. 2014:187 – 197.

② Kimball R. I. Sports in Zion:Mormon Recreation,1890 – 1940[M]. University of Illinois Press. 2003:14 – 15.

③ Achola H O. Koch Life:Community Sports in the Slum[M]. Paulines Publications Africa. 2006:23 – 25.

④ Kimathi T. My personal critical Review concerning Slum Tourism in Kenya[M]. 2013:3 – 4.

⑤ Kaviraj S,Sinha A,Chakraborty N,et al. Physical Activity Status and Body Image Perception of Adolescent Females in A Slum In Kolkata[J]. India. 2013:13.

府应采取多种策略营造体育锻炼环境,促使青春期少女锻炼身体,提高她们的健康水平。

通过上述文献资料的分析,我们不难发现,西方学者对于"城市边缘群体"的体育研究,多集中于体育对贫民窟居民社会整合功能的研究。从社会功能方面,他们通常把体育置于社会的整个宏观背景中,讨论体育对贫民窟居民的培养、发展、促进作用,以及发展贫民窟体育对社会稳定、社会结构秩序、就业、教育以及经济的影响。从生物学功能方面,他们通常研究,体育锻炼的手段对贫民窟居民身体健康及疾病的影响。

3.3.2　我国有关"城市边缘群体"体育的研究

有关"城市边缘群体"体育的研究,我国学者关注的比较晚,最早的文献是2006年,赵晓红等学者,对"城镇中农民工体育参与现状及影响因素"的研究。之后有关该群体体育研究的文献呈现逐年增加趋势,尤其近两年,对"城市边缘群体"体育的研究文献急剧增多。这和我国大规模城市化的背景有直接关系,城市化的加快,给社会带来了诸多问题,同样也给体育领域带来新的研究课题,越来越多体育学者开始思考在城市化进程中,体育对人的促进作用。通过学术互联网,输入关键词:"流动人群体育""农民工体育"分别出现88篇、243篇相关的学术论文研究,其中博士论文22篇,硕士论文47篇,研究范围主要包括:体育的现状和发展对策研究;体育权利研究;体育制度、社会融入、体育文化的研究等三个方面。

（1）现状描述和发展对策研究

赵晓红、李会增、刘艳霞、赵华恩①(2006),对我国城镇农民工体育参与的现状及制约因素进行了调查分析,提出了促进我国城镇农民工体育参与的对策。施仙琼②(2007)通过对我国城市农民工身体健康状况、体育意识、体育锻炼现状、体育消费及影响因素等深入分析认为,农民工只有在生活方式、生活理想、生活行为规范上与城市文明协调一致,才有可能使参与体育成为可能。胡科(2007)在《论农民工体育参与的制约之因与超越之径》指出,农民工体育参与水平仍然较低,是思想认识、价值取向、体育资源、户籍制度、发展手段、余暇生活等多种因素综合的结果。提出应保障农民工基本体育权利,国家应积极发挥导向、规范、保障、干预、

---

① 赵晓红,李会增,刘艳霞,赵华恩. 国城镇农民工体育参与的现状调查及对策探析[J]. 山东体育学院学报. 2006,05:21－25.
② 施仙琼,我国城市农民工体育意识和行为现状及对策研究[D]. 广西师范大学. 2007,06: 8－17.

救助等作用。卞近胜①（2007），对城市建筑农民工体育需求的研究表明，他们对场地、器械、指导需求不高，城市建筑农民工自身的综合水平与其体育需求程度呈显性正相关，余暇时间、经济收入、余暇活动、是制约他们参与体育活动的主要因素。吴修敬②（2008）在和谐社会条件下构建了我国农民工体育模式，农民工体育模式是一个多元素组合有机的整体系统，结合我国特殊的国情，构建了以覆盖农民工群体的国家服务模式为主体、多元化模式并存的体育模式。刘年伟③（2009）《重庆农民工体育现状调查与分析》，对重庆主城八区及其周围5个县农民工体育现状的体育人口总量、体育人口结构、体育人口参与体育活动的基本情况、体育活动的主要特征、农民工的生活方式与体育几个方面与全国群众体育现状农民工体育现状进行了横向对比研究，认为，生活状况、户籍制度、社会性弱者支持系统的不完善是当前制约重庆农民工参与体育活动的主要因素。朱爱明④2010年，对湖南省长株潭试验区农民工体育锻炼现状及对策研究表明，影响长株潭试验区农民工体育开展的因素主要包括内部因素和外部因素。张建宁⑤（2010），《昆山市农民工体育活动现状与发展对策研究》认为，农民工参与体育活动的价值观念相对滞后，参与体育活动项目具有实用性，参与体育活动目的具有多元性，参与体育活动时间具有不确定性。赵俊珠⑥，在对唐山市城区农民工体育锻炼现状研究中指出，农民工参加活动形式主要是无组织自发锻炼小组和个人单独活动。工作繁重、缺少活动场所和体育设施是制约农民工参加体育锻炼的主要因素。陈锡尧、庞徐薇、刘倩⑦（2010）《上海市外来农民工的体育参与现状调查》，分析了上海市外来农民工在体育参与方面存在的各类问题，上海亟需重视解决外来农民工的体育参与这一社会问题。从2011年开始，体育学者，相继对全国各地区农民工体育现分别进行了描述性研究，如，王晓贞（2011）《江苏省新生代城市农民工体育消费现状调查与分析》，陈玉柱（2011）《和谐社会中弱势群体体育的发展研究》，杨耀

①　近胜. 城市建筑农民工体育需求的研究[D]. 苏州大学. 2007v05：8－17.
②　吴修敬. 和谐社会条件下我国农民工体育模式构建[D]. 曲阜师范大学. 2008，05：8－14.
③　刘年伟. 重庆农民工体育现状调查与分析[D]. 重庆大学. 2009，05：7－17.
④　朱爱明. 长株潭试验区农民工体育锻炼现状及对策研究[D]. 华东师范大学. 2010，05：9－13.
⑤　张建宁,昆山市农民工体育活动现状与发展对策研究[D]. 苏州大学. 2010，05：7－10.
⑥　赵俊珠,唐山市城区农民工体育锻炼现状研究[D]. 河北师范大学. 2010，05：4－10.
⑦　陈锡尧,庞徐薇,刘倩. 上海市外来农民工的体育参与现状调查[J]. 体育科研. 2010，05：42.

华(2011)《河南省市区弱势群体体育行为研究》。刘巧①(2012)对长沙市(望城区、天心区、雨花区、芙蓉区、岳麓区、开福区)城市农民工的体育消费意识、体育消费态度、体育消费动机、体育消费结构进行了调查,刘振兴②(2012)《济宁市农民工休闲体育活动现状调查与对策研究》,冯强明、张华③(2012)社会分层理论视域下我国弱势群体体育参与现状研究——以北京市农民工为研究个案,从人口统计学变量、农民工体育锻炼的内容项目和消费水平及影响农民工体育锻炼的因素三个维度进行现状分析。吴苗苗(2012)《不同行业农民工体育参与现状与需求的研究》,翟小红(2012)《怀化市新生代农民工体育锻炼现况研究》,(2013)《四川省城市农民工体育锻炼行为特征及干预措施研究》,杨耀华(2013)《河南城市新生代农民工健身需求研究述评——以中原经济区建设为背景》,吴佑年(2013)《转型期襄阳市农民工体育现状与对策》,姜田④(2014)《"长三角"地区城镇农民工体育消费的现状调研》,张华影(2014)《城市化进程中农民工体育运动现状与对策》等。通过上述资料的罗列,我们不能发现,学者的研究的逻辑框架大多基本都是以"城市边缘群体"体育现状描述为逻辑起点,分析这一群体参与体育存在的问题以及问题产生的原因,最后提出对策。得出的结论虽略有差距,但基本大同小异。

(2)体育权利研究

有关"城市边缘群体"体育权利的研究,我国学者从2007年开始涉及。通过互联网搜集,仅仅获得6篇相关的学术文献,学者们从公平正义、社会保障及法律保障几个方面进行阐述,主要研究有:胡科、黄玉珍、金育强⑤(2007)《关于农民工体育责任主体的探讨》,认为农民工模糊的身份,使得他们的体育权利纠缠于农村与城市社区之间得不到合法的保障,以至出现农民工体育权利的严重空洞化,而

---

① 刘巧,长沙市城市农民工体育消费现状及发展对策研究[D].湖南师范大学.2012,06:6-12.

② 刘振兴.济宁市农民工休闲体育活动现状调查与对策研究[D].曲阜师范大学.2012,05:7-10.

③ 冯强明,张华.社会分层理论视域下我国弱势群体体育参与现状研究——以北京市农民工为研究个案[J],体育与科学.2012,02:40-44.

④ 张华影,姜田.城市化进程中农民工体育运动现状与对策[J].长沙理工大学学报(社会科学版)(优先出版).2014-01-1620:33.

⑤ 胡科,黄玉珍,金育强.关于农民工体育责任主体的探讨[J].北京体育大学学报.2007,02:167-169.

农民工体育责任主体的缺失无疑是造成这一现象的根本原因。程一军①(2010)《困解与消解新生代农民工体育权益保障问题研究》,认为提供必要的体育公共产品及深化人文关怀,是实现新生代农民工体育参与的本源之策,需要政府、体育行政机构、体育团体、农民工自身共同的努力。周帆②(2010)《社会性弱势群体体育权利保护的研究》提出保护社会性弱势群体体育权利更应追求权利的实质平等,也就是说不仅要求该群体自身素质和权利意识的增强,更加需要政府和社会的扶持帮助。李程秀③(2012)《城市弱势群体体育权利保障机制研究——以河南省为例》指出,为了更好地促进弱势群体参与体育活动,需要加强公民体育权利的法律保障建设、加强政府对体育公共服务的投入力度、建立体育公共服务利益制衡机制、加强城市社区体育建设、开展多样的城市体育文化活动。孙湛宁、王利红、李小岩、孙双明④(2013)在《体育权利的权力制约——HB 省 BG 镇新生代农民工体育锻炼行为干预研究》中认为,新生代农民工体育意愿不强,需要长期的体育权利意识的启发和培养,才能实现新生代农民体育权和健康权的基本保障。程华平⑤(2014)《新型城镇化背景下农民工体育权利的法律保障》认为,农民工体育权利具有平等性需求和多样性需求,农民工有享有市民体育福利,分享体育产业发展成果,享有体育文化诉求的权利。夏青、秦小平⑥《论弱势群体体育基本利益的保障——基于公民话语权的视角》,研究认为,弱势群体维护自身体育利益的话语权缺乏制度保障、体育组织的缺失致使弱势群体的话语权没有社会载体,应该将弱势群体体育权益纳入体育法司法保护、使弱势群体体育组织参与群众体育管理、增强弱势群体维护自身体育权益的主体意识、社会强势群体应自觉尊重弱势群体的话语权等。

① 程一军. 困解与消解新生代农民工体育权益保障问题研究[J]. 武汉体育学院学报. 2010,06:90-91.
② 周帆. 社会性弱势群体体育权利保护的研究[D]. 安徽工程大学. 2010,06:5-12.
③ 李程秀. 城市弱势群体体育权利保障机制研究——以河南省为例[J],西安体育学院学报. 2013,01:18-21.
④ 孙湛宁,王利红,李小岩,孙双明. 体育权利的权力制约——HB 省 BG 镇新生代农民工体育锻炼行为干预研究[J]. 中国青年研究 2013,10:51-55.
⑤ 程华平. 新型城镇化背景下农民工体育权利的法律保障[J]. 体育与科学. http://www.cnki.net/kcms/detail/61.1198.G8.20131230.1337.022.html.2014-01-20-16:55.
⑥ 夏青,秦小平. 论弱势群体体育基本利益的保障——基于公民话语权的视角[J]. 西安体育学院学报,2014,02. 网络出版时间. 2013-12-30:13:37.

（3）有关制度、社会融入及文化研究

2009 年体育学者开始运用社会学社会融入及社会排斥理论分析该群体的体育问题，至此体育在整合社会变迁中功能价值开始引起中国学者的关注，从发表的文章数量来看，大体上呈逐年上曾的趋势，学者们从社会学、文化学角度作为切入点，研究体育制度的保障问题，体育的社会融入及社会排斥问题，体育公共服务体现的制度问题等，比较典型的研究有，周丛改①（2009）在《社会排斥与农民工体育边缘化问题研究》中运用社会排斥理论，从社会的制度、经济、文化、教育、空间等维度来探讨农民工体育边缘化问题，认为社会排斥是农民工体育边缘化的根源，社会融合是摆脱农民工体育边缘化的出路，并提出了具体的对策。旨在呼吁社会重视农民工体育，维护其体育权益，实现社会公平。王光、张秀②萍（2011）认为流动人群的体育健身意识薄弱，流入地及流出地应及早建立管理机构，明确职责，构建服务体系的多级化网络管理模式。屈文会③在（2012）《城市化进程中南京农民工与城市体育融合的现状与对策研究》中，认为农民工缺乏参与体育活动的内在动机，农民工的社会融入过程需要有一个良好的、宽松的外部环境和发展空间。帅广震④在，《我国农民工体育参与及利用体育公共服务对接研究》研究中认为，农民工体育参与与体育公共服务体系的提供成正相互关系，公共服务体系是农民工参与体育的保障。方洁⑤（2012）在《社会排斥与社会融合——让体育成为农民工融入城市的纽带》中，认为体育在解决城市农民工"社会排斥和社会融合"的矛盾中具有重要的作用。他从农民工体育发展的角度，分析了当下农民工体育所面临的困境，并为如何推进农民工体育事业前进提出了自己的建议。张雷等⑥（2013）在《新生代农民工的体育文化建设研究》中，从体育表层文化、体育浅

---

① 周丛改. 社会排斥与农民工体育边缘化问题研究[J]. 南京体育学院学报（社会科学版）. 2009,06:20 - 25

② 王光,张秀萍. 城市化进程中流动人群健身现状及服务体系的构建——以上海市进城务工人员群体为例[J],北京体育大学学报. 2011,05:1 - 4.

③ 屈文会. 城市化进程中南京农民工与城市体育融合的现状与对策研究[D]. 南京师范大学. 2012,05:5 - 8.

④ 帅广震. 我国农民工体育参与及利用体育公共服务对接研究[D]. 长江大学. 2012,05: 4 - 9.

⑤ 方洁. 社会排斥与社会融合——让体育成为农民工融入城市的纽带[J]. 长春理工大学学报（社会科学版）. 2012,25(8):25.

⑥ 张雷,李永芳,王晓贞,陈雪. 新生代农民工的体育文化建设研究[J]. 运动. 2013,10: 23 - 25.

层文化、体育中层文化和体育深层文化四个方面进行了分析,并提出了建设新生代农民工体育文化的对策。刘香①(2013)《生代农民工的体育参与与社会融入问题研究——成都市新生代农民工体育参与情况调查》,认为体育认知、现代观念,以及城市社会的认同,导致成都市新生代农民工体育参与的形式与内容的单一,体育活动尚未发挥有利新生代农民工社会融入的重要功能。苏睿②(2014)的《我国城市农民工体育健身社会保障制度的缺失及补救》研究认为,城乡二元结构使城乡之间体育健身发展水平不协调、体育资源分配不均衡,建立适合我国城市农民工体育健身发展需要的社会保障制度,能促进城市农民工的体育健身水平。

3.4 国内关于"城中村"体育的研究

通过谷歌、中国知网、万方数据库、维普网等学术网站,输入关键词"城中村"体育、"城中村"体育锻炼、"城中村"体育文化、"城中村"体育娱乐仅仅有37篇相关的学术论文。其中期刊文论28篇,硕士论文8篇,博士论文1篇。2004年1篇、2005年1篇,2006、2007年0篇,2008年1篇,2009年3篇,2010年3篇,2011年6篇,包括1篇硕士论文,2012年6篇,包括2篇硕士论文,2013年4篇硕士论文。2014年5篇文章,报告2篇博士论文和1篇硕士论文。2015年3篇期刊论文。2016年3篇期刊论文,2017年1篇期刊论文。具体文献分布如表1-4所示。

表1-4 "城中村"体育相关研究文献统计③

	篇名	时间	地域	作者	类型
1	广州市"城中村"改造过程中的体育文化现状与对策	2004	广州	解奎龙 肖素霞	期刊论文
2	西安市"城中村"社区群体体育活动现状的调查与分析	2005	西安	王梁超	期刊论文
3	太原市"城中村"居民休闲活动的调查研究	2008	太原	张敏	期刊论文

① 刘香年. 生代农民工的体育参与与社会融入问题研究——成都市新生代农民工体育参与情况调查[J],小说评论. 2013,05:333-337.

② 苏睿. 我国城市农民工体育健身社会保障制度的缺失及补救[J]. 西安体育学院学报, 2014,02. 网络出版时间,2013-12-30:13:37.

③ 数据来源:依据中国知网,万方数据库,维普数据库,谷歌学术网分别输入关键词"农民工体育","城市边缘群体","流动人群体育"剔除四个数据库重复文献之后,最终统计的结果(数据统计截止论文成稿之前)。

续表

	篇名	时间	地域	作者	类型
4	论城市化与居民体育生活方式——以广州市部分"城中村"为例	2009	广州	陈文坤	期刊论文
5	"城中村"与城市居民体育锻炼行为之比较	2009	河南	赖学鸿	期刊论文
6	影响广州市"城中村"体育文化发展的因素分析	2010	广州	肖素霞 解奎龙	期刊论文
7	体育锻炼因子对"城中村"居民心理健康的影响	2010	河南	杨俊涛	期刊论文
8	太原市"城中村"体育文化发展现状调查研究	2010	太原	王兴一	期刊论文
9	太原市"城中村"体育文化可持续发展的调查研究	2011	太原	杨丽华 王兴	期刊论文
10	渭南市"城中村"妇女体育活动参与状况调查与分析	2011	陕西	王蓓员 筱薇	期刊论文
11	西安市"城中村"居民体育健身影响因素研究	2011	西安	王飞雄 张鲲	期刊论文
12	广西"城中村"体育现状及其问题对策研究——以南宁、桂林、北海为例	2011	广西	秦尉富	硕士论文
13	广州市"城中村"改造过程中的体育发展现状研究	2011	广州	肖素霞 解奎龙	期刊论文
14	昆明市"城中村"改造前后居民体育的状况及发展策略	2011	昆明	杨爱华 李英	期刊论文
15	体育运动对"城中村"居民焦虑与抑郁水平的影响研究	2012	河南	杨俊涛	期刊论文
16	郑州市"城中村"体育现状和发展对策研究	2012	河南	许局	期刊论文
17	"城中村"居民的体育休闲娱乐进行研究	2012	福建	朱家新 常德胜	期刊论文

	篇名	时间	地域	作者	类型
18	"城中村"体育文化传播研究	2012	太原市	原小琴	硕士论文
19	体育运动对"城中村"居民焦虑与抑郁水平的影响研究	2012	河南	杨俊涛	期刊论文
20	武汉市"城中村"体育活动研——以永丰乡12村为例	2012	武汉	张晶晶	硕士论文
21	和谐社会视阈下福州市"城中村"家庭体育的现状与发展对策研究	2013	福州	林芳满	硕士论文
22	太原市"城中村"居民体育锻炼行为现状调查分析	2013	太原市	郭晓旭	硕士论文
23	基于公平理论的城市居民与"城中村"居民体育权利均等化研究	2013	郑州	李凯	硕士论文
24	社会变迁视角下的"城中村"体育发展对策研究——以厦门高殿社区为个案	2013	厦门	李扶生	硕士论文
25	北京"城中村"居民体育研究	2014	北京	崔雪梅	博士论文
26	漳州市"城中村"妇女体育参与现状及影响因素研究	2014	漳州市	喻丙梅 周传志	期刊论文
27	北京市城中村3~6岁幼儿家庭体育需求的实证研究	2014	北京	王慧娟	硕士论文
28	城中村失地农民体育健身轴型模式探究	2014	湖南	曾小玲 王岐富	期刊论文
29	城市化进程中"城中村"失地农民体育文化生活现状调查研究	2014	安徽	刘娜 姜同仁	期刊论文
30	周口市城中村体育活动开展状况研究	2015	周口	王全军	期刊论文
31	武汉市城中村体育文化调查与研究	2015	武汉	白磊	期刊论文

	篇名	时间	地域	作者	类型
32	中原经济区城市"城中村"体育活动开展状况研究——以周口市为例	2015	周口	王全军	期刊论文
33	皖北地区城中村老年人体育锻炼现状分析及对策——以宿州、蚌埠和淮北为例	2016	安徽	李显国许秀凤	期刊论文
34	城镇化语境下"城中村"失地农民体育活动现状研究——以湖南省为例	2016	湖南	王可王岐富	期刊论文
35	太原市城中村体育公共服务均等化的实证研究	2016	太原	贾雅婕韩雨梅	期刊论文
36	"城中村"基本体育公共服务体系设计——基于体育权利贫困的思考	2016	北京	崔雪梅仇军	期刊论文
37	安徽省城中村居民体育参与现状及制约因素研究	2017	安徽	许秀凤李显国	期刊论文

具体可以概况以下几个方面：

（1）"城中村"体育现状与对策分析

我国体育学者对"城中村"体育现状描述，主要集中在对"城中村"体育的存在问题、问题的产生原因以及对策分析。最早文献是，肖素霞[①]（2004）的研究，他认为，体育在"城中村"内涵式发展所产生的文化和意识的冲突中起着有效连接点的作用，从而在一定程度上促进"城中村"的改造。王梁超[②]（2005）认为，"城中村"居民喜欢参与体育活动，但实际参与人数却少，是因为"城中村"缺少体育活动场所、器材，组织管理、体育活动辅导以及相应的体育环境，另外"城中村"社区的外来异质人口的增多，也是一个不可回避的现实问题。为此，建议应加大"城中村"社区体育基础设施投入，加强思想教育。之后其他学者对"城中村""体育现状描述，虽然选择的研究地域不同，但研究形式和得出的结果多大同小异。研究

---

① 奎龙，肖素霞.广州市"城中村"改造过程中的体育文化现状与对策[J].山西师大体育学院学报.2004,02:16－18.

② 王梁超,西安市"城中村"社区群体体育活动现状的调查与分析[J].西安体育学院学报.2005,11:6－9.

有:张敏(2008)①《太原市"城中村"居民休闲活动的调查研究》,陈文坤(2009)②《论城市化与居民体育生活方式——以广州市部分"城中村"为例》,王兴一③(2010)《太原市""城中村""体育文化发展现状调查研究》,肖素霞、解奎龙、潘小玲(2011)④《广州市"城中村"改造过程中的体育发展现状研究》,秦尉富⑤(2011)《广西"城中村"体育现状及其问题对策研究——以南宁、桂林、北海为例》,杨丽华、王兴一(2011)⑥《太原市"城中村"体育文化可持续发展的调查研究》,王蓓、员筱薇⑦(2011)《渭南市"城中村"妇女体育活动参与状况调查与分析》,许局⑧(2012)《郑州市"城中村"体育现状和发展对策研究》,张晶晶⑨(2012)《武汉市"城中村"体育活动研——以永丰乡12村为例》,林芳满⑩(2013)《和谐社会视阈下福州市"城中村"家庭体育的现状与发展对策研究》,朱家新、常德胜⑪(2012)《"城中村"居民的体育休闲娱乐进行研究》,郭晓旭⑫(2013)《太原市"城中村"居民体育锻炼行为现状调查分析》,(2013)《社会变迁视角下的"城中村"体育发展对策研究——以厦门高殿社区为个案》等。之后喻丙梅、刘娜姜、(2014)王全军、白磊(2015)李显国、王可、贾雅婕、韩雨梅(2016)、许秀凤(2017)等学者,分别对漳州市、安徽、周口市、武汉、安徽、湖南、太原等"城中村"体育现在作了调查研究。

---

① 张敏.太原市"城中村"居民休闲活动的调查[J].研究地情研究.2008,02:51-62.
② 陈文坤.论城市化与居民体育生活方式——以广州市部分"城中村"为例[J].象牙塔内.2009,10:79-81.
③ 王兴一.太原市""城中村""体育文化发展现状调查研究[J].搏击(体育论坛).2010,10:44-46.
④ 肖素霞,解奎龙,潘小玲.广州市"城中村"改造过程中的体育发展现状研究[J].广州体育学院学报.2011,4:44-46.
⑤ 秦尉富.广西"城中村"体育现状及其问题对策研究以南宁、桂林、北海为例[D].广西师范大学.2011,04:4-19.
⑥ 杨丽华,王兴一.太原市"城中村"体育文化可持续发展的调查研究[J].体育搏击.2011,06:19-23.
⑦ 王蓓,员筱薇.渭南市"城中村"妇女体育活动参与状况调查与分析[J].当代体育科技.2011,04:59-60.
⑧ 许局.郑州市"城中村"体育现状和发展对策研究,当代体育科技[J].2012,(2):66-67.
⑨ 张晶晶.武汉市"城中村"体育活动研究[D].华中师范大学.2012,08:8-10.
⑩ 林芳满.和谐社会视阈下福州市"城中村"家庭体育的现状与发展对策研究[D].福建师范大学.2013,06:8-15.
⑪ 朱家新,常德胜."城中村"居民的体育休闲娱乐进行研究[J].上体育学报.2012,(01):1-4.
⑫ 郭晓旭.太原市"城中村"居民体育锻炼行为现状调查分析[D].山西大学.2013,(06):8-10

（2）"城中村"体育比较研究。

赖学鸿①(2009)，以河南省1557名"城中村"和1584名城市居民为样本进行调查分析，探讨"城中村"居民的体育锻炼行为与城市居民存在的差距，提出在新农村建设中，把"城中村"纳入到城市整体规划中，实现，"城中村"与城市协调、可持续发展。杨爱华、李英、尹智涛②(2011)调查昆明市"城中村"改造前后居民体育的状况表明，昆明市"城中村"改造忽视了新社区的体育基础设施的建设，改造后居民的体育需求量增大，但社区供给能力却相对滞后，缺乏专业的指导和组织。李凯(2013)③在《基于公平理论的城市居民与"城中村"居民体育权利均等化研究》中发现"城中村"居民与城市居民在享受与维护自身体育权利观念和行为上存在差距，研究认为，政府应该在资金投入、资源配置、规章制度建设等方面提供政策。

（3）影响"城中村"体育的因素研究

解奎龙、肖素霞④(2010))认为，影响广州市"城中村"体育文化发展的三个主因子分别为支持因子、文化传统因子和收入及态度因子。建议加强宣传，建设场地，鼓励资金投入，完善管理体制，实现资源共享一体化。王飞雄、张鲲、陈珂(2011)认为影响西安市"城中村"居民体育健身因素是管理体制、公共政策、居住环境、体育场地设施、组织管理及个人的经济水平、生活方式、思想观念、文化素质、体育需求等方面。

（4）体育功能研究

杨俊涛(2012)⑤体育运动对"城中村"居民焦虑与抑郁水平的影响研究认为，"城中村"居民有24.86%的人群有中度以上的心理问题，高于全国城市居民近5个百分点；发现锻炼人群与非锻炼人群在心理健康因子均分上出现非常显著差异，而不同运动量对与人际关系紧张与敏感、心理承受力差、适应性差、心理不平

---

① 赖学鸿.“城中村”与城市居民体育锻炼行为之比较[J].山东体育学院学报.2009,(09)：13-16.

② 杨爱华,李英,尹智涛.昆明市“城中村”改造前后居民体育的状况及发展策略[J].西华大学学报(哲学社会科学版).2011,(06)：6-10.

③ 李凯.基于公平理论的城市居民与“城中村”居民体育权利均等化研究[D].温州大学.2013,(05)：6-10

④ 肖素霞,解奎龙.影响广州市“城中村”体育文化发展的因素分析[J].山东体育科技.2010,(02)：18-22.

⑤ 杨俊涛.体育运动对“城中村”居民焦虑与抑郁水平的影响研究认[J].吉林体育学院学报.201,2(04)：03-04.

衡、焦虑、抑郁、敌对、躯体化等 8 个因子的影响有非常显著的负相关关系。原小琴①(2012)认为,"城中村"的体育文化传播者与受传者之间的关系是协同进化的关系。体育文化的有效传播,对居民的生活行为、思想观念产生影响,居民们意识到体育在社会生活中的地位和价值作用,愿意通过体育这样一种积极健康的方式,使生活变得更幸福。

3.4 研究评述

综合来看,上述研究为本研究提供了理论基础和参考思路,但我们发现研究存在不足。

(1)对于城市社区与"城中村"体育资源均衡发展、城市社区与"城中村"体育公共资源均等化研究,及公共体育资源供给模式等涉及还不深。

(2)"城中村"的体育文化生活将在"城中村"城市化方面扮演着特殊而又重要的角色,但有关"城中村"体育的研究,尤其是如何通过体育干预使村民市民化、转变生活方式及对于如何利用"城中村"在现有城市体系中承担的体育文化功能研究还是空白,对发掘利用"城中村"在现有城市体系中承担的体育文化功能较少。因此有关"城中村"体育的研究无论是从理论上和实践上都才刚刚起步。

(3)泛化研究多,理论研究少,方法单一。我国体育学者对"城中村"体育虽然开始涉猎,但多是一种简单的现象描述,无论从深度和广度都还不够。2014 年以前,学者们从不同角度对"城中村"体育进行了探讨分析,虽然我国学者们已经意识到了"城中村"体育是值得研究的课题,但多是笼统的概说。学者们对此现象的研究逻辑起点、分析框架,以及描述存在的问题,最后提出的对策建议都是惊人的一致,这种就现象而论现象的研究,虽然对本研究提供一定参考思路,但值得借鉴的不多。学者们对"城中村"体育这一领域存在各种显性和隐性问题,还没有深入思考。也就是说"城中村"体育的研究,在理论和实践方面的研究,我国还处于起步阶段。

虽然崔雪梅(2014)在其博士论文《北京城中村居民体育研究》中,其研究方法和研究视角上有所突破,并在运用了都市人类学理论对"城中村"体育现行进行了理论阐述和详尽解析,并运社会控制理论,对"城中村"体育赌博现行进行分析,并提供了详尽的解决方案。第一次从人类学、社会学视角分析了"城中村"体育现象。但遗憾的是自2014 年后,大多有关"城中村"体育研究的学者,并没有依据此

---

① 原小琴."城中村"体育文化传播研究[D]. 成都体育学院.2012,(06):4-5.

研究方向,从深层次的社会视角对"城中村"体育发展进行思考,而是继续对各地"城中村"体育发展现行进行描述性研究,依然没有形成理论体系。之后崔雪梅博士在2016年,再一次从都市人类学视角,阐述了"城中村"居民体育体育权利贫困的社会根源,并在论文中详细地设计了解决"城中村"体育贫困的方案,构建了发展"城中村"居民体育的基本公共服务发展模式。然而崔雪梅博士并没有分析城市社区与"城中村"体育发展的差异性,并提出城市体育统一发展的思路。再之后,学者们的研究依然运用问卷调查法和文献资料法对"城中村"体育现行进行简单描述,使得有关"城中村"体育领域的研究,在理论阐述上和实践应用上依然没有建树,也没有形成百家争鸣态势。

"城中村"作为都市生活领域的一个不可或缺的部分,其仅仅用简单的调查方法来研究其形成、改造以及发展过程是远远不能解释其存在本质的,因此本研究运用都市人类学理论和社会空间理论,社会学方法和人类学方法兼用,在一个宏观理论指导下进行,对城市社区体育与"城中村"体育发展差异进行讨论分析,旨为城市体育的统一整体发展提供理论支撑,最终促进"城中村"居民完成城市化发展。

第三节　研究方案

1　研究的基本思路

1.1　研究的技术路线

在实地调查过程中,本研究以城市社区与"城中村"居民体育生活的经历为逻辑起点,是以主体建立自己的"体育生活方式"的"个体"所形成的。在这里,城市社区与"城中村"居民在不同活动空间中的"异质共存"体育活动是本研究关心的目标,主要着手从城市社区与"城中村"居民在不同空间异质共存、体育生活状况入手,聚焦城市社区与"城中村"居民的日常体育锻炼,让"城中村"居民讲述自己的体育生活故事,通过实地调查获取来自城市社区与"城中村"居民日常体育生活中的"活材料",而不是依赖他人研究的解释和分析方式,注重资料收集研究对象真实的体育活动,以及他们自己讲述的体育活动经历,"自下而上"地进行书写。

1.2　研究的基本思路

　　研究的具体思路是考察城市社区与"城中村"居民体育生活方式时,引用都市人类空间视角,借鉴默顿中层理论思想,把行动性的个体与结构性的社会整体互相联系起来,从微观和宏观两个层面反映主体真实的体育生活体验,试图关注"城中村"居民在城市空间进行的体育活动以及体育活动对他们的塑造作用,即观察城市社区与"城中村"居民是如何作为主体而不是被动的个体从社会底层进行体育活动以及他们选择体育活动的策略过程,关注作为外部力量的城市化、现代化、社会变迁大环境对他们体育行为的影响,通过城市社区与"城中村"形形色色的居民主体的体育生活体验本身来理解城市社区与"城中村"体育现象,从"城中村"居民参加体育活动和不参加体育活动的过程中,所发生的社会分层、社会排斥、社会融入以及社会失范等问题,到城市社区与"城中村"居民日常参体育生活方式的选择,到"城中村"居民在这种体验下各种策略的抉择。最后从经验回到理论,回到都市人类空间理论本身。具体表示为:都市人类学空间理论——社会环境背景——社会结构——行动逻辑——空间体育参与——都市人类学空间理论。如图1-2所示。

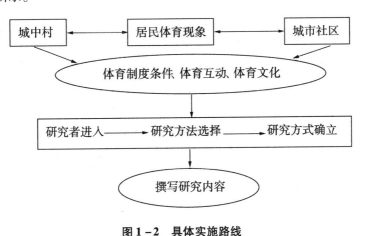

图 1-2　具体实施路线

2　研究方法

2.1　抽样原则与样本选择

2.1.1　选择北京市"城中村"作为研究对象的依据

2011 年末北京全市常住人口 2018.6 万人。其中,常住外来人口 742.2 万人,占常住人口的比重为36.8%。北京城乡结合部地区有227个行政村,面积约553平方公里,人口超过340万,其中户籍人口62万人,外来人口超过280万人。其中三环路以内13个村,三环到四环之间36个村,四环到五环之间75个村,五环之外101个村。1993年,国务院批复《北京城市总体规划》,要求北京"保证城市地区足够的绿色空间"。次年政府批复草桥、曙光等6处为全市首批城乡结合部改造试点,以绿养绿。北京市大规模拆迁启动于20世纪90年代。2005年,北京市有346个"城中村"。为配合奥运举办,重点整治了三环路以内及奥运场馆周边69个"城中村"。此后的五年间,又对171个"城中村"进行了综合治理。2010年北京市启动加快城乡结合部改革发展方案。总结推广北坞村、大望京村和旧宫镇的成功经验,整体启动50个重点"城中村"改造,改造预计在2015年基本完成。至此,北京市城乡结合部改造进入高潮阶段。未来几年,北京将集中整治200多个"城中村",建设、收购各类保障性住房100万套,其中城乡结合部整治、土地储备和重点工程拆迁等定向安置房40万套。随着北京城市化进程加快,越来越多的农民加入到征地拆迁行列,加之北京每年正以50万的规模在新增外来人口。旧的"城中村"改造尚未完成,新的"城中村"正在形式,此消彼长。

我们知道城市空间环境的改变并不能使居民直接市民化,居民的市民化是一个漫长的过程,而体育在促进人的现代化具有不可替代的作用。近年来,北京市体育社团迅速发展,到2012年,北京有市级体育社团81个,分支机构173个,团体会员4744个,个人会员171500人。区县级体育社团325个,团体会员4032个。确定桥牌、网球、棋类、台球、跆拳道、职工、篮球、汽摩、健美操体育舞蹈、马术、钓鱼、拳击、龙舟、自行车、毽绳、水上运动、体育休闲产业等17个体育社团为实体化工作试点协会,每个协会拨付30~50万元,共计750万元的实体化引导资金建立培训基地。而在实地考察中,北京所有的体育社团协会都没有覆盖到"城中村"这一区域。2013年8月恰逢笔者在高碑店村调研,当时"北京市龙舟协会"在高碑店村组织比赛,而当地居民除了观看热闹,没有一人参加。

2014年1月29日,北京市体育工作会议中提出:以体育生活化社区为平台,探索社区体育管理与运行机制新模式,创建660个体育生活化社区并进行扶持,推广体育生活化社区体质促进项目和社区优秀健身项目;创建50个体育特色村,研究特色乡镇评选标准,建立体育特色村评估体系;在部分区县开展体育生活化社区、体育特色村等8项试点工作;提高社会体育指导员的数量、质量和上岗率,充分利用电视广播、报纸及其他新媒体,广泛传播科学健身知识,不断提升群众科学健身意识。其中我们调研的高碑店村是 50 个体育特色村之一。后期我们将对这个村子进行追踪研究。

因此选择北京"城中村"作为本考察的对象具有非常典型的代表性意义。我们希望通过研究北京"城中村"体育的个案问题,了解体育在促进人现代化过程中,应该承担的责任,以期通过培养"城中村"居民良好的健康生活方式,解决城市化过程中人的一些社会问题,目的是加速"城中村"的城市化过程,并为其他城市的"城中村"城市化提供可参考的意见。

2.1.2 北京城市社区与"城中村"个案选择

本研究立足于北京"城中村"个案调查,选取安慧里小区与高碑店村作为参与观察的调研地点。文章所引用的材料因不同的主题需要而作了适当调整,因而材料不可能集中一处,为了方便理解,本研究虽然以安慧里小区与高碑店村为个案考察对象,但是无论是田野调查,还是最终行文,都对北京其他城市社区与"城中村"予以一定的关注,尤其对相邻相近的城市社区与村子也作了详细的田野调查,同时也关注了上海、广州、沈阳、重庆、武汉、成都、昆明、石家庄等城市几个比较著名的"城中村",目的是在给本研究提供一个广阔的社会研究背景,以弥补范本研究的不足。

2.2 研究方法的介绍

本研究在社会空间理论的构架下,以城市社区与"城中村"居民参与体育活动的空间作为一个实地调查的实验室,选用大量的个案研究,以个人、家庭、组织及社会为纽带理解城市社区与"城中村"体育发展现状,参与观察城市社区与"城中村"居民的体育活动方式。因此本研究并没有一种普遍的方法论,而是以参与观察的人类学传统研究方法为主,以文献分析、深入访谈,个案分析法为获得资料的辅助手段,并将定量、定性相结合,撷众家之所长,而尽可能的对每一个案例进行反复参与观察,以加强方法论上的严谨。以解析城市社区与"城中村"居民在城市空间的体育生活方式,最终以安慧里小区与高碑店村为主要分析对象,阐述城市社区与"城中村"居民群体在城市空间中体育生活方式的演绎历程以及差异。"一个人的态度是无法被观察的,而必须从他的行为来推断。由于行动可以直接被观察,并可以像其他科学数据一样被记录下来,所以通过研究一个人的行动来了解这个人,似乎是明智之举。这种方法不仅提供了有关非正式群体关系的情况,而且为理解个人如何适应其所在的社会提供了一个框架。"

2.2.1　参与观察法

主要观察他们的休闲娱乐方式和体育生活方式。体育生活方式包括,他们的体育项目、体育活动空间、体育的认知和体育价值观。亲身观察他们的日常体育生活行为习惯,体验他们体育生活方式,寻找他们社会空间的发生根源以及这中间如何在异质性中认知实现共同性。从“城中村”居民个人的体育活动追溯其全面社会关系。以个人、家庭、邻里、朋友、组织及社会为纽带关系,从他们三个空间,即生活空间、休闲空间、工作空间进入,揭示他们体育参与体育活动的过程和目的,以及他们从事体育活动过程中构成的社会关系。观察和解析“城中村”居民的体育社会行为及其相互关系。从人际关系、群体关系、社会组织内关系三方面探究他们的体育社会关系。

2.2.2　访谈法

访谈法主要用深度访谈、个案访谈和焦点访谈,事先准备好访谈提纲多次访谈,重复访谈,深入访谈。访谈的对象不仅包括居住在“城中村”的居民、村委会管理者,还包括城市居民、研究“城中村”的专家和学者、城市管理者以及执法部门。被访谈对象在不同空间、不同职业、不同年龄进行选择,以确保其代表性。深度访谈集中在四个问题。一是他们的生活经历、生存方式、休闲娱乐方式及体育生活方式。二是在不同空间从事体育活动的经历以及对自己影响。三是关注社会变迁对他们体育行为的影响、对体育的认知、现在从事的体育活动以及他们对体育生活的诉求和期望。四是关注他们体育的失范行为、讨论引起体育失范行为的原因以及他们对这种体育社会问题的认知和态度。焦点访谈是笔者运用比较多的方法。由于城市社区与“城中村”居民在锻炼身体的时候多是集体行为,他们聚集在公园、休闲广场、体育场馆等公共空间,这为焦点访谈提供契机,焦点访谈主要是对研究的问题进行集体性探讨、集体性构建,能节省时间,而且信息量大,能在短时间内获得丰富的材料,但是获得的资料也比较杂,资料的整理、分析非常困难。

表 1 - 2　调查对象的空间类型特征以及样本的选取

空间的类型	构成样本的对象	空间地点	样本编号
类型:北京朝阳区亚运村街道办社安慧里小区 特征:集聚圆形社区。集中、密度大,国有企业、私有企业、配套服务业以及社会零散居民混居住社区,人口结构复杂。	类型: (1)有户籍的城市社区居民 (有职业:公务员,企业职工、白领、教师、医生、护士、银行、邮局、电信、保险、金融机构、社会机构职工、社区工作者、物业、环保等;无职业者社区居民:退休人员、学生、退休职工、家庭主妇、SOHO一族等) (2)无户籍的城市社区居民 购买商品房的企业职工、教练员、护士、培训师、银行、保险、金融机构、社会机构职工、白领工人、创业者、企业家、高级蓝领) (3)个体工商户(各种美容、美发业、健身娱乐休闲业、餐饮业、房屋中介业、教育培训业、超市服务、医疗业、物业管理等企业主) (4)个体劳动者(提供小商业服务的员工、家政服务的散工、按摩、保健的流动农民工、鞋匠、服装小业主、健身、商业、超市、等各行业各业的社会机构服务员)	北京朝阳区亚运村街道办安慧里小区。具体包括:一区、二区、三区、四区、五区以及公开空间。	A1 - 60 A61 - 90 A91 - 100 A101 - 120
类型:B村 特征:内部集聚向外分散的鼎形社区。商住两用,文化广告中小企业以及民俗旅游于一体的村社,当地人与外地人混合居住社区,人口结构复杂。	类型: (1)有户籍的城中村居民 (有职业居民:公务员,企业职工、白领、教师、医生、护士、银行、邮局、电信、保险、金融机构、社会机构职工、社区工作者、物业、环保等;无职业者社区居民:退休人员、学生、退休职工、家庭主妇、SOHO一族等 无职业者所有居民) (2)无户籍的城中村居民 购买商品房的白领工人、创业者、企业家、高级蓝领) (3)个体工商户(各种美容、美发业、健身娱乐休闲业、商业服务业、餐饮业、房屋中介业、教育培训业、超市服务、医疗业、物业等企业主) (4)个体劳动者(提供小商业服务的员工、服务员、小裁缝、皮匠、洗衣工、家政服务的散工、按摩、保健的流动农民工、建筑工人、捡垃圾者临时工、搬运工、无工作)者	朝阳区高碑店地区高碑店村。具体包括:东村、西村、民俗村、古典家具村、国粹艺术村、医药文化村以及公共空间	B1 - 60 B61 - 90 B91 - 100 B101 - 120

67

2.2.3　文献研究法

通过查阅大量书籍、报刊,并通过计算机文献检索系统、中国知网、百度等互联网资源,检索阅读有关"城中村"体育、城乡结合部体育的文献数据和信息,发现一些与本文研究内容相关的文献和资料。包括以前的研究资料、新闻报道、管理部门的统计数据和案例记录资料、政府的政策法规以及国内外相关研究的学术论著、期刊论文等。

2.2.4　个案研究法

追踪研究安慧里小区与高碑店居民的体育行为。对研究对象进行材料的收集、记录,并写出个案报告。采用观察、面谈、收集文件证据、描述统计、测验、问卷、图片、影片或录像资料等方法,为这研究提供详实的一手资料,并为研究提供撰写依据。

2.2.5　田野历程及资料的获得

本研究所得的资料一部分来自城市社区居委会与村委会、城市社区与村子档案室、地方县志、村志,一部分来源于对居民的实地采访,一部分是笔者的实地考察,还有一部分是互联网文献资料。尽量做到资料无限接近事实的本来面目,为自己的研究提供详实、可靠的资料准备。一年多来笔者田野笔记和访谈记录累计有50万字。照片有2000多张,加之录音、录像资料成为本研究的基础研究资料。

2.2.6　地图分析法

运用高德地图以及百度地图利用互联网搜索研究对象以及与研究对象相关的关键词,比如"安慧里小区""高碑店村""安慧里小区体育""高碑店村体育""安慧里小区体育健身""高碑店村体育健身"等。采用各种定量和定性的方法,对地图上表示的制图对象时空分布特征及相互关系规律进行研究,得出有用的结论,并指导自己的行动。

第二章

城市化:城市社区与"城中村"发展概述

第一节　城市化与现代生活方式

依据马克思主义的基本原理,生产方式是人类社会赖以建立的基础和发展过程的起点,没有物质资料的生产,就谈不上人们的生活活动。但是,如果没有人类满足自身生存、享受、发展需要的生活活动即一定的生活方式,也就没有人类自身的生产和再生产,整个社会的发展就不可能。健康的生活方式是社会协调稳定发展的保障,促进人健康发展的基础。在当代社会,城市化是一种现代文明的生活方式。城市发展根本目的是为了提高人民的生活水平,改善人们的生活质量,促进人的技能和素质的提高,提高人类社会的整体发展水平,使人与人、人与自然关系达到和谐发展。城市化,不仅仅意味着人口在空间结构上的移动,还意味着人口从一种熟识的生活方式地进入一种陌生的生存方式时,要接受新的生活环境、人际关系、社会交往、生活观念、社会习俗以及规则意识的改变等。

从 18 世纪中叶开始,伴随着工业化发展,多数西方发达国家农村人口向某些中心区域的迅速集中,形成了多数人口聚集居住的格局。到 20 世纪中叶,西方国家基本上实现了"城市化"。城市人口占全部人口比例分别为:美国 72%,英国 87%,联邦德国 79%,荷兰 86%,加拿大 77%,澳大利亚 83%。20 世纪 60 年代以后,以大城市为中心的"城市圈"或"城市群""城市带"发展较快。① 目前美国共有四大城市群,即东部的波士华城市群,中部的芝加哥——匹兹堡城市群,西部的旧

---

① 吕清. 工业革命与英国城市的发展——从 18 世纪后期到 19 世纪中叶[J]. 魅力中国,2010(33):275 – 276.

金山——洛杉矶城市群,南部的达拉斯——休斯顿城市群。

美国新版的《世界城市》①一书的定义:"城市化是一个过程,包括两个方面的变化。其一是人口从乡村向城市运动,并在城市中从事非农业工作。其二是乡村生活方式向城市生活方式的转变,包括价值观、态度和行为等方面。第一方面强调人口的密度和经济职能,第二方面强调社会、心理和行为因素。实质上这两方面是互动的。"社会学家沃思于1938年发表论文《作为一种生活方式的城市性》,认为城市是由不同的异质个体组成的一个相对大的、相对稠密的且相对长久的居住地。他反对将人口比例作为衡量城市性的唯一标准的做法,即城市化不能单单以人口数量的多寡来衡量,更重要的是与生活方式的城乡变迁息息相关。

伴随着西方工业革命、城市化的发展,由于人们不断增加的余暇时间和对体育日益增长的需求,以竞技为主要特征的一种现代体育文化得以诞生和发展。足球、橄榄球、网球、高尔夫、保龄球、击剑、游泳、划船、舞蹈、足球、田径、赛马、户外、狩猎、篮球以及郊外运动都起源于英国。十九世纪后期到二十世纪初,体育运动和户外运动,已经成为欧美以及其他国家国民的一种生活方式。参加体育活动和户外运动逐渐成为现代文明健康的生活方式的标志。现代体育运动的不断发展,对于培养城市居民的市民化也起着越来越重要的作用。

2016年,中国城镇人口占总人口比重(城镇化率)为57.35%。流动人口2.45亿人。全国就业人员77603万人,其中城镇就业人员41428万人。城镇化率已达到41.2%,常住人口城镇化率仅为53.7%,要达到发达国家80%的平均水平,还有相当长的路要走。② 中国城镇化是从1978年改革开放以后起步的,当时的城镇化率是17.9%。中国城镇化的顶峰值大约是70%(户籍人口)左右。按此推算,中国约在2050年才能基本完成城镇化。本文提供了1978年以来的中国城市率变动情况,如表2-1、图2-1所示。

---

① By Ken Adachi. The New World Order(NWO)An Overview[Z]. Editor@ educate – yourself. org. Copyright 1997 – 2012 Educate – Yourself. org All Rights Reserved.

② 中华人民共和国国家统计局官网. http://www. stats. gov. cn/.

表 2 - 1　中国城市化率统计数据(1949—2016)①

年份	城市化率 (%)	增长率 (%)	年份	城市化率 (%)	增长率 (%)
1949 年	10.64		1983 年	21.62	0.49
1950 年	11.18	0.54	1984 年	23.01	1.39
1951 年	11.78	0.6	1985 年	23.71	0.7
1952 年	12.46	0.68	1986 年	24.52	0.81
1953 年	13.31	0.85	1987 年	25.32	0.8
1954 年	13.69	0.38	1988 年	25.81	0.49
1955 年	13.48	-0.21	1989 年	26.21	0.4
1956 年	14.62	1.14	1990 年	26.41	0.2
1957 年	15.39	0.77	1991 年	26.37	-0.04
1958 年	16.25	0.86	1992 年	27.63	1.26
1959 年	18.41	2.16	1993 年	28.14	0.51
1960 年	19.75	1.34	1994 年	28.62	0.48
1961 年	19.29	-0.46	1995 年	29.04	0.42
1962 年	17.33	-1.96	1996 年	29.37	0.33
1963 年	16.84	-0.49	1997 年	29.92	0.55
1964 年	18.37	1.53	1998 年	30.4	0.48
1965 年	17.98	-0.39	1999 年	30.89	0.49
1966 年	17.86	-0.12	2000 年	36.22	5.33
1967 年	17.74	-0.12	2001 年	37.66	1.44
1968 年	17.62	-0.12	2002 年	39.09	1.43
1969 年	17.5	-0.12	2003 年	40.53	1.44
1970 年	17.38	-0.12	2004 年	41.76	1.23
1971 年	17.26	-0.12	2005 年	42.99	1.23
1972 年	17.13	-0.13	2006 年	43.9	0.91
1973 年	17.2	0.07	2007 年	44.94	1.04
1974 年	17.16	-0.04	2008 年	45.68	0.74
1975 年	17.34	0.18	2009 年	46.59	0.91
1976 年	17.44	0.1	2010 年	47.5	0.91
1977 年	17.55	0.11	2011 年	51.27	3.77
1978 年	17.92	0.37	2012 年	52.57	1.3
1979 年	19.99	2.07	2013 年	53.7	1.13
1980 年	19.39	-0.6	2014 年	54.77	1.07
1981 年	20.16	0.77	2015 年	56.1	1.33
1982 年	21.13	0.97	2016 年	57.35	1.25

---

①　中华人民共和国国家统计局 http://www.stats.gov.cn/tjsj/pcsj/.

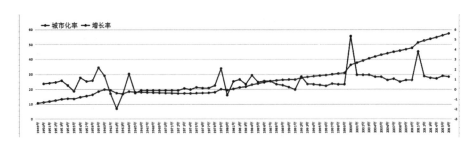

图 2－1　中国城市化率、增长率统计数据图（1949—2016）[①]

中国的城市化具有不同于其他国家的城市化特色,目前中国提出优化提升京津冀、长三角和珠三角城市群,培育发展成渝、中原、长江中游、哈长等城市群。中国城市人类学认为两种方式带来居民的终结:一是乡村包围城市的居民进城,二是城市包围乡村的城市圈地,带来的结果就是居民非农化和乡村城市化。中国居民进城的方式有三种:一种是农转工,一种是农转居,一种是个体主导型居民工。[②] 无论居民采取何种方式进入城市,都面临着一个共同的问题,就是生活方式的城市化融入问题。随着城市内容的变化,当今城市化的内涵化也延伸为两个方面的内容:其一是人口从乡村向城市运动,并在城市中从事非农业的工作。其二是乡村生活方式向城市生活方式的转变,这包括价值观、态度和行为等方面。"乡村只是一个城市社会的一些特殊方面,是城市空间的延续"。[③] 从城市人类学的角度看,城市化并非简单地指越来越多的人居住在城市和城镇,而应该是指社会中城市与非城市地区之间的来往和相互联系日益增多的过程。[④] 最重要的特征是城市文化和城市环境的多样性。随着乡村城市化而来的是城乡二元文化碰触、冲突和融合,从生产结构、生产方式、收入水平及结构、生活方式、思维观念无论是城市还是乡村都要重新整合。

生活方式的变迁,可分为物质层面的变迁、精神层面上变迁和制度层面上的变迁。不是说物质层面发生了变迁,人的精神层面就自然而然发生变迁,这还需要一定的制度保证,最终才能达到精神层面上的变迁。从农民到市民的转变,最大最难也最深刻的莫过于精神层面的生活方式变迁。而体育生活是属于精神层

---

① 中华人民共和国国家统计局 http://www.stats.gov.cn/tjsj/pcsj/.

② 向春玲,曾业松. 中国城市化战略:"十二五"中国特色城镇化道路（音像解读）（中共中央党校向春玲、曾业松讲解）,2011 年 4 月/共 2 讲/4 张 DVD/总时长约 280 分钟。

③ 阮西湖. 城市人类学[M]. 北京:华夏出版社.1991:14.

④ 阮西湖. 城市人类学[M]. 北京:华夏出版社.1991:16.

面上的生活方式。约瑟夫斯图特在《体育与国民性》中指出:"要想对任何民族的性格作出公正的评判,就一定要调查他们通常最为流行的体育项目和消遣方式。……当我们跟随他们进入他们的休闲世界时,那里任何伪装都没有必要的,在那里我们最可能看到他们真正的状态,或许最好地对他们的最自然的取向作出判断。"①

第二节　城市社区——安慧里发展概述

1　地理与经济环境

安慧里小区位于朝阳区西北部亚运村街道辖区东侧,地处奥运功能区核心区域,坐落在北京奥运会主会场——国家体育场("鸟巢")东侧,紧邻 2008 年奥运会主场馆所在地。② 安慧里分五个小区。南北有通道,沟通安立路与安苑路。通道西口有亚运村邮电局。安慧里小区南部有北京剧院,再南是安慧桥。安慧里小区之北是慧忠路,过路为安慧北里。迤西是北辰购物中心、亚运村、五洲大酒店及国际会议中心。西南是国家奥林匹克体育运动中心,是为 1991 年在北京举办亚洲体育运动会而建设的综合体育设施。西北角是奥林匹克公园、国家体育馆、国家体育场、国家游泳中心座落在公园之内,地理位置十分优越。附近楼群有奥体中心运动员公寓、北辰时代、数字北京大厦、慧苑华侨公寓、中国化工大厦、北京国际会议中心、汇园国际(汇园公寓)、中国五矿大厦、天合大厦、辰运大厦、汇宾大厦、安苑东里汇欣大厦(汇欣公寓)、名人广场(名人公寓)、世纪嘉园、西藏大厦、金融信托大厦、中国藏药浴大厦等③。如图 2-2 所示。

---

① Joseph Strutt. Sports and Pastimes of the People of Englang[M]. london:thomas tegg. 1838,02:xvii - xviv.

② 北京市朝阳区亚运村街道办官网. http://yycjd. bjchy. gov. cn/.

③ 北京市朝阳区亚运村安慧里社区居委会. http://bj. gsdpw. com/.

图2-2　亚运村安慧里小区地理位置图

安慧里小区内有市、区属及非公单位1000多家社会单位,社区有北辰培训中心、北京礼仪专修学院、安慧里中心小学、亚运村第二幼儿园等教育单位,有亚运村医院、安慧电话局、亚运村邮局、北辰信诚物业公司等市属企业,还有社区文体中心、社区服务中心、集贸市场、家电维修、家政服务、服装剪裁以及众多的餐业,药店、超市、茶楼、饭店、酒吧、文体活动中心、青年活动中心、美容健身中心,生活服务设施。其中,五矿大厦、化工大厦、北京剧院、总装备部营管所、金融商贸职业学校、中国银行、安慧里中心小学等属大中型社会单位。还有3800平方米的健身园,是为1991年在北京举办亚洲体育运动会而建设的综合体育设施。安慧里小区是教育、服务设施齐全,居民生活方便的居住小区。凭借其优良的地理位置和独特的投资环境,吸引了越来越多的三资企业、股份公司、外地驻京企业、个体私营企业聚集此地,逐渐形成了以北辰集团为核心的商业圈①。

2　历史发展

安慧里小区居住区原为大屯乡小营农田。1986年为举办亚运会征地而建住宅区。1987年取安立路之"安"与慧忠路之"慧"合称之。位于朝阳区西北部亚运村街道办。大屯乡小营村为京城北部的村庄,相关的史学资料记录都是有关大屯

---

①　北京市朝阳区亚运村安慧里社区南居委会. http://qiye12542933. xinlimaoyi. com/.

乡的,最早出现在《日下旧闻考》①②中,其中有"大屯村永安庄真武庙"和"大屯村在土关之北"的记载。关于这一地名的来历,有一种说法。大屯之名始于明代,《京师地名寻踪》中说:"大屯乃(明)正统囤皇粮之地,称大囤,俗言大屯"。这种说法多数学者认为有史料为佐证。明正统年间,败退朔漠的元朝残余势力渐渐恢复了元气,便不断向南侵扰。为了加强防御,明朝政府便在京城的北部地区驻扎了大量的军队,并在军营附近建有许多粮仓。其中就在今天的大屯附近建了几十座大的粮仓,俗称皇粮囤,也称大囤。明朝灭亡后,大囤附近逐渐形成村落后,俗称"大屯"。

大屯乡,早在1925年属北京市北郊区③。1947年隶属于北京市郊七区。1952~1956年归北京市东郊区。1953年在此设立乡制时,称大屯乡,当时这一带有大面积的农田,粮食和蔬菜的种植持续到20世纪80年代。1958年后分属朝阳区大屯乡、洼里乡和小关街道办事处管辖。④为迎接第十一届亚运会在北京召开,1986年2月始建亚运村及其各项配套工程。北京政府征用大屯乡耕地3900多亩,而现在的安慧里小区的旧址为大屯乡小营农田,在安慧里小区建住宅区,1987年取安立路之"安"与慧忠路之"慧"合称之。北京市政府撤销慧忠寺、鱼池村、药王庙、娘娘坟、干杨树、华严厂、真武庙、苇子坑、双旗杆、小营10个自然村,并将小关街道办事处所辖的华严里、安翔里等6个住宅区和北辰路、安立路等8条街巷划入该亚运村街道办事处管辖范围,1989年8月正式成立亚运村街道办事处,安慧里小区归亚运村街道办事处管辖。在拆迁过程中,天仙庙已无存,真武庙尚存正殿、后殿、东西配殿各三间。1989年12月设置,安慧里小区一部分住宅区为第十一届亚洲运动会运动员驻地。1996年、2002年、2004年亚运村街道办事处三次区域划界,安慧里小区都归于亚运村街道办事处管辖,一直到今天。⑤从1986年到2003年,大屯乡总共农转工约4000人,都安排在朝阳区环卫局等体力劳动岗位,还有一部分已经破产的小型国有企业,这4000人现在基本都下岗或到年龄办理了退休手续。

①　(清)于敏中等编纂,《日下旧闻考(套装全4册)》[M]. 北京:北京古籍出版社.1985-6.

②　《日下旧闻考(套装全4册)》是乾隆三十九年,乾隆帝弘历叫宝光蓝、朱筠等根据《日下旧闻》加以增补、考证而成的。由于敏中、英廉任总裁,所以书前有"钦定"字样,到乾隆五十年至五十二年刻版出书,是过去最大最完全关于北京历史、地理、城坊、宫殿、名胜等的资料选辑。

③　张德操. 奥运会影响下的北京亚运村居住社区更新研究[D]. 北京工业大学,2008.

④　朝阳区亚运村街道办官网. http://yycjd. bjchy. gov. cn/.

⑤　朝阳区大屯街道办官网. http://dtjd. bjchy. gov. cn/.

3 社会人文环境

该居住区 1989 年因兴建亚运村而逐渐开发,于 1987 年开始建设,1990 年竣工,是亚运会时给运动员建的居住公寓,后来分给各个单位的小区。其中一、二、三、四区都是老公房①,五区在小区外是回迁房。每一个区域入口都立石碑以纪念如图 2 - 3 所示。安慧里小区,历时 30 多年的发展历史,业主几经变迁,最初入住小区的各个住单位业主,除留下退休职工继续居住之外,一些业主逐步搬迁,新的业主不断进入,逐渐形成和确立了以商品房为主导、多种住房形式并存的居住格局,目前成为典型的商品房大型居住社区。而今是高楼林立,一派城市景象。小区内由安慧里居民社区和安慧里居民社区南两个居委会管辖,住区占地总面积 39.22,建筑面积 792593 平方米,绿化面积 127000 平方米,居民 7400 户。

图 2 - 3 安慧里小区碑图

通过官方网站提供数据整理出安慧里小区人口常住人口 18130 余人,流动人口约 4000 人。但是依据笔者调查,居住在安慧里小区的人口数远远超过此数字。安慧里小区目前有 7400 户,按照平均每户平均 3 口人计算,常住人口也达到了22000 多人。② 由于小区业主的变迁,小区内部旧有的"熟人"单位邻里被新的"公

---

① 是指由政府和国有企业、事业单位兴建的住宅,在住宅未出售之前,住宅的产权归国家。公有住宅主要由本地政府建设,要向城市居民出售、出售,由企业建设的住宅,向本企业职工出租、出售。

② 北京朝阳区亚运村街道 http://yycjd. 高碑店村 jchy. gov. cn/.

众"邻里所取代,造成了实际人口结构复杂、底数不清、重点人员信息断链的情况。依据笔者实地调查推算,安慧里小区人口数量在6万以上,推算依据如图2-4、图2-5、图2-6、图2-7所示。安慧里小区是亚运村街道办规模最大的小区。小区社区管委会都设立了社区党委、社区居委会、社区服务站,简称"两委一站"。安慧里社区先后获得过"北京市先进社区居委会""北京市健康社区"和"和首都花园式社区"等荣誉称号。小区具有较高的现代化水平和良好的人文环境。社区内的甲宅院、华侨公寓业主层次高,社区居民素质好,参政议政率高,人际关系和谐。

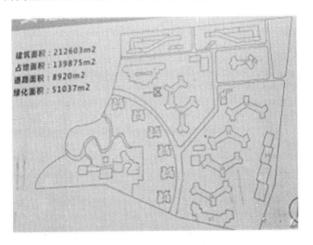

图2-4　安慧里一区

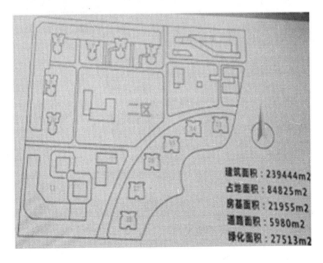

图2-5　安慧里二区

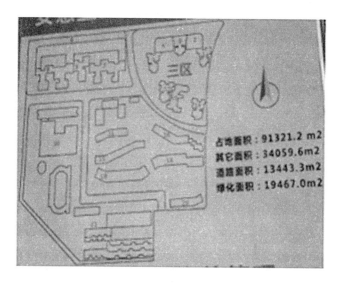

图 2 - 6　安慧里三区

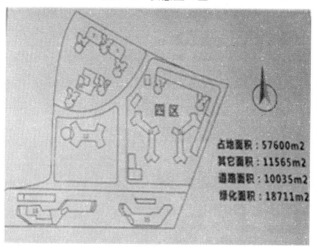

图 2 - 7　安慧里四区

依据安慧里一区、二区、三区、四区住宅区分布结构图以及五区的实地调查整理绘制安慧里小区居住人口统计情况,如表 2 - 2 所示。

表 2 - 2　安慧里小区人口统计表

	住宅区	合计
一区	1 楼、2 号楼、4 号楼、5 号楼、6 号楼、7 号楼、8 号楼、9 号楼、10 号楼、11 楼、12 号楼、13 号楼、14 号楼、15 号楼、16 号楼、18 号楼、19 号楼、20 号楼、21 号楼、22 号楼、23 号楼	21 栋

续表

	住宅区	合计
二区	1号楼、2号楼、3号楼、5号楼、6号楼、7号楼、8号楼、9号楼、10号楼、11楼、13号楼、14号楼、15号楼、16号楼、17号楼、18号楼	16栋
三区	1楼、2号楼、3号楼、4号楼、5号楼、6号楼、7号楼、8号楼、9号楼、10号楼、11楼、12号楼、13号楼、14号楼、15号楼、16号楼、18号楼、19号楼、20号楼、21号楼	20栋
四区	2号楼、3号楼、4号楼、5号楼、6号楼、7号楼、8号楼、9号楼、10号楼、11楼、12号楼、13号楼、14号楼、15号楼、16号楼	15栋
五区	4号楼、5号楼、6号楼、7号楼	4栋
备注	总80栋住宅,每栋22层,每层8户,按照每户平均3口人计算,总人口大概为22×8×3×80=42240人。每栋楼地下室、商业配套区住满了外地流动人口。依据实地观察推算外地人口和本地人的比例大约是1:3。那么外地流动人口应该在14080人。居住在安慧里小区的大概人口应该在56320人左右。事实上在实地考察中,每户人口是超出3口人的。因此安慧里小区实际居住人口已超过6万。	80栋

安慧里小区空间结构呈同心圆式发展,由亚运村全面健身中心向外扩散和小区东西沿交通线自健身中心向社区外扩散推进布局,产生了自内向外的同心圆状地带推移。空间结构图如2-8。

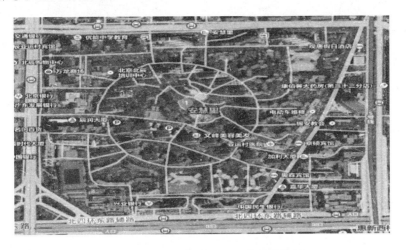

图2-8 亚运村安慧里小区空间结构图

4 休闲娱乐

安慧里小区居民休闲娱乐有两种类型:一种是休闲类娱乐类;一种是健身娱乐类。休闲类娱乐类包括文化娱乐、影视广播、上网、电脑游戏、吧式消费、散步、逛街、养花草宠物、琴、棋、书、画、茶、酒、牌、摄影、收藏、写作、设计、发明、旅游观光、远足旅游、近郊度假、田野游玩、学习乐器、声乐、舞蹈、书法、绘画、插花等。体育健身类包括健身太极、抽陀螺、抖空竹、抽鞭子、踢毽子、跳绳、广场舞、羽毛球、乒乓球、篮球、网球、游泳、轮滑、溜冰、桌球、保龄球、高尔夫球以及各种需要健身器材的健身运动等以及滑翔伞、蹦极、攀岩、漂流、潜水、滑草、动力伞、水中狩猎、探险等。

第三节 "城中村":高碑店村概述

1 地理与经济环境

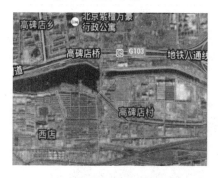

图2-9 高碑店村地理位置图

图2-10 高碑店村空间结构图

高碑店村位于北京市东长安街延长线南侧,在北京CBD①和五环路的高碑店路之间,距离长安门广场8公里。东临五环路,南通广渠路、京沈高速路。西临高西店、四环路。北有北京华润饭店、紫檀博物馆、高碑店兴隆公园、高尔夫球场。辖区面积2.7平方公里。村里高压线林立,有三条铁路过村。从四环路,过通惠

---

① 北京商务中心区(Beijing Central Business District),简称北京CBD,地处北京市长安街、建国门、国贸和燕莎使馆区的汇聚区。

灌渠桥入村,村口立有村碑。沿高碑店路往南,路西测有平津古闸遗址、漕运奥运文化广场、高压线、郭守敬雕塑、高碑店文化活动广场、龙王庙、将军庙、孝悌园、干部培训基地、西村社区服务站、西村住宅区、国际民俗接待区、高碑店村委会、高碑店污水处理厂、医药批发公司。路东测有东村住宅区一区、茶楼酒肆一条街、通惠灌渠分支、东村住宅区一区二、古典家具一条街、三条铁路线、民俗文化大街、民俗文化园。地势东南低西北高,海拔28~36米。通惠灌渠穿村而过,系京城水系旅游的终点站,通惠中心码头就在村边,坐船可北达颐和园、东到通州城,是京杭大运河通州张家湾到京城的重要河段,也是北京人赖以生存的水上运输要道之一。优越的地理环境、便利的交通、深厚的历史文化底蕴,为高碑店村的文化产业发展奠定了极为坚实的基础。

2004年全村的古典家具商户410家,全村经济总收入9.8亿元,同比增长108.5%;总利润4201万元,同比增长20%;总税金1700万元,同比增长20%;人均收入2.19万元,人均收入2.73万元。2006年被列为北京市社会主义新农村建设80个试点村之一。① 2012年全村总收入28.05亿元,总利润1.3亿元,总税金5166万元,人均收入2.63万元②。高碑店村五大文化产业,即古典家具文化产业;通惠人家餐饮文化产业;民俗文化产业;国际民俗接待产业;医药销售批发产业。居民收入主要来源是村委会集体产业分红、房租和工资。③ 目前,碑店古典家具一条街商户400余家。高碑店国粹艺术街,各类艺术院馆和艺术商家520余家。变迁中的高碑店村貌如图2-11~图2-16所示。

---

① 资料来源:高碑店村村委会文件资料、村委会干部口述整理、居民口述、以及文献史学资料综合分析,归纳整理而来。

② 资料来源:高碑店村村委会文件资料、村委会干部口述整理、居民口述、以及文献史学资料综合分析,归纳整理而来。

③ 资料来源:高碑店村村委会文件资料、村委会干部口述整理、居民口述、以及文献史学资料综合分析,归纳整理而来。

图 2 - 11 东村的老居民① 图 2 - 12 拆迁中的东村

图 2 - 13 捡垃圾的居民 图 2 - 14 西村住宅

图 2 - 15 西村社会服务办公楼 图 2 - 16 高碑店西村清扫工人

2 历史发展

高碑店村,元以前名为"郊亭"。《析津志辑佚》书载"平津闸三,在郊亭地";

---

① 高碑店村村东村外地人居住区。

《元史·河渠志》中称"郊亭闸二,在都城东南二十五里。元贞元年改名平津"。通惠河发迹于金,金大定十一年(1172 年),金世宗完颜雍议决卢沟河(永定河)以通京师漕运,自金口疏导至京城北,入壕而东至通州北入潞水,渠成,奔流漩洄,沉淖淤塞,积沙成浅,以至渐渐不能通航。元至元二十九年(1292 年)春,元世祖忽必烈采纳郭守敬建议引昌平白浮泉水重疏京城至通州的金中都旧漕河,至元三十年(1293 年),元世祖过积水潭,见舳舻蔽水,一派繁荣,赐名"通惠河"。至此,通惠河作为京杭大运河的最北段,在元、明、清时期一直发挥着漕运南北经济大动脉的历史使命。高碑店平津闸一带也因此繁华起来。明《北平考故宫遗录》书中称"郊亭闸二,在都城东南二十五里银王庄。…成宗元贞元年,改…郊亭闸名平津";清《日下旧闻考》也有"……及郊亭北,平津闸三"的记载,《日下旧闻考》成书于清乾隆三十九年(1775 年),高碑店名称始见于此文献:"通州至京城,中途有高米店,或呼高碑店。按宋洪忠宣《皓松漠纪闻》云:"潞县三十里至交亭,三十里至燕。今之高米店疑即古之交亭"。清时为顺天府大兴所辖。晚清后,海运发达和铁路兴建,通惠河渠运输功能渐渐衰微,各地移民不断涌入,逐渐形成杂姓村庄。民国期间属于北平市郊二区,新中国成立后直至 1952 年属于北京市东郊,1958 年属于北京朝阳区,划规丰富公社,1961 年属于高碑店人民公社,1983 年隶属于高碑店乡,沿用至今。① 20 世纪 70 年代末以前,高碑店村主要以种植业为主,是北京的蔬菜供应地之一。80 年代后期,农村工业化进程加快,工业迅速发展。实行联产承包责任制,发展多种经营,进行企业产权制度改革和管理体制改革,推动农村经发展。自 1983 年以来,京沈铁路、京通快速路、华能电厂、北京市高碑店污水处理厂、高压线路等国家和市重点工程建设占地,2300 亩耕地仅剩下 655 亩农民宅基地和 80 亩产业用地。京沈铁路横穿境内,占据高碑店有限土地资源的七分之一,高碑店污水处理厂建设占用高碑店有限土地资源的八分之一,五环路建设占用高碑店有限土地资源的十五分之一。2002 年,随着城市化进一步加快,全村逐渐变成了一个"农村无农业,农民无耕地,农转居无工作"的"三无村"。高碑店村 6100多口人没有土地依靠,失去土地的农民们还有转工达 3 万的这些工人们,他们因为失去了工作,社会矛盾激化,群体性事件频发,高碑店成为北京集体上访第一村。高碑店成为典型的"城中村"。② 如图 2 - 17、图 2 - 18 所示。从 2006 年开

① 高碑店村委会官网. http://www.bjgbd.com/.
② 高碑店村委会官网. http://www.bjgbd.com/.

始,北京市委给了高碑店新村建设的政策,高碑店村开始拆迁整治。借助千年古村的文化底蕴,村里确立了大力培育发展古典家具一条街的新思路、新模式。至今已经发展成"三区两街一园"的格局。"三区"即建设东、西和文化园三个新农村社区。"两街"是指高碑店古典家具文化一条街和高碑店国粹艺术街。"一园"即医药文化产业园。

图 2-17   2004 年高碑店村垃圾场

图 2-18   2004 年高碑店村

3   社会人文环境

高碑店村汉人居多,有满、回、蒙族。辖区面积 2.7 平方公里。东至京东五环,西至京东四环,南至广渠路,北至京通快速。人口 15700 人,常住人口 6200 人,流动人口 9500 人。① 依据实际调查可以推断实际住在高碑店村的人口远远超于官方给出的数字。在高碑店村中大大小小入住上千家中小型企业,而这些企业员工大多居住在高碑店村中。高碑店村居住的外地居民远远超出当地居民,户籍人口与日益增多的外来人口形成了巨大反差,原来相对平衡的人口结构被打破,从现实意义上来讲,高碑店村是人口结构复杂、底数不清的混合社区。目测居住在高碑店村的人口约在 5 万以上②。

高碑店村正在走向城市化,农民一部分转换为文化产业集团股东、民俗文化继承人,集团雇员、民俗文化工作者表演家;一部分转为居民;一部分还保留着农民的身份。一部分居民居住在回迁城市社区里,一部分居民仍在原村落居住,村

---

①   高碑店村委会官网. http://www.bjgbd.com/.
②   资料来源:高碑店村村委会文件资料、村委会干部口述整理、居民口述、以及文献史学资料综合分析,归纳整理而来。

落分东、西两村,西村居民住宅区和商业区混合一体,形成了村社一体管理模式的社区,相应的组织以及社会关系都得到了延伸,该村社既有地理实体的存在,也有组织实体的存在,是一种具有村社特质的商住一体型"城中村"。

高碑店村有龙王庙、将军庙、鲁班祠、琦檀宇艺术博物、聚仙堂古典艺术交流中心、励志堂科举匾额博物馆、文化部中国民族文化艺术研究院、中国艺术研究院、中国油画院、清华大学油画研究院、杨飞云画院、华声天桥和徽派建筑优璟阁,落村而居。形成了以民俗工艺文化、家居文化、油画文化、石雕文化、博物馆文化、历史文化、医药文化、以及餐饮文化为主要内容的"高碑店漕运历史文化区""中国古典家具艺术文化区""老北京民俗文化区""国际民俗接待区""中国医药港湾交易区"的文化发展格局。有高碑北京市经济百强村、北京市平安村、北京市卫生村、北京市民主法制示范村、北京市敬老先进村、五好标兵党总支、北京市先进村委员会、思想政治工作优秀单位、中国小康建设十佳村、残疾人工作五好村等荣誉称号。① 于2004年9月村口立有石碑,以为纪念。如图2-19所示。

图2-19 高碑店村石碑

高碑店村村委会管辖的社区有高碑店西社区、高碑店东社区、高碑店文化园、高碑店古街社区等四个社区一个医药园。具体情况如表2-3所示。

---

① 我的寺庙博客. http://blog. sina. com. cn/s/blog_132fae3b00102wkxd. html.

表 2 – 3 高碑店村辖区基本情况

名称	住宅数	企业数	类型	成立时间
西社区	670 个院子	700 家	农居混合社区	2011 年
东社区	平房 150 个院,新村住宅楼 637 套,楼房 11 栋,简易楼 9 栋	400 家	农居混合社区	2012 年
文化园社区	147 个院子	520 家	企业型社区	2013 年
古典街社区	341 个院子	400 家	企业型社区	2016 年

地图上高碑店村区域面积管理形似一宝"鼎"。居民集聚在鼎中间,从中心住宅区向外放射,形成楔形地带。

4 休闲娱乐

高碑店村居民休闲娱乐有两种类型:一种是健身娱乐类。一种是休闲类娱乐类。有麻将、扑克、游戏厅、桑拿、KTV、读书、农家乐、看电影电视、上网、剪纸、泥塑、刺绣、年画、木雕、唐卡、风筝、香包、遛鸟、遛狗等。高碑店 15 户人家被北京奥组委指定为"奥运人家"。

本章小结

本章主要讨论了城市化与生活方式、城市社区与"城中村"体育的自然环境差异以及社会宏观环境差异,即分析所选研究对象在城市化背景下,在社会变迁的历史中,地理经济环境、人文环境、社会环境的变化以及生活娱乐方式变迁的差异。

城市化就是一种由农村生活方式向城市生活方式转变的过程。城市化实质上是人的都市化,他不仅是居民居住地的转变,更重要的是居民生活方式的转变,是工业化过程所造成的物质生产方式延伸到社会生活、直至精神生活方面的一系列转变过程。在城市化与现代化进程中,进入"城中村"时代的村庄,居民闲暇时间持续增多,闲暇活动的内容日益广泛和多元化,居民逐渐开始关注自己的健康水平,因此体育在居民的生活占有越来越重要的位置。体育活动内容以及参与的多样性,使得一些依托传统风俗习惯而存在的节俗体育难免会逐渐淡出人们的生活,同时也有一些传统的体育生活得以存在延续,在新的时代背景下,逐渐形成了自己特色的体育方式。但城市体育发展是不平衡的。居民对体育文化设施和体育活动场地的需求越来越旺盛。人的活动具有能动性、创造性的特点,作为体育活动的主体,虽然城市居民都处于社会变迁总背景中,但由于城市社区与"城中村"所处的地理环境、文化传统、思想意识等多种因素不同,从而使他们休闲娱乐观和体育价值观还有一定的差距。不同的体育休闲观规定着一个人体育生活方式的选择方向、内容和形式,以至最终形成全然不同的体育生活方式。

第三章

城市社区与"城中村"体育生活环境差异

    体育环境是影响人参加体育活动的外在因素,并不直接直接构成体育活动过程,但对人参与体育活动及其结果有着复杂影响。人类的生存环境由自然环境、人工环境和社会环境共同构成。[①] 依据人类生产生活环境的分类,把体育环境分为体育自然环境、体育社会环境和体育具体环境。地理位置、经济发展状况、社会人文环境以及社会空间结构的布局,在宏观上间接影响着人参与体育活动的心理和行为。这里的体育自然环境主要是指气候条件、地理条件、植物相联系的生态系统在内的体育活动的生存空间。体育自然环境为开展体育活动提供了空间条件,是人们体育生活赖以存在的基础。

    体育社会环境是与社会制度相联系的政治、经济、文化、人文、历史等宏观环境。其间接影响体育活动发展的社会速度、规模、方向以及规定着体育的社会发展的本质属性。体育的具体环境是影响人参与体育活动的直接因素,主要是指与体育社会制度相联系的体育社会公共秩序、体育价值观、道德规范以及人与人之间体育社会关系。具体包括体育社会制度、体育社会公共秩序、体育社会价值观以及体育空间的设计和配套、体育公共服务设施,体育街头绿化面积等。本章主要讨论体育的具体环境体对城市社区与"城中村"居民参与体育活动的影响,主要讨论三个方面的内容,即从体育认知、体育组织、体育空间结构等分析城市社区与"城中村"居民体育发展的差异。

[①]　蔡守秋. 环境与资源保护法学[M]. 长沙:湖南大学出版社,2011(4):20-23.

第一节 城市社区与"城中村"居民体育的认知差异

体育锻炼是一种健康、文明、有益身心的活动,是不同于体力活动的一种自觉、自愿、快乐的健身娱乐方式。参与体育活动是一种特殊的社会文化活动,这种体育文化活动也必然体现和反映参加者的体育情感、体育态度和体育价值观。体育价值观影响着参与人的体育活动态度以及体育活动内容和形式的选择。有什么样的体育价值观就有什么样的体育生活方式。在调研的城市社区以及"城中村"中,笔者实地采访了大量的居民,了解到城市社区居民与"城中村"居民对于认知有很大的差异性。

1 城市社区居民体育认知

1.1 体育健身观

城市社区一般居民对于体育的认知还比较清晰,笔者在采访城市社区居民时,大部分居民谈论最多的就是体育运动对于人身体健康的促进作用。他们认为,经常参加参加体育活动能强健的体魄、减少疾病。大多数人全面健身,老人在多采用散步、慢跑、健美操、跳舞、太极拳等内容来开展健身运动。中年人多采用慢跑和疾走的形式开展健身。体育健身意识越强,健身的动机越强,健身效果就越好。笔者在亚运村健身中心随即采访的老人,可以看出,大多数人认为参加体育锻炼,意味着身体健康,体育健康观是城市社区居民的普遍观点。

采访对象编号:A30,赵某某,男,83 岁,职业中学。职业:退休职工。采访地点:安慧里健身中心。采访时间:2017 年 4 月 30 日。

"我有心血管病,呼吸系统不好,老气喘,天天锻炼,跳交谊舞,血压降低了,血糖也正常了。呼吸平稳多了,频率也较慢,精神头好。我天天参加体育锻炼,代谢增强,食欲高了,消化系统好了,胃胀好了,我基本每天都锻炼。"

采访对象编号:A31 李某某,女,78 岁,大学。职业:退休职工。采访地点:安慧里健身中心。采访时间:2017 年 4 月 30 日。

"以前我神经衰弱,有点动静就醒,睡不着觉啊,和我们单位的同事一起参加了社区太极拳队,每天都练习,我神经衰弱的毛病治好了,你看人也协调了,身体也灵活了、耳聪目明、精力充沛充沛的。"

采访对象编号：A85，邢某某，男，88 岁，职业中学。职业：退休职工。采访地点：安慧里健身中心。采访时间：2017 年 4 月 30 日。

"我有糖尿病，锻炼以后，血糖控制水平提高了，身体活动的能力也高了，每天都经历充沛的，我喜欢打乒乓球，以前是五矿的的主力，现在不行了，每天娱乐，也跳舞。"

采访对象编号：A32，赵某某，女，65 岁，职业中学。职业：退休职工。采访地点：安慧里健身中心。采访时间：2017 年 4 月 30 日。

"自从锻炼，就瘦了，体重与体型都改变了。体育锻炼能减少脂肪，肌肉力量也增强了，你看看我的关节柔韧性也增强了，现在的身体轻松多了，每天都坚持散步，跳舞等。"

1.2 体育教育观

城市社区一部分拥有良好教育的居民认为，体育是一种教育。完成体育教育这一过程需要通过三种形式：一种是学校体育教育；一种是社区体育教育；一种体育培训机构。体育对于培养现代人的品质是最好的手段和方法。学校体育教育是基础，一般有学校经历的人，都有的一种过去的体育体验。社区体育教育在我国通常是缺失的，真正能获得体育的职业培训机会也只能通过私立的体育培训机构。他们认为没有组织的体育运动，仅仅是一种游戏行为，不能称之为体育。体育就是要有严格的规则意识、有规则范围的碰触、竞争、团结、协助等。因此社区这部分人通常都选择社区之外专业的体育培训机构给自己提供的体育服务。通过参加体育培训，培养体育能力，提高体育锻炼的意识、发展个性来提高身体素质和生活质量。他们认为发展社区体育教育，对社区居民的凝聚力，是其他社区活动不可替代的。他们参与的体育项目主要有击剑、篮球、足球、羽毛球、高尔夫、网球、轮滑等。他们认为通过体育教育可以转移人的心理压力、改善不良情绪。

采访对象编号：A60，冯某某，男，33 岁，大学。职业：IT 职工。采访地点：安慧里健身中心。采访时间：2017 年 3 月 22 日。

"我比较喜欢打网球，对体育锻炼有自己的专业认识，经常会看一些职业网球赛事和报道。打网球可改善情绪状态，一般和朋友打完一场比赛，工作中留下来不愉快的情绪和行为就转移了，当然也经常参加体育专业机构的体育培训。可以提高注意力、记忆力、反应能力、思维和想象能力，稳定情绪，降低疲劳感，我更愿意给孩子提供这样的体育教育。"

采访对象编号：A36，刘某某，男，38 岁，硕士。，职业：企业中层。采访地点：安慧里健身中心。采访时间:2017 年 3 月 22 日。

"我认为,经常参加体育可以培养人顽强的意志品质,人在运动中不断克服客观和主观困难,对人格的全面发展有积极的培养作用。我周围的朋友以及家人,一般都会通过各种不同的体育项目和不同方式参加体育锻炼。体育运动中学会控制自己的需要,延缓需求的满足,学会解决矛盾,从而使个性成熟。对于一些性格比较内向的孩子,可以鼓励他们经常参加体育项目的培训,培养他们的竞争、协助的体育精神。"

1.3　体育休闲观

在安慧里小区居民经济条件相对较好、生活压力比较小的有闲阶层,养成了一种良好的体育习惯和体育休闲方式,他们能够深刻理解体育运动休闲活动的内涵,掌握体育活动的休闲技能,充分享受体育休闲运动带来的乐趣。他们经常出入城市高档体育休闲场所,加入高档体育俱乐部,享受俱乐部提供的优美的环境和高品质的服务,比如,高尔夫、保龄球、水上运动、雪上运动和赛车场、网球场等。由于个人独特的偏好,他们经常从事某一项目的体育运动,对于体育运动保持持久的兴趣。一些人甚至把自己的事业和体育运动、休闲观光、体育生态娱乐结合起来。自己参与娱乐活动的同时也给社区其他居民提供了便利的体育休闲方式。

1.4　终生体育观

一些城市居民认为,体育锻炼是终身行为。人从出生一直到老,都离不开或简单、或复杂的身体运动行为,人应该把终身体育健康意识的培养、体育知识的传播和获得以及学习和提高体育技能作为一生的体育行为方式。他们认为在城市社区培养终生锻炼体育意识,显示了社区对人类自身生命质量的逐渐看重,是对体育运动本真意义的扩大和延伸。终生体育意识的培养是社区的职责。人离开学校进入社会,学校体育教育结束,并不是人体育锻炼的结束,这个时候,社区体育功能就体现出来了,社区体育的成熟程度是终生体育形成的关键。

采访对象编号:A46,刘某,女,38 岁,博士。职业:大学老师。采访地点:安慧里健身中心。采访时间:2016 年 3 月 22 日。

"终生体育思想观念的形成,是人对自我教育的终生培养,学到老学到老。体育对人格的培养具有得天独厚的优势。在生活中和工作中,竞争是不可避免的,同时竞争也是人之天性,在一定规则下竞争的体育运动可以培养人社会责任和良好的社会秩序,如正式的、非正式的各种比赛。同时人在体育游戏中可摆脱身份、职业的种种约束,使身心充满解放的愉悦感。终生体育的培养很重要。"

采访对象编号:A40,季某,男,40 岁,博士。职业:体育教育。采访地点:安慧里健身中心。采访时间:2016 年 5 月 23 日。

"体育对人的培养是一生的。我的家庭和朋友都有长时间体育的生活习惯。我认为体育对他们有积极的影响,这种教育应该是持久的。学习身体技能是体育运动所需,提高技能的练习,是体育对生命的一种快乐馈赠,通常在体育运动中,提高技能的同时,人的体力、精力和运动能力也能得以提升,这样于他们的工作有很好的影响。我是从事职业体育教育的,深知体育对人格的塑造作用。社区体育对终生体育的培养起到承下启上的作用,应该大力发展社区体育文化,培养人终生体育锻炼的习惯。"

采访对象编号:A43,余某某,男,46 岁,硕士。职业:总经理。采访地点:安慧里健身中心。采访时间:2016 年 4 月 11 日。

"从大学毕业到现在,我一直没有间断体育锻炼。我认为体育锻炼是人与人的一种社交活动,通过竞技活动可增进人际关系,通过户外运动,比如像钓鱼、登山、野外生存训练等,既可以融入大自然,通过体育锻炼身体,又能够净化情绪心理,所以体育运动与人的身心健康密切相关。我认为,体育应该是一种终生的行为,多年培养的习惯,很难改变了。即使是刮风下雨,我也会想办法完成一天中必要的体育锻炼。"

1.5 体育是一种生活方式

在调查中,城市居民的一些白领阶层、刚刚入职的大学生、社会有闲阶层、体育运动爱好者等通常都有良好的体育习惯,他们认为体育是一种生活方式。鲍明晓认为:"体育与城市有着天然联系,现代体育的本质是城市文化,融入城市发展的体育最具活力。因为运动已经成为都市主流生活方式。人们不只欣赏运动的专业化,还在运动中交际,运动中时尚,运动中娱乐。"体育已经成为城市居民的一种生活方式。

从社会角度讲,体育有助于促进社会流动,促进社会整合与社会公平,是社会人口健康素质的基础。基本体育公共服务体系是社会的"安全网"和"减震器",构建规范基本体育公共服务制度有助于提高全体社会成员的生活质量,营造安定有序的社会环境。

现代的都市化发展,对处于激烈生存竞争与压力之下的现代人来说,使人越来越离不开体育活动。通过体育活动促进身体与精神的健康和谐已经是一种人类的社会生活方式了。

2　城中村居民体育认知

2.1　体育强身健体观

"城中村"一般居民对于体育的认知还比较模糊,笔者在"城中村"采访时,经常问居民的三句话,虽然问的都是同一件事情,但是笔者得到的结果却完全不同。当笔者问居民:"你参加体育活动吗?"得到的答复是"不参加"。笔者再追问"你锻炼身体吗?"得到的答复是"不锻炼"。笔者再追问"你都玩什么?"得到的答案就丰富了。居民会告诉笔者很多他喜欢玩的内容,当然这里一定包含体育项目在内。比如踢毽子、跳舞、遛弯、散步、遛鸟、跑步、还有一些球类项目等'甚至有的居民还会回忆自己在学校上的体育课,以及他喜欢的体育项目。"城中村"居民普遍认为体育就是玩,对于体育能够增强身体的健康的认知比较模糊,反正是很多人都认为体育能促进健康,那一定就能促进健康,并且希望能参加体育活动来获得自己的健康。大部分居民都已经认识到了体育锻炼的重要性,但是居民普遍认为散步、遛弯即锻炼,无病就是健康。在促进健康的手段选择上,"城中村"居民更倾向于遛弯、散步、睡眠、饮食等基本生活方式。当然经常参加体育锻炼的居民,对于体育能够丰富日常的生活,能够加深居民之间的感情,提高生活质量的认知已经开始清晰。"城中村"居民锻炼项目以一些简单的项目为主,居民的锻炼时间约为节假日。日常锻炼主要在早上和傍晚以后,锻炼人群沿着绕着村子的马路、村子的胡同、住宅区的空地或者休闲文化广场以及附近的公园,散步、遛弯、跑步、踢毽子、羽毛球、跳绳等。通常是居民听着音乐、聊着天的结伴锻炼。早晨以老年人居多,高碑店村居民更喜欢传统体育项目,比如抖空竹、抽鞭子、抽陀螺等。

2.2　体育无聊观

当然依然有一些人认为没有必要参加体育锻炼,而且这些人口,在村子总人口中依然占有相当大的人口比例。他们认为:"劳动就能锻炼"。通常这样的人群经济基础都比较薄弱,受教育程度也相对比较低。传统价值观念认为,当前"城中村"居民的主要问题是生活保障问题,在基本的生活需要还未解决时,谈不上休闲享受和发展需要的满足等,只有在基本生活需要得到满足以后,休闲、享受和发展的需要才会凸显出来。在这种传统价值观念的舆论导向下,很多"城中村"居民认为参加体育活动,对于他们来说,还是一件可望不可即的事情。甚至,有的居民认为和钱没关系的一切活动都是无聊,而且对村委会组织的各种体育活动,不参加、不过问。有得居民甚至很反感。

采访对象编号:A1,赵某某,男,年龄不详,小学。职业:三轮车车主。采访地点:高碑店村车主的三轮车里。采访时间:2014年10月2日。

"我是高碑店村民,没地了,现在靠开"摩的"过日子,干一天累了,晚上回家喝点酒,有点余钱,就去找他们打麻将,大多数时候都输钱,有时候也赢。不喜欢锻炼身体,我们周围的人也不参加体育活动,村子一切活动都和我们没关系,那有什么关系呢?又不会多分给我们一些钱。不关心体育、不喜欢锻炼,命都顾不过来呢,还谈什么体育?那有什么用?我一天都够累的了,不比你锻炼身体还累?还去锻炼身体,怎么可能呢?你说没奖励、没钱,没事干瞎折腾自己,不是吃饱了撑得吗?有时间多睡一会多好。"

这就说明"城中村"居民体育文化观念依然缺失。这种缺失,包含两个层面的含义:一是供给"城中村"居民公共体育休闲观的缺失,中国城市体育公共休闲,供给的对象主体主要是城市居民。客观上,"城中村"居民不但被有意或者无意地歧视,而且在城市的发展中,政府很少从公共管理的角度为其服务并满足其体育公共的需要。二是"城中村"居民本身休闲观的缺失,一部分"城中村"居民不太重视体育锻炼,甚至视体育为无聊的事情。由于观念的原因,造成他们的休闲方式也只是聊天、打牌、打麻将、上网、购物、进餐馆等,表现了其休闲的低层次。在中国城市中,"城中村"大部分居民基本上被挤出城市的中心地带(所指城市居民日常生活的区域),其工作及生活空间与真正的城市空间处于隔离状态。以至于他们大多依然保留着传统的农村生活休闲观,而对体育锻炼漠不关心。

2.3 体育享受观

"城中村"中经常参加体育锻炼的部分年轻人,对于体育的认识已经不只限于强身健体方面,他们希望通过体育活动的参与得到更多的精神享受。他们有更多的体育需求和渴望。例如,一些年轻人喜欢通过互联网、电视观看体育比赛,还有一些"城中村"的年轻人参加民间"体育草根组织"组织的比赛,通过比赛来发泄自己的情感。一次成功的射门、一个漂亮的投篮、随着快节奏的音乐跳健美操等,更重要的是给他们的一种精神方面的释放感、愉快感、成就感和心情的舒畅感,他们认为,参加体育活动,有助于培养的自己性格和超越自我的品质,还有助于培养自己的竞争意识、协作精神和公平观念。

"城中村"有锻炼身体习惯的中年人,以追求休闲品质和树立健康理念为主,注重体育休闲的内涵及运动养生与健身价值,形成了稳定的体育休闲价值取向。特别偏爱散步、慢跑、自行车骑游、爬山、游泳、跳操跳舞等有氧运动和体能要求不高的运动,另外对一些能修身养性和愉悦身心的诸如棋牌、垂钓等体育项目也比较喜欢。

3 城市社区与"城中村"居民体育观差异

城市社区居民一般都有比较清晰的体育观,对于体育有自己的认知理念和态度,不同的城市社区居民依据自身社会发展情况以及对体育的理解,对体育的诠释和解释各有不同。在城市社区大多数居民认为体育锻炼可以达到消除疾病、强身健体的目的。强身健体及其娱乐自始至终是体育的主要功能。但由于人的异质性发展,也造成了人的体育观异质性。尤其是随着社会经济的发展,人们对于体育的认识不只限于强身健体的方面,希望通过体育活动的参与得到更多的精神享受。因此城市社区居民的体育观也呈多样化,归纳起来城市社区居民体育观主要包括体育健身观、体育教育观、体育娱乐观、终生体育观、体育是一种生活方式等五种观点。

而"城中村"居民一般对于体育的认知还比较模糊。虽然一部分居民已经认识到参加体育锻炼的好处和意义,一些居民认为,体育就是锻炼身体,体育运动能增强体质、促进健康。但对于什么是体育运动,以及体育运动对人全面发展是如何促进的,并不了解。甚至有的居民认为劳动就是体育,只要有身体活动就是锻炼,对于休闲方式和体育方式混为一谈,大多数居民还没有形成恰当的体育健康观。由于"城中村"居民身份地位、受教育程度以及经济基础不一样,致使各个层次的人群对体育的认识也还存在一定的差异性。笔者在调查过程中发现,"城中村"居民对于体育的认知主要包括三种体育观,即朴素的体育健身观、体育无聊观和体育享受观。城市社区居民与"城中村"居民体育认知的差异具体分析如表 3 -1 所示。

表3-1 城市社区与"城中村"居民体育认知的比较

体育观类型		体育的认知、参与场地、内容与形式选择、时间频率、强度、个人的基本情况
城市社区	1 强身健康观	城市社区大部分居民认为体育就是锻炼身体,经常参加参加体育活动可以增强体育、促进健康、强健的体魄、减少疾病。体育健身意识强,经常从事体育活动还可以改善呼吸系统功能,增强心肺功能,有减肥功效。体育锻炼能提高神经系统的功能,体育运动能改善和提高中枢神经系统的工作能力,使人头脑清醒、思维敏捷。城市社区居民绝大多数人都认为体育有利于身体健康。 参与的人群各种年龄层次的人、各种文化程度、各种社会阶层、各种收入群体都有。锻炼场所主要是公共体育空间、收费比较低的健身场所以及健身综合中心。参与的项目以各种操课为主,如各种徒手健美操、韵律操、形体操以及各种自抗力动作,体操可以增强力量、柔韧性,增加耐力,提高协调性,控制身体各部分的能力,从而使身体强健。至少一周锻炼3次,每次时间超过2过小时。体育健身观是一种大众普遍持有的一种观点。
	2 体育教育观	一部分居民认为体育就是教育。体育离不开教育,教育离不开体育。他们认识到体育是提高人的生命和生活质量的重要基础与保证。参加体育锻炼除健身强体外,还可以培养人现代人良好的品质。比如合作、竞争、协调、团结、责任、规则意识等。他们自己或者给自己的家人会有计划地选择一到两个体育项目,到专业体育培训机构进行系统有计划地训练。 选择的项目多是奥林匹克竞技类项目。体育活动参与的场地多是专业的收费场地。通常是自己一个人或者家庭、朋友一起来完成。年龄多是青少年和中年人,男性偏多。受教育程度比较高,公务员、大学老师偏多、社会地位,家庭收入中等偏上,有良好的生活习惯。每周锻炼2~3次以上,每次1~2个小时,运动强度偏大。
	3 体育休闲娱乐观	社区一部居民有锻炼身体习惯的中年人,以追求休闲品质和树立健康理念为主,注重体育休闲的内涵及运动养生与健身价值,形成了稳定的体育休闲价值取向。他们认为体育就是休闲娱乐,项目形式不拘一格,对场地设施要求不高,强调娱乐休闲、运动乐趣、放松身心的体育活动。他们认为参与体育是自由、自愿、愉悦身心的。体育作为发展人的"自身自然"的身体活动,其在休闲娱乐中所发挥的个体和社会功能,是其他休闲娱乐活动所不可取代的。体育具有休闲娱乐功能的主要原因在于:体育活动始终关注人的"自身自然"的发展;体育活动存在大量的人与人的交往。可以自己亲身参与体育活动也可以欣赏体育比赛。 年轻人以及中年人偏多,受教育程度比较高,社会地位和经济收入中等偏上,锻炼时间不定,随心所欲,选择的项目偏好,休闲娱乐类,比如台球、保龄球、高尔夫球、双色球、手球、足球、篮球、游泳、户外、骑马、滑水等时尚项目。通常和朋友一起进行。运动强度随个人偏好。

体育观类型		体育的认知、参与场地、内容与形式选择、时间频率、强度、个人的基本情况
	4 终身体育观	城市社区一部分居民,终身有目的性的学习与参加身体锻炼,使体育成为一生生活中始终不可缺少的重要内容。他们终生从事一到两项体育运动项目,进行长期系统的训练、练习、培训、娱乐以及比赛。义务传播体育文化和体育知识,把体育锻炼作为自己的终生爱好。依据自己的运动能力、运动技能的水平,特别是要了解自己与同龄人相比较的特殊性,善于分析、判断自己在群体中所处的层次和水平,以便从自身的实际出发,取长补短,有针对性地进行学习和锻炼。在反复不间断地实践中,加深对体育的情感体验,不断提高体育的水平,使体育锻炼成为自觉主动的行为。 选择的场地都不确定,具有较大的随意性,或者社区公共空间、或者社区外的体育公共空间,或者体育收费场所;爱好广泛,参与的体育项目多种多样,有健身类、休闲类、竞赛类、现代项目或者传统项目。每天参与体育活动的时间不低于1小时,每次活动时间强调为中等强度以上。通常和朋友以及家人一起参与。此类人群社会地位、经济收入中等偏上、受过高等教育以及专业体育运动训练、爱好广泛。
	5 体育是一种生活方式	城市社区一部分居民认为,体育是他们生活方式的一部分,就像吃饭、喝水、睡觉一样不可或缺。体育在他们眼里既是一种运动项目,也是毕生的事业,更是一种精神寄托和财富载体。掌握体育的知识、技能,学会自主的学习、锻炼体育的知识、技术、技能、掌握科学锻炼身体的手段和方法。对于某些体育项目和户外运动,有持续长久的兴趣爱好,并能长久的坚持。 此类人群社会地位、受教育程度、经济收入比较高。有良好的体育基础,体育活动场所多在收费体育空间,从事体育项目比较广泛:户外、休闲、冒险、爬上、水上、航空、探险以及竞技体育项目;或者体育旅游和体育观赏类项目。
城中村	1 体育强身健体观	"城中村"大多数居民对于体育的认知还比较模糊,强身健体观是一种朴素的健身观。他们认为参加体育活动能可能会锻炼身体、促进健康,至于如何促进健康,是否能促进健康并不了解,只是别人这样说,自己这样理解。 他们自己偶尔会参加一些简单的身体活动。比如散步、遛弯、跑步、踢毽子等。通常是居民听着音乐、聊着天的结伴锻炼等。选择的场地多是免费公共空间。锻炼时间多在晚上或者早上,选择和家人、邻里以及朋友一起进行、强度不大、每次时间两个小时左右。他们普遍文化程度、收入水平比较低。如退休老人、无业居民、家庭妇女等。

体育观类型	体育的认知、参与场地、内容与形式选择、时间频率、强度、个人的基本情况
2 体育无聊观	在"城中村"绝大多的居民认为劳动就能锻炼。参加体育锻炼，都是无聊的、闲的没事干的一群无聊的人，参加的一项毫无意义的活动。他们认为每天从事的体力活动就是锻炼身体，人就会健康。不会参加任何形式的体育活动，包括社区组织的集体体育活动，参加村子组织的体育比赛，只有能从这项活动中获得金钱或物质上的时候，参会选择凑热闹。通常这样的人群经济基础都比较薄弱，受教育程度也相对比较低。年龄层次分布在青年、中年、老年阶段，农民工、服务员、小业主等。余暇时间短，工作时间比较长，没有时间也没有能力参加体育活动。
3 体育享受观	"城中村"一部分认为从事体育活动就是一种享受，为了体验运动过程中给自己带来的社会他人的眼中的认可，而从事的体育活动。进入体育场所参观一场球赛、进入某一高级体育会所进行体育收费，都是一种人生体验和炫耀的资本。 　　参加体育活动就是一种心理满足感的获得。此部分人，受教育程度很低、社会地位以及收入比较高，占有更多的社会资源，对体育的本质不了解。年龄在中年以上阶段。参加体育活动的场所都是高级体育会所，参加体育锻炼的频率不是很高、强度不大。多是和自己的商业伙伴参加。参加的体育项目主要有高尔夫、网球、马术、户外、水上运动、游泳等。

　　根据上述分析，我们发现城市社区与"城中村"不同的群体，在社会态度、价值观念、时间结构、生理与心理需求等方面的差异性，导致不同群体体育观的差异。体育观的不同，最终导致不同群体选择体育的内容与锻炼身体方式也存在一定差异。但目前，现阶段"增强体质"是我国城市社区以及"城中村"体育价值观念的主流。

第二节　城市社区与"城中村"体育组织差异

　　我们在第一节讨论了城市社区与"城中村"居民，对体育认识的差异，实际上是人的体育观念决定了居住区需要什么样体育组织的形式、什么样的体育组织类型，以及体育组织的发展程度。有什么样的体育组织制度就有什么样的体育活动方式。城市社区与"城中村"两种类型的社区,在城市化过程中,形成具有各自特征两种类型的居住区,其体育组织形态和组织方式也各有特点。接下来我讨论城市社区与"城中村"体育组织管理体系、体育组织构成、体育经费的差异。

1　城市社区与"城中村"体育组织管理体系的差异

1.1　城市社区体育组织管理体系一元特征

目前我国社区体育组织管理体系包括三个组成部分,分四个层次分层管理,有市体育局、区体育局、街办文教体科、社区居委会社区构成体育领导体系;市体育总会、区体育总会、街道社区体协、社区文体委员构成协同体系;市单项(人群)体育协会、区单项(人群)体育协会、街道单项(人群)体协中心俱乐部、体育俱乐部、文体中心、活动辅导站构成操作体系。各体系、各层次具有各自的职责,发挥着各自的作用。如图3－1所示。其中街道社区体协是现阶段社区体育主要的组织管理机构,体育活动点和体育辅导站是主要的活动性组织。我国城市现有的社区体育的管理体制,主要以街道社区体协为主,其他区域性体协为辅,组织结构基层化特点十分明显。街道办事处是城镇基层组织,行政职能涉及到社区的经济、政治、社会、文化教育、体育卫生、环境保护等许多方面,是城区政府在街道的一级派出机构,其管理工作具有较强的综合性和复杂性。街道社区体协下:设街道(项目)人群体育协会、街道体育俱乐部、街道社区体育服务中心、社区(居委会)文教

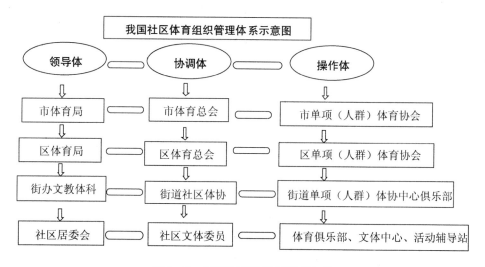

图3－1　社区体育的组织管理体系

(体)委员会和街道辖区单位体协等。辖区单位体协在接受本单位直接领导的同时,接受街道社区体协的间接领导,街道体协具有明显的"区域性单位体育联合体"的特点。社区文体委员会下设体育服务中心、体育俱乐部、体育辅导站、晨晚练体育活动点等(操作性、执行层组织)。

1.2 城中村体育组织管理体系的二元特征

目前"城中村"的体育管理体系有两套管理体系即城市社区体育管理体系、农村体育管理体系,它们同时并行或者交叉管理"城中村"体育。通常村委会依据自己的实际情况,因地制宜管理本地区的体育,体育组织也两套体系交叉管理。在城市化进程中,"城中村"农民转为居民后仍在原村落居住而演变成的城市居民区,为了便于管理,就地成立社会居委会对该地进行管理,而对于还没有形成完整社区居住条件的居民居住区继续归村委会管理。从隶属关系来看,社区依然归村委会辖区。"城中村"具有农村和城市双重特征,一部分居民位于城市建成区内,一部分游离与城市社区之外,在城市化过程中,并没有撤消乡、村行政建制,集体财产和宅基地产权依然存在。这种双重的管理体系延续到体育管理上,也存在管理体系的二重性。如图3-2所示。如高碑店村在城市化进程中形成了高碑店西社区、高碑店东社区、高碑店文化园社区、高碑店古街社区四个社区。其体育组织管理体系就是城市社区体育管理和农村体育管理体系双重管理体系。当高碑店

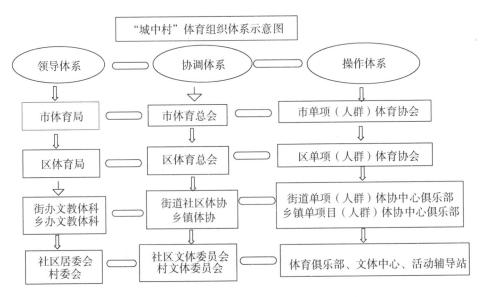

图3-2 "城中村"体育组织管理体系示意图

地区举办农民运动会时候,这些社区会代表高碑店村一个参赛单位,参加农民运动会。当举办城市体育比赛时,这些社区又以一个独立的社区参加城市社区体育比赛。这种管理体系的二重性,造成了"城中村"体育管理体系具有城市和农村的双重特征。

2 城市社区与"城中村"体育组织类型的差异

城市社区与"城中村"体育组织管理包含了政府和社会对居住区体育的管理以及基层居住区内部的体育管理两个层次。从一个具体的居住区体育管理部门来看,它对本居住区的体育行使着管理的职能,它是管理的主体;但对整个国家和社会体育管理的职能部门来说,它又是被管理者,它是管理的客体。

在现代社会中,提供居住区居民基本的公共体育服务产品以及体育公共体育服务的机构分别有三个方面,即由营利性的私人企业使用私人资源提供的私人体育服务,这些企业包括各种体育健身俱乐部、体育培训机构、高级体育会所等;由非营利的社会组织使用社会资源提供的社会体育服务,这些社会体育组织有体育社团、体育基金会、民间体育组织以及各类单项目体育协会等;由公共组织机构使用公共权力与公共资源提供的公共体育服务,这些组织包括社区居委会、村委会等。

笔者依据实地调查发现,城市社区与"城中村"的社会体育组织又略有不同,相应的社会体育组织体育的体育服务产品也不同。从比较中发现分布在城市社区安慧里的体育组织有五种类型,即体育公共事业委员会、非营利性体育机构、盈利性体育机构、单位体育组织以及网络虚拟体育组织。分布在"城中村"高碑店的体育社会组织有六种类型,即嵌入型体育组织、体育社团、民间体育组织、盈利性体育组织、网络虚拟体育组织以及非法体育组织。居住区的社会体育组织发达程度,决定了居住区体育的发达程度。如表3-2所示。

表3-2 城市社区体育组织和"城中村"体育组织比较

城市社区:安慧里小区体育组织类型	
体育公共事业委员会	社区公共事业发展委员会具体负责社区体育活动。组织包括:安南乒乓球联谊会;安南腰鼓队;安南太极队;金玫瑰爱心互助组;太极拳队;五彩蝴蝶舞蹈队;健身操队;交谊舞队;京剧队。单项目体育协会、体育健身中心、体育活动站等
单位体育组织	单位人力资源部、工会组织以及各单项目体育协会负责单位员工、职工体育活动

城市社区:安慧里小区体育组织类型	
非营利性体育组织	各种形态的草根组织、体育公益组织、体育社团、体育俱乐部、青少年健身俱乐部、体育基金会、体育健身中心。一些体育业余爱好者,这些组织通常自发的、定期的组织体育活动或者体育比赛。体育经费自筹,健身地点一般在社区之外,弥补社区体育发展不足。
非盈利培训机构	以盈利为目的各种综合健身体育馆、单项目体育培训机构以及以提供体育服务收费为目的的体育机构等。提供专业的体育锻炼身体的习惯和专业的体育健身指导。
虚拟网络体育组织	网络上和各种体育电子竞技的有关的组织。参加的人一般是年轻人和青年人。比如:篮球电子网络联盟。
"城中村":高碑店村体育组织类型	
嵌入型体育组织	嵌入在村委会的体育组织:威风锣鼓队、秧歌队、小车会队、舞蹈队、太极拳队、抖空竹队、抽陀螺队、中幡队、舞龙舞狮队等,农民体育协会、老年体育协会、高跷会、民艺文体协会。由村委会的各个社区委员会管理。
民间体育组织	主要分布在高碑店村内以及村外各种草根组织,满足具有特殊体育需求的组织。比如:如武术俱乐部、篮球俱乐部、羽毛球俱乐部、晨晚炼点、锻炼小组等。
盈利性体育组织	各种与体育相关的体育收费机构。满足城中村有高层次体育需求的机构。
非法体育组织	借助体育组织进行非法活动的组织。是城中村城市化过程中特殊的组织形式。通常在村委的公共体育空间进行犯罪活动。
虚拟网络体育组织	网络上和各种体育电子竞技的有关的组织。参加的人一般是年轻人和青年人。比如:bbl公司等。

2.1 城市社区体育组织类型

2.1.1 体育公共事业委员会

城市社区设有专门的部门管理社区居民的体育活动。社区的体育活动和其他生活是分开的,是一种独立的体育行为。社区居委会的体育工作由社区公共事业发展委员会负责。体育管理服务内容包括:健身活动的组织服务、健身活动的管理服务、健身机构的设置服务以及保证健身、保障体育活动正常开展的健身娱乐法规建设服务。就加强社区体育工作而言,信息也是一种服务。具体工作内容包括:一是要新建或完善社区文化和体育基础设施,各街道要建立街道文化站、居委会文化室、院内体育活动场所、室外体育活动中心,为居民提供学习、娱乐场地;二是要开展丰富多彩的的文体活动,以创造尊老爱幼、双乐和睦的社区文化为突破口,积极引导广场式、大众式文体活动的开展,主社区文化以多种形式走向群众、走向生活;三是要以"代表先进文化发展方向"的思想为指导,加强精神文明建设,营造健康、文明的社区精神文化氛围;四是要开展文明社区、先进文体居委会创建活动,由宣传、文体部门牵头,街道组织每年进行考核验收,把社区文体活动引向深入。如图 3-3 所示。

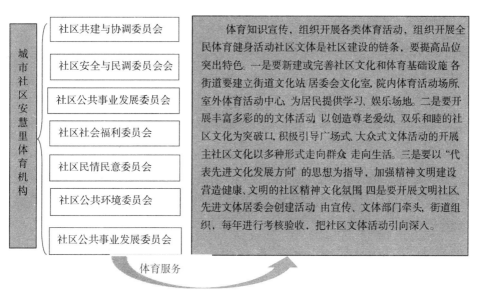

图 3-3　城市社区:安慧里体育机构管理结构示意图

设施、场地、场馆使用率非常高,每天从六点开始到晚上十点结束,到处充满了健身的人,有时候甚至到凌晨一点。组织社区体育活动是社区工作者每天最主要的活动。社区居委会通过成立各种项目的建设运动队来组织来管理社区居民日常体育生活。在实地调查中,安慧里小区居的体育活动有大部分都是在公共社区的组织的进行的,具体的组织如下,每一个组织都有具体人负责,并且具体负责相应的体育锻炼内容,每一个运动队在健身中心参与的体育活动空间、时间和地点相对都是固定的。有专门的负责人,对运动器材、运动设施、大众健身路径、运动场馆进行打扫、看护、检查和维修。健身队伍都配有专门的社会体育指导员负责教授社区居民健身操、健美操、韵律操、体育舞蹈、广场舞等。社区居民参与的这些集体体育行为都是通过参与某一健身运动队伍来实现的。社会辅导员负责教会每一个入队队员的练习动作,入会费都是免费的。当指导员教会新入队会员一套或者两套健身操以后,入会队员持续坚持训练三个月以上的,开始正式加入健身组织,并交纳一定入会费,承担组织的职责和义务,比如义务参加比赛等。安慧里小区的组织分布的具体情况,看表3-3安慧里小区健身组织分布情况。

表3-3 安慧里小区健身组织

名称	活动内容	负责人	人数
安南乒乓球联谊会	乒乓球训练、比赛	吴某敏	34
安南腰鼓队	腰鼓表演	王某芝	13
安南太极队	太极锻炼、表演	郑某游	50
金玫瑰爱心互助组	组织本楼空巢老人开展娱乐、健身、茶话会、聊天活动,定期到老人家探望,帮助孤独老人建立健康的社会关系	雷某琴	8
太极拳队	锻炼身体、表演节目	郑某游	21
五彩蝴蝶舞蹈队	基本舞蹈练习、舞蹈编排等	史某英	27
健身操队	健身训练、节目排练	孙某英	20
交谊舞队	排练节目、自娱自乐	石某珍	64
京剧队	健身、排练节目	曹某远	12

安慧里小区居委会社区公共事业发展委员会是社区居民参与体育活动的基本保障,是提供基本的公共体育服务的主要机构。城市社区体育主要是针对成年人的,它是我国体育事业的重要组成部分,直接关系到占全国人口绝大多数的成年人的身心健康、体格健美与快乐幸福的生活。

2.1.2 非营利性体育机构

安慧里小区居住人口数量巨大,结构复杂。社区中仅仅有亚运村健身中心一块免费的健身体育空间,远远满足不了居民的基本公共服务水平,而人的体育思想意识又很高,因此以亚运村健身为中心而发展起来各种形态的草根组织、体育公益组织、体育社团、体育俱乐部、青少年健身俱乐部、体育基金会、体育健身中心。是一些体育业余爱好者,自发的组织起来的。这些服务通常带有公益性质,能满足居民参加体育的社会需求。这些组织定期、持续的组织一些体育活动或者体育比赛,体育经费自筹,健身地点一般在社区之外,大大弥补了社区体育发展不足。安慧里小区经过 30 年的发展,已经发展成为娱乐、体育、商贸、旅游、居住等多种功能于一体的综合性区域。体育空间在安慧里小区周围,已经形式了体育产业圈。社会体育空间的私有化,使健身的成本加大,只有充分发挥体育非营利组织的社会服务职能,调动社会上一切力量关心公益和福利事业的发展,才能把体育公共服务产品的强大推动力,转化为体育产品供给方的生产力。

2.2.3　盈利性体育机构

随着市场经济和体育产业的发展,体育资源主要由政府专控的格局已被大大突破,体育资源向民间转移以及民间体育产业的成长已成为体育发展的新动向。城市社区盈利性机构越来越多。从百度地图搜索,"安慧里小区体育健身""安慧里小区健身""安慧里小区体育培训"等关键词可以看到围绕安慧里小区方圆 1 公里以内,大大小小的健身俱乐部、体育经营公司、单项目培训机构、体育运动学校、篮球、排球、足球、乒乓球、羽毛球、网球、游泳、高尔夫、瑜伽馆、女子健身中心、儿童体育培训、武术、拳术培训等私有的非盈利性体育组织,共有 537 多家。这里也包括全国性少儿大型体育培训中心、小公司,或者独立运营的组织。这些组织提供的机会有选择地针对某些儿童群体、青少年群体、成年群体、妇女群体、男士群体等培训机构。体育盈利性机构为那写热爱体育运动提供了更优质的专业教育的机会。是社区体育的延伸和发展,是人市民化的培养最有力的方式。

2.2.4　单位体育

安慧里小区从开始规划到建设,就是围绕着集运动体验、健康休闲、体育商城于一体的时尚运动中心来规划的。周围聚集着大量的社会机构、企事业单位。比如,中国五矿、中国石化、中国文联、中国交通信息中心等国家级单位驻地、北京信息工程学院、中国音乐学院、北辰集团等知名单位。旅游、商贸、餐饮、服务和文体产业在这里汇聚,有力地推动了地区经济社会的迅猛发展单位体育弥补了社区体育发展的不足,而且这些单位的职工都有良好的体育习惯。由于一些单位有相当一部分职工居住在安慧里小区里,因此单位体育在社区中以一种排外的形式发展起来,最主要的表现就是,空间私有化、排他性。单位体育空间,仅对自己本单位的职工开放,社区其他居民是没有权利使用的。

2.2 "城中村"体育组织

2.2.1 嵌入型组织

"城中村"没有设立体育专门机构管理居民的体育活动,各村的体育活动,都由村委会副主任兼职。体育组织嵌入在村委会某职能部门里,是一种半官方性的,与村委会行政部门在人、财、物以及办公场所等各方面都混为一体,从某种角度上讲,也可以说是村委会某服务部门的下属机构。笔者调查的"城中村"把居民体育活动管理规划在村子公益服务部门。由该部门负责发展各种体育组织,这些组织包括体育社会团体和城乡基层社区健身组织;协调和组织开展村子各种类型的体育比赛;促进居民体育健身;进行体育公共设施的维修;向村子居民普及科学健身知识、传授体育技能;动员居民参与体育锻炼;维护居民的体育权益等。如图 3-4 所示。

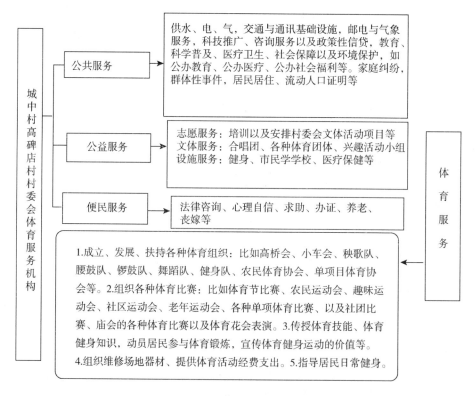

图 3-4 "城中村"体育机构管理结构示意图

"城中村"体育管理的社会团体,主要指农民体育协会,还包括各单项运动协会、行业体育协会和各类人群体育协会等社会组织。各村农民体育协会,属于政府非体育专门管理系统,业务上受体育局的领导,是目前开展"城中村"体育活动的主要组织和执行机构。乡镇和村两级部门是沟通各级"城中村"体育领导机构和居民的单一纽带,担负着"城中村"体育发展的主要使命,"城中村"体育发展的好坏与它的工作力度息息相关。北京乡镇一般每年都有全民运动会。"城中村"的村委会组织居民参加乡镇的全民运动会。运动会的内容,一般包括拔河比赛和田径趣味竞赛。在"城中村"中由于体育组织具有比较浓的行政色彩,使村子体育组织,通常都为村委会负责,每到村子大型节日来临的时候,体育组织都要组织会员进行训练、排演,参加村子的大型节日表演。高碑店村的这种活动最多。行政化的体育社团有一定的垄断性,不是每个村民想参加就可以参加的,村委会要进行选拔,通常都是既得利益的集体。体育组织会员和村委会干部或者村委会工作人员总是有一定的裙带关系,造成了一个人同时可能参加好几个体育组织,每到大型的体育表演或者参加体育比赛的时候,无论是什么体育社团或者健身组织,总是能看熟悉的身影。原因是体育组织有来自村委会的经费支持,以及来自上一级体育总局或者其他渠道的经费支持。凡事能进入体育组织的人,除了锻炼身体之外,还能得到一份收入,一些会员会把参加体育社团或者健身组织训练以及排演当成一种赚钱手段。在这种情况下,很多居民参加体育组织活动被排斥在外,同时也造成了许多居民对村委会组织的各种体育比赛比较反感,甚至漠不关心。而村委会发展体育社团或者成立健身组织目的也是为了完成上面的任务,更多的是一种面子工程,而不是真心想发展居民体育运动,至于居民参加不参加体育活动,村委会通常不关心。"城中村"体育组织有义务向居民普及体育健身知识,动员其参与体育锻炼。但从调查情况来看,各村体育组织多是通过板报进行象征性的宣传,有的村里板报可能两三年都不会换一次,也是为了应付上一级单位检查,而进行的一种面子工程。居民了解体育的途径主要是通过电视以及周围的人群,通过政府或者是村委会宣传获取的体育健身相关知识少之又少。如表3-4所示。

表3-4　嵌入型体育组织

社区类型 ＼ 体育组织	体育社会团体	社区健身组织
高碑店村	农民体育协会、老年体育协会、高跷会、民艺文体协会	威风锣鼓队、秧歌队、小车会队、舞蹈队、太极拳队、抖空竹队、抽陀螺队、中幡队、舞龙舞狮队等

2.2.2 民间体育组织

另一种"城中村"的体育组织就是民间草根体育组织。这些组织主要是指各种各样的群众性体育团体,如武术俱乐部、篮球俱乐部、羽毛球俱乐部、晨晚炼点、锻炼小组等。这些民间体育组织活跃在"城中村"体育文化生活的各个方面,他们往往由一些具有共同爱好的青年或者是民间精英组织而建立起来的,是"城中村"基层体育向城市延伸的一种体育组织。一般某一个俱乐部的成员里,只有一两个成员是当地"城中村"居民,而其他成员则是其他"城中村"居民或者是城市居民。他们体育锻炼的地点或者比赛地点也是流动的。有的就在"城中村"内的场地,有的在"城中村"之外的场地,场地的选择延伸到城市的各个角落。这种"城中村"草根民间体育组织多没有进行相应的登记注册。比如在北京高碑店村附近的兴隆公园的晨练点,跳广场舞的组织,有四个,他们大多都是自发行为。广场舞的地点都选择在兴隆公园的湖畔,参加锻炼身体的有来自居住在兴隆公园附近的各个社区的居民,也包括高碑店居民。参加这种组织的体育锻炼,前三个月是免费的,三个月以后,有人负责专门教刚刚进入的会员各种广场舞,直到学会所有的广场舞为止。学会了以后,如果继续在这个组织锻炼身体,每一个月要向组织交100元的费用,一般交给领操的人,当然会员也可以随时离开,不作任何约束。这种组织经常被一些机构请去参加商业表演。还有一种像在北京城市非常著名的民间组织的"xx篮球俱乐部①",该组织成立了14年了。经常参加BBL②限高娱乐篮球联盟竞赛,是一种自娱自乐行为,会员除了有"城中村"的居民外,还有居住在北京其他"城中村"的成员,比如回龙观等地,还有市区的居民。会员有30多人,曾经代表东城区打北京城市篮球比赛,代表北京市林业局打行业篮球比赛,他们大多是居住在北京"城中村"的外地青年人。锻炼场地不确定,有时候他们会来北京体育大学篮球场练习球技,参加BBL限高娱乐篮球联盟竞赛的场地也是自己预约,参加比赛的费用,都是AA制。一场比赛下来,每个人的费用大约是100元左右。"城中村"的这种草根组织,虽然不多,但正在渐渐兴起,逐渐成为"城中村"体育的发展的重要组织。这是"城中村"居民的体育活动向城市延伸的桥梁,同时

---

① 为了保护研究对象的隐私,本研究用"xx"来代替该组织的真实名称.
② BBL是2008年成立的限高娱乐篮球联盟,致力于通过限高娱乐篮球联赛让篮球运动摆脱身高压倒一切的尴尬局面,倡导一种"娱乐篮球"的新理念,让每位篮球爱好者体验篮球比赛的快乐与精彩.

也是促进"城中村"居民社会融入最好的方式,笔者在调研过程中,发现这些组织成员基本上都市民化了,只不过是居住在"城中村"而已。

2.2.3 体育培训机构

在"城中村"内,还有一种以盈利为目的的各种健身俱乐部、武术培训机构、体育商业会所等。关于这部分,笔者在"城中村"体育空间分布中已经详细论述,在这里就不再一一介绍。这些以营利为目的的体育组织满足了"城中村"经济地位和社会地位比较好的居民的体育收费需求。也有一些收费不是很高的俱乐部,满足了"城中村"普通居民的体育收费需求。这样的体育组织也是"城中村"居民对外交流的桥梁,因为体育组织的会员来自城市的各行各业的人。

2.2.4 城市社区与"城中村"体育组织的空间分布差异

采用测度数字分布中心趋势的方法——中项中心,对分布在安慧里小区和高碑店村的各类社会体育组的空间分布图进行绘制分析。具体操作步骤如下:首先中项中心位置是两条相互垂直的直线的交点,这两条直线一般取东西向和南北向,每条直线把离散事物的点数二等分。安慧里小区的中项中心定位在亚运村全民健身园区,高碑店村中项中心定位在高碑店村村委会。然后依据百度卫星定位图,把安慧里小区和高碑店村在城市空间分布图进行截图,如安慧里小区空间结构图 3-5 和高碑店村空间结构图 3-6。接着依据自己的实地考察,分别对安慧里小区内外和高碑店村内外的各类社会体育组织进行实际勘探,并和百度地图的截图一一对应作出标记。最后绘出安慧里小区内外的各类社会体育组织的空间分布图,如图 3-7 以及安高碑店村内外的各类社会体育组织的空间分布图,如图 3-8。

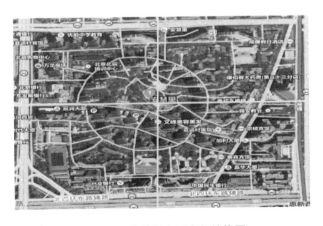

图 3-5 安慧里小区空间结构图

图 3 - 6　高碑店村空间结构

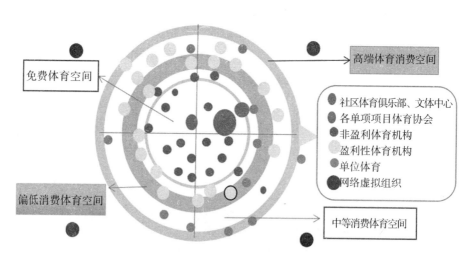

图 3 - 7　安慧里小区社会体育组织空间分布

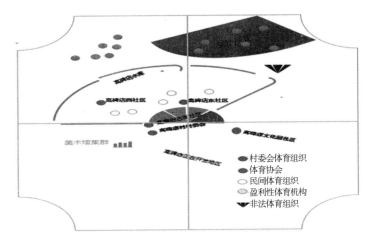

图 3 - 8 高碑店村社会体育组织空间分布

依图安慧里小区空间结构图 3 - 5 和社会体育组织空间分布图 3 - 7,可以看出图中标注的交点对中项中心的离散程度空间分布比较均匀,安慧里社区体育组织和体育社团距离中项中心的离散,是依据社区空间的建筑模式,以同心圆的模式向社区空间有序离散。依据距离中项中心从近到远体育组织的分布状态依次是,内圈层的体育组织是社区体育俱乐部、社区文体中心,各单项目体育协会,即图中的标出的蓝色圈;中圈层的体育组织是各种非盈利性体育机构以及草根体育组织,即图中标出的红色圈;外圈层的体育组织即绿色圈层,是各种盈利性体育机构;接着是单位体育组织以及更高体育会所机构等体育组织,网络虚拟组织,因为没有实体结构,虚拟的连接形式连接着社区体育爱好者。整体来看非盈利性机构多在小区内部,盈利性机构多分布在小区外部。体育组织的空间分布是社区向心空间。这种空间排列或分布状态反映了安慧里小区基本的体育公共服务体系的一种状态是一种有序供给的状态。体育组织是社区居民参加体育活动的主要形式,体育组织越发达说明体育活动就越活跃。由于安慧里小区居住的人口数量巨大,结构复杂,完全依靠社区体育组织不能满足居民基本的体育需求,因此有参加体育需求的居民开始向社区外的体育组织需求帮助,进而来满足自己锻炼身体的需求。大量民间体育组织的存在,大大弥补了社区体育基本公共服务体系的不足。民间体育组织是社区组织的补充。而当居民有更高层次体育锻炼需求时,盈利性体育机构就在小区的周围出现了,盈利性体育机构的分布形态也是由机构收费高低有序排列,即由低层次的收费机构向高层次收费的机构,依次以圈层分布形态远离社区扩散。社区体育组织的分布,恰恰是社区的内聚力和动力系统支配影响的结果,这说明着社区体育的发展是一个运动的动态过程,而不是静态。安慧里小区社会组织的空间分布形态,恰恰反映了马斯洛的需要理论,在社区体育的发展也是适用的,我们可以利用马斯洛的需求理论来指导建设社区体育的发展。在满足人的基本的参与体育的需求的同时,要有层次、渐进的,依据社区的实际情况发展社区体育。指导社会限制的体育资源,最大限度的发挥其社会效益,来弥补我国在城市化发展过程出现体育资源分配不均等的社会问题。

依据图3-6高碑店村空间结图和图3-8高碑店村社会体育组织空间分布图分析,发现高碑店村体育社会组织,图中标注的交点对中项中心的离散程度空间分布不均匀,高碑店村的社会体育组织由居住区中心向城市中心周围扩散,其中嵌入型体育组织、体育社团、民间体育协会,即图3-8中的红色圈系散乱分布在高碑店村内,呈不规则的碎片化状态。民间体育组织即黄色圈系分布在西村。一些盈利性体育机构即绿色圈系偏离居住区的中心,向正北、西北、偏西南向偏移,从地图上看,这些机构分布比较集中,大多沿着北京东四环线沿线内外分布,离高碑店村居住区有一段的距离,逐渐向城市中心区延伸。而高碑店村正南方向、西南方向、东南方向以及东北偏南方向,体育社会组织基本没有。从图3-8中可以看出高碑店村的体育组织是社会离心空间。体育组织相互之间的空间是离散的、无序的,是一种碎片化的分布状态。这种空间离散性质的排列所反映的恰恰是高碑店村社会心理的离散性,这是由于高碑店村村委会的内聚力和动力系统支配弱化而产生的结果。高碑店在城市化变迁的过程中,村子出现混合管理体制,即乡村管理体制和社区管理体制同时并存。村子的城市化过程是一个被动过程,整个村庄在发生城市化变迁中,并没有统一的规划。空间结构的碎片化也影响了社会管理体系的分割性。在高碑店村社会组织空间分布的碎片化发展,说明高碑店村基本的公共服务体系还不完善,而这一结果也和笔者实际调查的结果是一致的。

从图3-8我们还看到,分布在高碑店村周围的体育社会组织远离高碑店村居住区向穿过东四环沿线,向三环城市方向延伸。高碑店村体育社会组织的这种分布形态表明,这些体育社会组织服务的对象更多是偏向于临近城市社区居民的体育活动。对于高碑店村居民的体育服务显得弱化了。高碑店村地貌呈鼎型,居民居住区主要分布在鼎形的中央,周围布满了商业区,同时西村又是商住一体化,商业区和住宅区混合性的结合也给居民体育生活带来了诸多不便。其中分布在距离高碑店村中置中心接近东北角上方,有一类特殊的社会体育组织,这类社会体育组织是"城中村"城市化发展过程中,体育组织的异化现象,一种是借助为居民提供体育服务的机会,向居民进行传销活动。一种是专门为"城中村"居民提供体育赌博的社会组织。这两类体育组织因为其存在的非法性,给"城中村"体育的发展造成很大的负面意义,同时给社会安全带来巨大的隐患,应该予以取缔。

2.3　城市社区与"城中村"体育经费投入的差异

我国城市社区体育和"城中村"体育发展经费的主要来源有三个渠道:一是依靠中央政府的财政拨款。这部分主要用于居住区周围的体育场地、场馆、设施的建设等。二是社会组织以及个人捐款。具体包括:企业、体育基金会、体育赛票民生项目,华侨、港澳台人士资助。这部分的经费主要用于体育组织的建设与发展、健身路径的配备与维修、社会指导员的培训、健身工程等体育公益项目。三是自筹资金。这部分费用,主要用于开展社区日常体育体育比赛以及参加地区运动会的补助。但在实地调查中,安慧里小区和高碑店村体育经费来源除了上述三种渠道以外,经费的来源方式还各有自己的路径。

国家投资、社会机构捐助的体育经费,在安慧里小区主要用于体育公共服务体系的基本建设。而居民们日常从事的体育活动也是需要经费支持的。参加体育活动经费主要来自于个人。在安慧里小区,居民加入任何形式的体育组织的体育活动都需要付费,即使安慧里社区的健身队、舞蹈队、太极拳队等这种社区公益体育组织,会员进入组织也都要缴纳一定金额的入会费。比如,在安慧里小区中青年比较喜欢的 BBL 限高篮球比赛。参赛队员参与的每一次比赛经费都是自筹。这些费用包括运动员的训练费用、教练员的指导费用、场地的租赁费用、裁判员的出场费用以及比赛完以后的休闲娱乐费。会费实行 AA 制。每一次费用大约在400 元左右。围绕着亚运村全民健身中心,分布着各种体育盈利性机构,向安慧里小区居民开放。安慧里小区居民在健身俱乐部进行体育消费是一种非常普遍的事情。而居民参与的体育收费行为都是自主的。政府只提供了基本的公共服务体系,保障安慧里小区居民参与基本的体育活动。能不能参与专业的体育活动,除了主观上的条件,很大程度上和居民的收入有很大关系。因此安慧里小区居民的体育活动经费主要来自于个人。

"城中村"体育活动的经费主要来自于村委会和乡镇的资助。随着体育民生以及体育工程等公益项目的发展,"城中村"体育场地、体育公共空间建设、场地、设施的维修以及村里健身路径配备的经费,越来越多地得到了政府体育资源的配备。"城中村"基础公共体育设施的经费主要来自两个渠道:一是中央通过下拨经费到北京市政府、各级地方政府及村委会进行相应的财政补贴；另一个渠道是北京市体育局及各区(县)体育局体育彩票公益金。"城中村"嵌入型体育组织经费来源主要是村委会、乡镇政府、上一级体育局以及其上级相应的体育协会组织。"城中村"村委会只为完成上级指定的体育活动经费资助，而其他体育活动的经费资助，仅仅是象征性的，甚至没用，根本不能满足"城中村"居民日益增长的体育需求。高碑店村依托农历节日发展体育民俗旅游表演项目，经费来源主要是自筹。高跷会的经费除了村委会财政和上级部门的支持外，还有来自于北京非物质文化遗产机构、民族宗教委员会以及民间爱好高跷的有志人士的资助。农民体育协会除了能支付乡镇举办的农民运动会费用之外，其他体育投入几乎为零，涉外体育活动的参与和居民日常体育活动经费支持非常少。由于村财政对"城中村"居民体育活动的开支以及民间融资具有不确定性、非持久性，因此"城中村"居民体育活动的经费经常处于断裂状态，也造成了居民参与体育活动断裂性。因此"城中村"体育的发展离不开政府部门的扶持，居民参加一些体育活动的费用还需要政府持续的投资。建立基本的体育公共服务体系，满足"城中村"居民日益增长的体育需求，是一项重要的民生工程。

第三节　城市社区与城中村体育社会空间结构的差异

1　体育社会空间评述

空间不仅是物理空间，也具有一定的社会属性[1]。列斐伏尔将"空间"理解为"社会秩序的空间化(Thespatialisationofsocialorder)"。[2] 从社会学意义上来讲，社会空间就是人类社会历史发展的空间延伸和拓展[3]，人在社会化过程中形成的空间，既区别又包含物理空间，主要强调结构空间的心理和社会意义。[4] 社会空间包

① Henry Lefebvre. The Production of Space, Malden: Blackwell Pub - lishing[M]. See Edward W Soja, Third Space. Oxford: Blackwell Pub - lishers, 1996: 45 - 46.
② [美]爱德华. W. 苏贾：《第三空间：去往洛杉矶和其他真实和想像地方的旅程》，陆场等译，包亚明主编：《都市与文化译丛》，上海教育出版社[M]. 200506, 43.
③ 高小芳. 社会空间理论研究[D]. 西北师范大学, 2014.
④ 王渝柯. 私人空间文化初探[J]. 艺术科技, 2013(9): 14 - 15.

括私人空间和公共空间。在这里我们讨论的空间主要是指公共空间,严格意义上来讲,真正的公共空间是出现在城市里的,是市场化的结果,是指那些供城市居民日常生活和社会生活公共使用的室外空间。它包括街道、广场、居住区户外场地、公园、体育场地等。公共空间又分开放空间和专用空间。开放空间有街道、广场、停车场、居住区绿地、街道绿地及公园等,专用公共空间有运动场等。

同样,在体育学中所涉及的社会空间也是以物理空间作为载体,投射出人的体育心理以及体育社会性因素。体育社会空间亦分公共空间和私人空间。体育社会公共空间是城市居民个体之间、团体之间、社会阶层之间,进行日常体育锻炼的主要实体空间,这些空间包括大型公共文化广场、各种体育公园、生活街道边健生路径、街头绿地体育休闲区、公共体育场馆、体育场所,以及各种健身俱乐部和体育培训机构等。前者为城市居民免费开放;后者,即各种各样的体育健身、休闲、娱乐、培训机构等是收费空间。两种体育社会空间是相互补充的,为满足城市居民日益增长的体育需求提供了保障。丰富多彩的体育社会文化公共活动是营建城市体育社会公共空间活力的有效途径之一,也是体现地域体育文化特征的重要载体。如同人们长期以来形成的民风习俗一样,城市社会体育公共空间也同样需要各种体育活动的感染和熏陶。从城市自身的角度看,各种有益的体育社会公共文化活动不但丰富了城市居民的体育精神生活,而且是提升城市体育文化品位、塑造城市体育品牌形象的重要方法。

社会空间结构是一定区域范围内社会经济各组成部分及其组合类型的空间相互作用和空间位置关系,以及反映这种关系的空间集聚规模和集聚程度。① 基本要素包括人,以及人所从事的经济活动和社会活动在空间上的表现,其本质特征是它作为一种综合性的空间形式而存在。依据社会空间结构的定义,体育社会空间结构可以解释为,是指一定地域范围内的体育社会空间分布状况,是体育人口参与体育活动过程中在空间上的表现形式。社会体育空间分布与某一区域自然地理条件和社会经济因素是相互作用的,表现其动态分布特征。体育社会空间分布的不同特征也反映了不同区域自然地理条件和社会经济发展水平之间的差异。社会体育空间分布是否均衡合理对某区域居民参与体育活动有着重大影响。对不同地区的社会体育空间分布差异性,对于居民参加体育活动具有重要影响。体育公共设施,作为城市社会公共空间,它的基本功能就是

---

① 宣国富. 转型期中国大城市社会空间结构研究[M]. 东南大学出版社,2010.

必须满足人们体育活动的需求,因此,健全的公共体育设施是营建良好体育公共空间的基本条件。体育社会空间的分布结构对微观个体的选择行为具有规定作用。一般情况下,城市社区体育空间结构指小区居民生活共同体的社区内部的公共体育设施、场地的空间布局结构以及距离小区生活圈周围所有公共体育设施、场地,以及收费的体育场地、设施的空间布局结构。不同社会体育空间分布以及居民对体育社会空间的选择,决定了居民体育方式的最终选择。体育空间的分布结构对微观个体的选择行为具有规定作用。但同时社会学家舒尔茨·罗伯认为,微观个体的空间选择行为导致宏观社会行为的空间定向趋势①。个体的空间选择也影响着空间布局。

2　城市社区与"城中村"体育社会空间类型和数量差异

2.1　安慧里小区体育社会空间的类型和数量

安慧里小区体育社会空间包括免费开放的体育公共空间和收费的体育公共空间。其中,免费体育公共空间又分社区内部空间和体育社区外部空间。社区内部体育空间主要是指分散在居住区的大众健身路径、亚运村社区文化活动中心以及亚运村全民健身园。亚运村全民健身园是安慧里小区居民参与体育活动的主要中心。以全民健身中心为圆心,健身园的每一块体育空间以网状的形态,沿着健身园向居民住宅区分布,健身园区的路径通向各个小区,每个小区都和健身园区相连接。社区外部的体育公共空间主要是指围绕着安慧里小区方圆1公里以内,沿着小区的东西线和南北线分成四个象限区域,向社区周围外扩散分布的体育公共空间。主要有汇园街心公园、大屯文化广场、未来购物中心广场、奥林匹克公园健身步道、奥林匹克运动中心中段空地、奥林匹克森林公园等。如表3-4所示。

---

①　Shields,Rob(1991) Places on the Margin:Alternative Geographies of Modernity. London:Routledge.

表3-4　安慧里公共体育场地、设施分布一览表

名称	体育公共开放空间	
	住宅生活区(室内和室外 2 块场地)	住宅生活区外公共休闲娱乐区 (7 块场地)
安慧里小区	室内:社区文化活动中心(棋牌室、青少年体育中心,老年体育活动中心、各体育协会组织活动室);室外:全民健身园区(健身步道、棋牌区、三个公共活动区、大众健身路径、笼式篮球场、乒乓球区、儿童健身路径)。	汇园街心公园、大屯文化广场、未来购物中心广场、奥林匹克公园中段空场、奥林匹克运动中心健身步道、奥林匹克森林公园、元大都公园

从表3-4中我们可以看出分布在安慧里小区内部体育公共空间包括室内和室外两块大的体育公共场地。在笔者调研期间,安慧里小区的社区文化中心一直处于整修阶段,其使用率是零。全民健身园里分布的健身器材、设施、场地等使用率非常高。每天早上6点开始,到晚上10点结束。健身园里到处都是人,有跳舞的、跳健美操的、跑步的、打太极的、练剑的、打篮球等,园区里每一块场地都是超负荷运转。下面是一组分布在安慧里小区内,居民使用率很高的场地和设施图3-9和图3-10。

图3-9　安慧里小区乒乓球场地　　　　图3-10　安慧里小区健身器材区

在安慧里小区住宅区外的体育公共空间总共有7块大的场地。这些免费的体育公共空间,弥补了安慧里小区体育公共空间的不足。在安慧里小区内部空间拥挤不堪的情况下,许多居民选择了到住宅区外部的体育公共空间锻炼身体。比如,喜欢夜跑的青年选择到奥林匹克森林公园和元大都公园;喜欢跳广场舞的居民选择到大屯文化广场和奥林匹克公园中段空地;喜欢器械运动的居民选择到汇园公寓街心花园的大众健身路径区域;喜欢健步走的居民选择到奥林匹克运动中

心的健康步道。虽然这些公共空间距离住宅区有一定的距离,但是对于喜欢锻炼的居民来说,这并不是困难。夜跑、健步走等一些大众体育项目越来越受小区的青年人喜欢。只要有可能,很多居民愿意选择离开社区到更远的体育空间锻炼身体。

这里讨论的收费体育空间主要是距离安慧里小区居住中心,方圆半径在1公里以内的。体育收费空间是指各种各样体育健身、休闲、娱乐、培训等空间,是社区体育公共空间的补充。依据百度地图卫星查询以及实地考察,在安慧里小区分布的收费体育机构大约有573个,以圈层结构均匀分布在慧里小区居住区周围。为了研究的需要,本研究选择了29家不同类型的收费体育空间作介绍。这些体育场地、设施的具体情况如表3-5所示。

表3-5 安慧里收费体育空间一览表

名称	地理位置	产品简介	平均价格
1. 奥力健身亚运村店	安立路60号	美国独资健身俱乐部。游泳、健身操课。	4800~5500元/年
2. 浩沙健身俱乐部	安惠北里逸园5号	综合有氧、瑜珈、拉丁健美操、健美操、腰腹塑形、街舞、肚皮舞、普拉提、动感单车截拳道、太极、静心堂瑜伽、舞蹈操等。	1000~2500元/年
3. 天行健身俱乐部	慧忠北里111号楼	健身课程,系统地帮助学员进行锻炼,肚皮舞,拉丁舞,健美操,跆拳道等,少数会有太极拳,搏击,芭蕾形体。	500~1000元/年
4. 曼伊肚皮舞舞蹈俱乐部(亚运村店)	亚运村漂亮广场	推广中东肚皮舞的专业舞蹈机构,采取特色专业教学,有保健按摩、器械运动的休闲俱乐部。	5000~7000元/年
5. Hey Heroes 私教健身工作室	安立花园2号楼	私教:有氧训练、操课。	1350元/3次
6. 赵奕然健身体验中心		私教:体质训练、有氧操课、减肥、瑜伽课。	580元/次
7. 北辰洲际酒店-健身中心	北辰西路8院	健身器材、操课、瑜伽、力量训练、游泳馆、棋牌室、羽毛球等。	1000~5000元/年元/年
8. 北辰汇欣健身俱乐部	北辰东路8	健身器材、操课、瑜伽、力量训练、普拉提、游泳、舞蹈课等。	1000~3000元/年

续表

名称	地理位置	产品简介	平均价格
9. 都市国际健身俱乐部	北辰东路 8 号	健身器材、操课、瑜伽、力量训练、健身运动;保健按摩;私教一对一训练课程、器械运动等。	1000～5000 元/年
10. 苏摩瑜珈	安立路 66 号	瑜伽课程、减肥瑜伽。	5800～1600 元/年
11. 北京剑元上至剑道俱乐部	北苑路 172 号	专业培训课程:国际剑道联盟系统教学,常年进行全球认证的段/级位考试。	200 元/课
12. 悦健身	慧忠里 202 号	综合有氧、瑜珈、拉丁健美操、健美操、腰腹塑形、街舞、肚皮舞、普拉提、动感单车 截拳道、太极拳等健身。	1000～60000 元/年
13. 西藏大厦康乐中心	北四环东路 118 号西	综合有氧、瑜珈、拉丁健美操、健美操、腰腹塑形、街舞、肚皮舞、普拉提、健身操课、动感单车等。	800～5000 元/年
14. 动感健身中心	北四环中路 8 号院 2	健身器材、瑜珈、拉丁健美操、健美操、腰腹塑形、街舞、肚皮舞、普拉提、动感单车等健身、游泳等。	5000～10000 元/年
15. 之心女子运动健身中心	北四环东路 108 号	器械减肥、腰腹塑形、街舞、肚皮舞、普拉提、健身技术咨询。	5000～10000 元/年
16. 万国国际击剑运动中心	安定路 1 号	以现代击剑项目为主题并设有健身、篮球、拳击、网球等项目的综合性大型体育俱乐部。击剑专业培训:包括公共课:技术课程、体能课程和实战课程和私教课:技术课、实战课、体能课(高级体育培训机构)。	15000～50000 元/年
17. 国家游泳中心	北四环中路	游戏休闲、游戏训练、教学。	60 元/次
18. 国家网球中心	林萃路 2 号	业余网球训练、比赛、锻炼。	10000～30000 元/年
19. 国奥篮球公园	安定路 1	业余比赛。	400～800 元/次

续表

名称	地理位置	产品简介	平均价格
20. 北京奥东武道俱乐部	奥体中心综合训练 1 号馆	专业训练：柔道、搏击、综合格斗、巴西柔术。	6000~12000 元/年
21. 陈中跆拳道俱乐部亚	安定路 1 号国家	儿童、青少年跆拳道培训。	6000~12000 元/年
22. 微风体育培训	安定路 1 号	（儿童、青少年）游泳、网球、轮滑、篮球、台球、武术、乒乓球、太极拳、跆拳道、瑜伽、健美操、拓展、飞镖、家庭体育教练培训；考试辅导；体育单招、篮球夏令营和冬令营。	1000~2000 元/年
23. My 健身	北苑路	（新开店）综合有氧器械、操课。	5000~10000 元/年
24. 竞酷健身	北四环路与北苑路交叉口东北角处	羽毛球训练、练习、培训、体能训练、器械训练等。	1500~2500 元/年
25. 卡门菲特健身工作室	北四环东路千鹤家园 1 号楼	私教：健身、瘦身、塑形、体能训练、器械训练、减肥课程户外拓展、科学的体质体型测评等。	1300~5000 元/年
26. ACTIN STUDIO 速跑健身工作室	北四环东路 108 号	健身、速跑、塑形、私人授课、体能训练、器械训练。	1300~5000 元/3 次课
27. 飙酷健身	安慧里一区 24 楼	私教：运动能力评估、训练、减肥、塑形、体能训练、器械训练、户外训练等。	1030 元/3 次
28. lifegym 私教工作室	慧忠路亚奥观典 B 座	私教：运动能力评估、训练、减肥、塑形、体能训练、器械训练。	1300 元/3 次课
29. 蚂蚁健身亚运村店	北辰东路 8 号北辰时代大厦 B1	健身器械、操课、健身单车、舞蹈、瑜伽、形体训练、腹背训练；私教。	800~1200 元/年私人授课2400 元/8 次

从表 3-5 可以看出，综合健身俱乐部有 14 家；私教工作室有 3 家；专业跑步工作室 1 家；综合体育培训机构 1 家；单项目专项体育培训机构有 7 家；项目有剑

术、击剑、游泳、网球、篮球、武术、跆拳道等;肚皮舞俱乐部1家;瑜伽俱乐部1家;专业女子俱乐部1家。这29家收费机构,有三家俱乐部是专门为女性服务的,有17家专业健身俱乐部为肌肉运动爱好者提供服务,其他都是专项体育培训机构为具有消费偏好的人提供。这些体育机构收费普遍偏高。费用由高到低,依次是体育培训机构、私教工作室、综合健身俱乐部、女子健身中心。

体育公共空间是居民进行体育活动的主要实体场所,是居民文化、传统和心理的支撑,对社区居民免费开放。不同的体育社会空间的结构布局有着不同的体育生活方式。舒尔茨·罗伯认为,微观个体的空间选择行为导致宏观社会行为的空间定向趋势①。

2.2 高碑店村体育社会空间的类型和数量

高碑店村体育社会空间也分免费的公共空间和收费的私人空间。其中高碑店村体育公共空间分住宅区内和住宅区外。其中住宅区内有大众健身器材区、棋牌室和麻将馆区、台球厅区以及游戏厅区。大众健身路径器材区有三处:一处在村沿口通惠灌渠河畔的树林中,居民使用率比较低:一处在西村村委会楼后面,西村住宅区最南侧边上,居民很少到这里来健身,场地、设施被使用的频率也非常低,大众健身路径成为居民休息歇脚的地方;一处在东村文化活动中心内,而文化活动中心从笔者住进这个村子开始就从没对外开放过,大门始终紧锁。另外有两个棋牌室,东、西村各一个。还有三家游戏厅都在东村。麻将馆三家在东村,台球厅三家西村一家,东村两家。进入游戏厅消费的主要是本地青年和外地青年,使用棋牌室、麻将馆主要是老年人或者妇女。住宅区外的体育公共空间主要有:民俗文化园、漕运奥运广场、文化活动广场、通惠灌渠河畔、兴隆公园等。如表3-6所示。

表3-6 高碑店公共体育场地、设施分布一览表

名称	体育空间	
	住宅生活区	住宅生活区外公共休闲娱乐区
高碑店村	棋牌室、老年人活动中心、文化活动中心、大众健身路径、乒乓球场地	兴隆公园、休闲广场、奥运广场、漕运广场大众健身路径、方家园社区气功建设站

---

① Huifang Wu. Fromm's Humanity Theory[J]. Theory Journal (2003):4;2014:32-34.

　　这些免费的场地,其中兴隆公园、住宅区空地、文化活动广场、通惠灌渠河畔是居民锻炼身体的最主要的场所,每天早晚或者节假日,一些居民聚集在这些地方,进行体育锻炼。而民俗文化园、漕运奥运广场、主要是接待游客用地,当地居住民很少使用。

　　下面是一组分布在高碑店村内,居民使用率很低的场地和设施图。如图3-11~图3-16所示。

图3-11　西村乒乓球场地　　　　　图3-12　西村大众健身路径

图3-13　惠通河畔乒乓球场地　　　　图3-14　东村文化活动站

图3-15　东村无人的台球　　　　　图3-16　东村大众健身路径空无一人

下一组图是高碑店居民经常锻炼身体的区域图。如图 3 - 17 ~ 图 3 - 19 所示。

图 3 - 17　租住商户区"游戏中孩子"

图 3 - 18　漕运文化广场

图 3 - 19　兴隆公园跳舞的居民

围绕高碑店村收费的体育场地、设施主要分布在居民住宅区和兴隆公园里以及兴隆公园附近,具体情况如表 3 - 7 所示。

表 3 - 7　高碑店村收费场地、设施一览表

名称	地理位置	简介	费用
1. 美松高尔夫俱乐部	高碑店兴隆西街 10 号	练习场草坪面积 5 万平方米。建有水池,绿地等,场地造型极为优美自然。全长 230 码,上下两层共 124 个打席。	1. 每人每小时费用 132. 007 元 2. 团购价:30. 00 元
2. 湾会高尔夫俱乐部	广百东路 2 号	建筑面积 31000 平方米的会所拥有 84 席打位的室外高尔夫练习场,真草切推杆果岭,专业设施齐备的高尔夫学院,12 个合双打位的 VIP 高尔夫练习包间,9 个室内高尔夫练习包间同时具备 KTV 和德州扑克功能。12. 个开放式高尔夫模拟器及斯诺克运动。	会员制

名称	地理位置	简介	费用
3. 浩泰兴隆冰上运动中心	北京市朝阳区兴隆公园内	北京洁泰冰上运动中心拥有国际标准的:冰球、花样、短道速滑比赛场地和先进的冰上运动附属设施,以冰球练习著称。	1. 每人每小时费用150.00 元 2. 一年卡1199 元
4. 兴隆公园灯光足球场	高碑店乡兴隆庄兴隆公园南门	室外的赛道是标准的日本设计的,车有 80cc, 120cc, 150cc。5人制灯光足球场。	每小时 50 - 150 元;5人制灯光足球场 400元/2 小时
5. 赛纳威尔卡丁车俱乐部	高碑卑店乡兴隆庄甲 8 号兴隆公园	提供赛车娱乐和赛车竞技的场所及设备,体育运动、培训、竞赛、娱乐一体的现代化的新型高档娱乐场所。	1. 团购.49 元;2. 每小时 100 元
6. 洁沙健身(兴隆店)	建国路 29 号兴隆公园内	操课内容有:瑜伽、普拉提、肚皮舞、拉丁舞等都有,跳跳出出汗很舒服(只是地方太小)。	1. 年卡 1000 元 2. 半年卡 800 元 3. 季卡500 元
7. 泰拳艺术俱乐部	高碑店乡高西店村91 号	教授课程有武术培训(八极拳、套路、散打、双截棍、泰拳道)舞蹈培训(街舞、瑜伽、肚皮舞)影视武术培训。	1000 - 10000 元不等
8. 北京德武堂体育培训	高碑店新村西区 13号楼 563 号	课程有武术培训(八极拳、套路、散打、双截棍、泰拳道)舞蹈培训(街舞、瑜伽、肚皮舞)影视武术培训。	1000 - 10000 元/次
9. 徐冬梅健身工作室	高碑店村 C 区 9 栋－7 室	一对一课程,一对多课程,小团队课程;工作室只收取私教课的费用	600 元/月 2000 元/年
10. NeWClub 新拳馆	高碑店新村一区 11－4 号	泰拳拳击巴西柔术 onefit 体能训练等。	6800/年
11. 达·健身工作室	高碑店东村	巴西柔术健身私教。	500 元/小时
12. 台球厅 3 处	在西村一处、东村一两处。	西村台球厅环境优雅、店内硬件设施齐全、东村设备陈旧。	15 元/小时

上述收费场地,除了 3 个台球厅、2 个武馆都在村子内部,其他都在村子周围。从表 3-7 可以看出在高碑店村周围的收费体育空间有总共有 11 家。其中有高尔夫球场 2 家,冰上运动中心 1 家,足球场 1 块,卡丁车俱乐部 1 家,综合健身俱乐部 1 家,泰拳和武术俱乐部各 1 家,在村内有 3 家台球厅。在村子周围分布的高尔夫场、卡丁车俱乐部、足球场以及冰上运动中心等一些时尚性很强的体育项目,其消费群体主要是高碑店村落户的企业住以及高碑店之外的高消费群体。在高碑店村参加武馆、台球厅、冰上中心、足球场以及卡丁车俱乐部等项目培训的项目消费的主要是青少年。而成年人,很少进入收费场地。一部分本地无职业青年人和外地白领青年人经常打台球。高碑店村租住商户一部分人主要锻炼身体的空间是高尔夫球场、台球厅。还有一部分人在武馆练习武术。北京第十七中学一部分教师就经常参加俱乐部的健身培训。

3　城市社区与"城中村"体育社会空间分布差异

3.1　城市社区体育空间分布

3.1.1　城市社区体育空间的圈层模式

人类的体育活动总是发生在一定社会空间的,由于人类体育活动及其要素分布在不同的地域空间,它们在空间上的相对位置、集聚与扩散过程以及规模结构等,就构成了有机联系的空间网络关系。体育空间结构就是指人类的体育活动于其所依附地域表层的交叉作用而形成的空间组织形式。依据百度卫星地图搜索安慧里小区进行截图,如图 3-20。安慧里小区空间分布在朝阳区亚运村安立路上。住宅区和企业区相互配置,错落分布成圆形综合社区。在第二章我们已详细介绍了安慧里小区由五个生活小区构成。这里不再赘述。依据图 3-20 绘出安慧里小区住宅区地形、地貌形态,并在图中标出一区、二区、三区、四区、五区所在社区的位置,如图 3-21。从图中看出安慧里小区中五个小区围绕着亚运村全民健身中心向在分布,在空间结构上表现出圈层结构空间拓展,聚合扩散同步进行,社区内部实现挖潜式集中化布局。因为体育活动的要素结构和地域系统空间结构地域模式,在空间结构演变上,始终存在两种相互作用,即集聚与扩散。集聚效应使社区体育活动从孤立、分散的均质无序状态,走向局部集聚非均衡发展的低级有序状态,扩散效应则使集聚逐步向全区域推进,最终走向区域体育活动的相对均衡的高级有序状态。

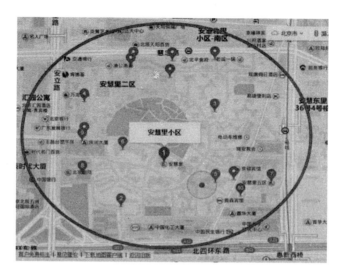

图 3－20 安慧里小区空间分布图

图 3－21 安慧里各区分布图

安慧里小区从 1986 年开始建设,是一个不断变动着的区域实体,从外表形态来说,有相当非农业人口规模的社会经济活动的实际范围,和周围地区有密切的联系,城市对社区的作用受空间相互作用的"距离衰减律"法则的制约,这样必然导致社区形成以建成区为核心的集聚和扩散的圈层状的空间分布结构。依据图 3－20 和图 3－21 绘制出安慧里小区建筑空间分布图 3－22。

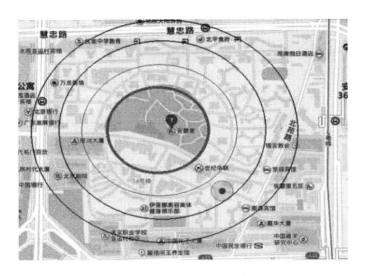

图 3-22 安慧里小区建筑空间结构图

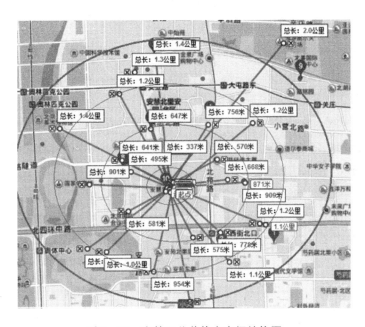

图 3-23 安慧里公共体育空间结构图

从图 3-22 中也能非常直观地看出安慧里小区建筑空间结构图是同心圆模式。通常生活中具体某一专门的社会空间结构分布,总是和居住区的建筑空间结构分布一致,生活空间结构受居住区建筑空间结构分布的影响和制约。作为城市居民日常生活中非常重要的体育社会空间,其结构分布也是依据居住区的建筑空间结构来分布的。有什么样的建筑空间结构就有什么样的体育生活空间结构。

依据笔者对安慧里小区体育社会空间的实地调查以及上文对安慧里小区周围的体育空间构成类型和数量表分析,安慧里小区内外部体育健身设施、场地也是以亚运村全民健身园为圆心,以同心圆的形式向安慧里小区外围延伸呈圈层结构模式。即分为内圈层、中圈层和外圈层。(1)内圈层:即社区体育活动中心区,该层是体育生活化了的地区,内圈体育空间基本没建筑物和其他生活活动,以体育活动为主,以锻炼身体为目的体育人口和体育活动设施、场馆高度密集。(2)中圈层:即安慧里住宅区内收费的体育空间,以及围绕安慧里社区方圆1公里以内的区域,既有公共开放的体育空间,又有大量的体育收费私人空间。在社区内居民居住密度比较高,健身收费场所密度比较低;而在社区外居民居住密度较低,健身收费场所密集较高。以体育收费为主的空间逐渐向社区更远的空间布局。(3)外圈层:距离安慧里小方圆区1公里以外连接相邻社区,并向城市其他社区空间延伸的体育公共空间和体育收费空间。外圈层体育空间中包括大型公共体育公园、高级收费体育场所、或者更远的郊区体育空间。

社区体育空间的同心圆模式使社区内部体育社会结构关系相对稳定,并形成了以亚运村全民健身园为中心的差序格局社会关系的双重性,主要表现为固定性和流动性两个方面。一种社会关系固化在社区之内,形成社区居民稳定的社会体育关系。一种社会关系向社区之外流动,形成了流动性的社区体育关系。社会空间交互关系的一个重要特点是距离衰减规律(Distance – decay regularity)——区域间的空间交互关系随着空间距离的增加而衰减。[①] 如图 3 – 24 所示。

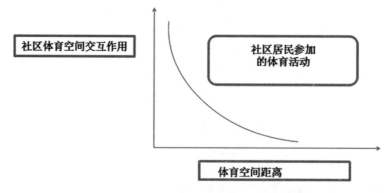

图 3 – 24　安慧里小区体育空间距离与社区的关系图

---

① A. A. 哥里高里耶夫,李汀. 现代自然地理学的理论基础[J]. 自然辩证法通讯,1964(1):62 – 63.

从图 3－24 可以看出随着体育空间呈圈层形态向社区外迁移,社区居民在不同层圈结构点参加的体育活动和社区的关系也越来越弱。因此社区居委会所辖区的体育只能是居民在社区住宅区内的体育活动,是一种基本的公共体育服务体系,不能满足居民日益增长的多种体育需求。社区居民要想实现自己参加更多形式的体育活动,只能向社区之外的体育空间,即中圈层和外圈层的空间流动。在居民体育活动的过程中就形成了一种向社区之外流动性的体育社会关系。

3.1.2　城市社区体育空间是一种向心空间

布迪厄认为空间是场域的空间,并受惯习影响。空间中位置的不同则又取决于资本。习惯导致象征力并在场域中发挥作用,同时又受到场域的制约。① 由图 3－20、图 3－21、图 3－22 和图 3－23 可以看出,安慧里小区由建筑区至外围,由社区核心至社区居住区向外,社区居民的各种体育生活轨迹分布都是从中心向外围呈现圈层状的有规律变化的。居民体育活动圈实际上意味着向心性,体现了层次分异的客观特征。同时这种体育社区空间的圈层结构反映着社区居民选择体育活动由社区体育活动中心向外围呈规则性的向心空间层次分化。

安慧里小区体育空间的内圈层设置主要是用来满足社区居民日常从事的各种体育休闲、锻炼、娱乐、健身、社会交往为目的的体育需求,属于公共体育服务体系的范畴。其设置要素包括体育组织、体育场地、设施、体育经费、体育管理者和指导者、体育活动以及体育活动参与者六要素。体育空间的内圈层各个要素之间的稳定性,对社区居民参加体育锻炼的可能性提供了保障。六要素缺一不可,要素之间是一个相互支持、相互互补的关系。如图 3－25 所示。内圈层在满足社区居民基本的身体活动的同时,也搭建了邻里之间交流和沟通的平台,促进了社区的内聚力。

安慧里小区体育空间的中圈层主要来满足社区居民更高层次的体育需求,是公共体育服务体系的补充。而这恰恰和我们前文讨论的社区体育组织的空间分布情况是一致的,体育组织的空间分布也是依据社区体育的空间结构模式而分布的。当基本的公共服务体系提供的体育空间设置体系不能满足人们参与更高层次的体育活动,或者说不能提供个性化体育服务的时候,越来越多的居民会选择到社区周围分布的个性化十足的体育空间,实现自己参与内容更丰富、形式更多样的体育活动。此时社区居民的体育活动是沿着社区空间结构的布局向外扩散

---

① 　杨善华. 当代西方社会学理论[M]. 北京:北京大学出版社,1999.67－68.

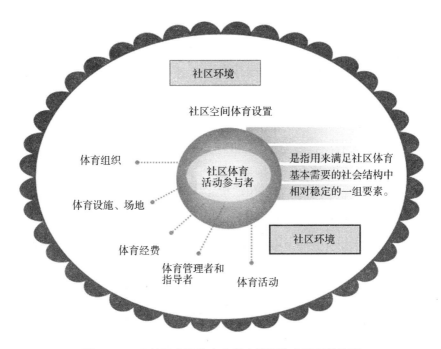

图 3 - 25　安慧里小区体育空间内圈层构成要素结构图

的。体育活动扩散实质上就是体育资源要素和部分体育活动主体在地理空间上的分散趋向与过程,表现为外围体育空间的地域形成与拓展。安慧里小区体育空间的中圈层就是在社区居民体育活动向社区外迁移扩散而逐渐形成的空间行为,本质是体育活动系统能量释放和物质传输的过程。如图 3 - 26 和图 3 - 27。空间表现:体育空间充足的地域吸引体育空间不充足地域的体育参与者流入,导致收费体育空间向不发达地域转移,刺激不发达地域体育空间的开发,带动体育空间的转移。扩散集聚逐步向社区外推进,直至形成合理有序的第二空间结构。安慧里小区中层圈的体育空间多是收费机构。这些机构均匀有序,层层向社区空间外布局,机构的费用高低也是由社区由内向社区外扩散而逐步递增。

　　安慧里小区体育空间的外圈层主要满足了社区居民个性化很高的体育需求。社区居民走出社区外,到更远的空间参加体育活动,恰恰表现出安慧里小区体育空间设置的包容性以及与城市其他空间的联系性。向内居民可以选择参加社区提供的基本体育公共服务,向外可以参加满足个性需求的体育服务。安慧里小区体育社会空间在集聚效应和扩散效应的作用下,最终走向了小区居民体育活动的相对均衡的高级有序状态,体育空间形成了向心空间,表现出来的现象就是小区居民锻炼身体的自发有序行为。

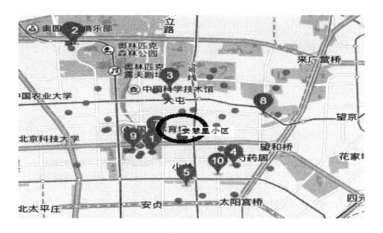

图 3-26　中圈层各体育层空间的分布情况

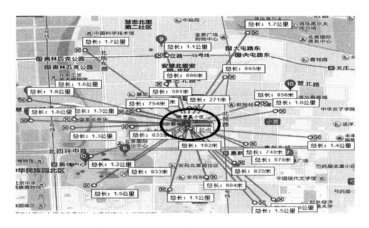

图 3-27　中圈层各体育空间距离社区
中心远近情况

空间结构理论不但研究空间实体的个体,而且研究各空间实体的空间布局与整合的形态、内容、机制等问题。① 安慧里体育空间的向心空间,使得体育空间、体育组织以及居民参与的体育活动形成了一种内在机制,即把参与体育活动的群体进行了有效的分层、分离。有共同体育特质的群体会选择符合自己群体个性特征的体育空间实现所在群体的体育活动需求。各个群体之间,在空间的使用上以及体育组织的选择上,就出现了差异性。在空间分布上表现出来就是既有序相互分离,又相互互补。体育空间结构规定着体育组织的数量、规模以及分布,规定着社

---

① 陆大道. 区域发展及其空间结构[M]. 北京:科学出版社,1995. :44-45.

区居民的体育活动方式。反之,居民体育活动的选择又影响着体育组织以及体育空间的结构分布。如图3-28所示。

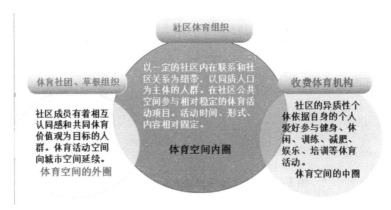

图3-28 体育空间、体育组织与居民体育活动关系图

3.2 高碑店村体育空间分布

3.2.1 高碑店体育空间的扇形结构

高碑店村空间位于朝阳区区境中部,空间结构呈鼎形。在前文第二章讨论,高碑店村辖区有高碑店西社区、高碑店东社区、高碑店古街社区、高碑店文化园社区以及中医药园区。其中东社区和西社区分布在鼎的中心,居民多居于此。依据百度卫星地图搜索高碑店村截图,分别把高碑店几个社区进行标注。如图3-29所示。以高碑店村委会为中心,鼎的下端,即高碑店村的南面主要是商业区,鼎的上端即高碑店村的西北面主要分布的商住两用区,也就是社区和商业混杂在一起。再往北是高碑店村入,有漕运奥运广场、通惠灌渠河畔区域,主要是高碑店村公共体育文化广场。继续向北,京通快速把高碑店村和兴隆公园隔离开来,高碑店村居民要想到兴隆公园需要穿过一条地下通道。高碑店村空间的鼎形结构,使高碑店村的经济实体以多扇面的形式向高碑店村南面扩散,形成企业集聚区,因为该区域注重其商业性,轻其生活休闲性,因此基本没有体育空间的分布。而体育公共空间以多梯次形式向北面扩散,形成体育收费空间的集聚区,使社会空间分布结构呈扇形分布,即以高碑店村委为中心为圆点以扇形的形式层层向高碑店村外正北、西南、东北扩散分布。如图3-30所示。

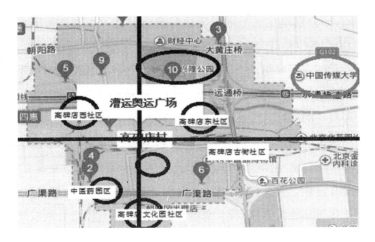

图 3 – 29 高碑店村社会空间分布图

图 3 – 30 高碑店村体育社会空间分布图

从图 3 – 30 中可以看出高碑店村各种体育空间的分布轨迹虽然无序,但也有一定规律可循。高碑店村鼎形下端,即高碑店村南边集聚大量的企业,形成商业聚集区,所以体育空间分布几乎为零。而社区居住区因为商住两用,但是在该区域依然有居民生活在其中,在实地考察中发现有三块收费体育空间分布其中,其中两块空间是武术馆,一块空间是综合健身中心。武馆更注重修禅功能,而非体育功能,因此他们的消费者主要来自北京城市社区有禅修爱好的特定居民。而健身中心的消费者主要是来自东社区和西社区的居民。再往北体育空间的扇面结构逐渐凸显,最接近扇子中间地带就是高碑店村居民们参与体育活动的最主要的体育公共空间,即分别是在通惠灌渠河两旁漕运奥运广场和高碑店村文化休闲园,当然这两块广场也是高碑店村居民进行一切生活活动的公共场所,并不是居民参加体育活动的专用广场,这样的混合空间,也造成了高碑店村居民的体育活动是镶嵌于高碑店村居民的其他生活活动中。这和前文论述的高碑店村体育组织的空间分布具有同步性。沿着通惠灌渠河畔两旁还分布有健身器材区、乒乓球场地等。因为体育空间的位置距离高碑店村居民住宅区有一定的距离,这使居民很少到这里参与体育活动,其本该具有的公共体育服务体系功能没有得到发挥,最终形成居民有体育空间没体育活动的状况。但因村里所有大型文艺演出、乡村的体育活动比赛等其他集体性活动,都在漕运奥运广场进行,每到农历节日节俗的时候,居民都聚集在这里观看表演或者参加村子里组织的活动,因此漕运奥运广场成为高碑店村居民唯一一块能促进感情、凝聚居民的主要场所。在扇子的顶端,形成了三块密集型体育空间集聚区,从西向东分别是798艺术园健身圈、兴隆公园健身圈以及传媒大学健身圈。三块健身圈的分布走向都向城市社区方向延伸,这说明这三块健身圈主要的服务对象是居住在周围的其他城市社区居民,而高碑店村居民仅仅是其顺便兼顾的体育服务对象而已。这样的空间分布也是提供给高碑店村那些对体育有刚需的少数居民。什么样的区域空间结构分布决定了什么样的区域居民的体育生活选择,因此高碑店村居民参加体育活动的轨迹,也就依据高碑店体育社会空间的布局而分布,即居民的体育活动轨迹,从高碑店村委会中心开始,沿着主要交通要道路线高碑店路向高碑店村外扩散形成楔形地带,逐步向城市社区呈放射性延伸。

高碑店村内体育社会空间分为免费的公共社会空间和收费的体育社会空间。体育社会空间有健身器材区(村子入口通惠灌渠河畔的树林中和西村村委会楼后面);东社区文化活动中心以及大型的公共活动空间,即包括民俗文化园、文化活动站、漕运奥运广场、文化活动广场、通惠灌渠河畔、兴隆公园等。村内收费的体育社会空间包括:棋牌室,体育电子游戏厅、麻将馆、台球厅、北京德武堂体育培训中心、武术舞蹈培训机构、徐冬梅健身工作室、惟精惟一·达·健身工作室。高碑店村外的体育社会空间也包括免费的体育公共空间和收费的体育空间。这些体育社会空间距高碑店村的距离都超过了1公里,从严格意义上来说,这些体育场地、健身场馆的分布形态与居住在高碑店的居民的关系呈弱化态。

依据百度地图搜索以及实际调查的情况来看,分布在高碑店村的体育社会空间数量较少。能称之为体育社会空间的就是漕运奥运广场以及三家武术培训中心,即北京德武堂体育培训中心、武术舞蹈培训机构、徐冬梅健身工作室、惟精惟一·达·健身工作室。体育公共空间的稀缺性导致高碑店村居民体育活动的极化现象,形成增长极或增长中心,加剧了居民体育活动的空间差异与非均衡性,形成高碑店村体育空间在中心内部为碎片状、点缀分布,在村子北部边缘呈扇形分布,使体育资源和体育生产要素向高碑店村外798艺术园健身圈、兴隆公园健身圈以及传媒大学健身圈等三个地区集聚,造成扇形的三个地区集聚的体育空间更加密集,高碑店村内居民居住地区体育空间分布更加稀少。高碑店村外三个健身圈的体育社会空间分布如图3-31所示。

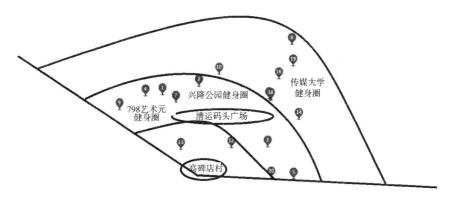

图3-31 高碑店村内外体育空间结构

3.2.2 高碑店村体育空间是一种离心空间

高碑店村体育空间结构扇形分布,是城市化过程中被动形成的一种空间结构,是一种离心空间。廖方在文章《城市公共空间层次结构探讨》[①]中认为,城市空间具有宏观、中观、微观三个层次结构。宏观层次定性,中观层次细化定性并初步定量,微观层次细化定量。从宏观层面看。高碑店村在改造发展中,并没有考虑体育公共空间的整体规划,就更不要说从中观和微观层面考虑细化和量化的问题了。体育公共空间对于促进社区居民之间的和谐关系,具有不可替代的作用。而高碑店村在快速的城市化过程中,更注重其社会空间的经济功能,因此高碑店村的社会空间其实质上是一种商业空间,居民住宅区分散在高碑店村中,这种空间结构使得高碑店村内的体育空间不能形成有机组合,为居民参与提供基本的体育活动服务,其体育空间的社会效益也无法发挥,表现出体育空间的离散性,致使

---

① 廖方.城市公共空间层次结构探讨[J].规划师.2007,04:35-15.

高碑店村居民的社会关系的离心性。体育空间与居民的体育活动处于割裂状态。一方面,由于缺乏体育社会指导员的指导,居民并不会使用这些健身器材,致使体育健身器械体育功能弱化,居民通常把这些靠近家门口的健身器材当作晾衣服、晒被子、以及歇脚的地方,而村子里文化活动中心平时都关着门的,只有上级领导来检查时,文化活动中心的乒乓球台子和台球台子才被人打扫干净,几个人在那里打乒乓球给领导表演,充充样子而已,等检查的人走了以后,又恢复原样子。另一方面,居民自发的体育活动多是自己寻求场地,也不会到健身器械上健身,大多数居民认为这些地方太偏僻,不聚人气而不愿意去,健身器材成了少数居民享用的场地,即这一小部分人享受了国家为他们提供的、成本最高的免费歇脚地和晾衣服场所。如图3-32所示。

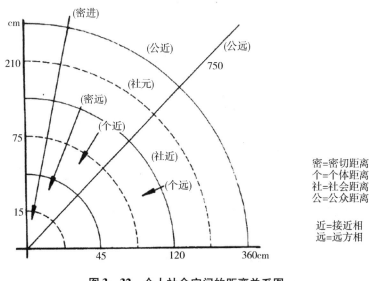

图 3-32 个人社会空间的距离关系图

无可否认的是,这些体育公共空间弥补了"城中村"缺少体育公共空间的遗憾,但却大多流于政绩工程、形象工程,与民众的体育生活毫无关系。"在一个非人格化的陌生的都市空间里,人们的交往已经丧失了传统社会的地缘与血缘纽带,而按照一种新的规则进行。这种新规则,不再是寻找共同的历史根源感,而是取决于多元复杂的公共空间。我们并非生活在一个我们得以安置个体与事物的虚空之中,而是生活在一组关系之中,空间变成社会关系的再生产的场所。"①在

---

① 许纪霖. 都市空间网络中的中国知识分子[N]. 文汇报.2004,04:28.

都市化的过程中"城中村"的熟人纽带关系已经断裂,因此公共空间对"城中村"居民来说,就显得尤为重要,而体育公共空间在"城中村"的需求也是最旺盛的空间。居民极其渴望有一个这样的场所能的满足他们锻炼身体以及进行情感交流的需求。也就是说,如果有一个集中场所提供给居民进行锻炼身体,那么"体育扰民事件"可能就不会发生。然而一旦空间具有社会性,空间就变成了社会关系的现实化和物化(商品)。在"城中村"中,优质的体育公共空间由于私有化而产业化了,这些体育空间的昂贵消费性,让许多居民被排斥在体育之外。一些居住在"城中村"的外地青年把自己的体育生活转移到了网络,即通过一个网络平台,预约比赛,来实现自己参加体育锻炼的目的,比如文章前面介绍的 BBL 篮球限高联赛网站。这种行为虽然是个别行为,但它预示着体育网络公共空间是"城中村"居民获得体育信息资料和交流的新的平台。显然这种网络空间在"城中村"居民中也是缺失的,没有村委会会为居民提供任何意义的体育咨询,更不要说建立体育信息网了。福柯[①]认为,现代都市正处于一个同时性(simultaneity)和并置性(juxtaposition)的时代,人们是通过一个点与点之间互相联结、团与团之间互相缠绕的人工建构的网络空间,而不是传统社会中那种经过长期演化而自然形成的物质存在。网络体育公共空间,赋予这个社会上的所有人(不论性别、出身、户籍、政治身份……)平等的身位,消除城市与农村、强势与弱势等群体之间日渐扩大化的差距,每个人只要热爱体育,都有平等享受体育权利。

户籍制度下的城市居民和农村人口间存在的巨大福利差距,使"城中村"社会空间也正向多元异质性转变,在这种兼有乡土社会与法理社会的混合社区,相对于城市化的冲击,在休闲、工作、游戏、交通、公共设施等方面,无不涉及公共空间的概念。公共空间的有限"容纳能力",使"城中村"公共空间也在逐渐纳入到社会理论之中。

4　城市社区与"城中村"体育空间使用上的差异

4.1　城市社区体育空间使用的秩序化

4.1.1　体育空间使用秩序等级格局

个人在一定社会空间中的位置及对空间的占有和使用,主要由其在社会上占有资源多寡因素来决定。其中个人的经济收入是诸要素的关键因素,对一个人的

---

① 许纪霖. 都市空间网络中的中国知识分子[N]. 文汇报. 2004,04:57.

生活方式起着规定性的作用。安慧里小区体育社会空间的圈层结构的形成,表象化是一种住宅区建筑空间的具体化表现,一种自然的物理发展过程形成的空间分布状态,实则是体育社会资源在社会空间再分配的结果,它依据人群的不同收入、不同地位把不同的人群以一种更加隐性社会制度秩序形式,有秩序地固化在一层层的空间圈层结构中,不同收入、不同地位的群体依据自身的实际情况自发的选择适合自己的体育空间参与体育活动,形成了体育空间使用的秩序等级格局。依据实地调查可以看出,经常在小区内层圈,即亚运村全民健身园锻炼身体的居民多是老人、妇女、儿童以及外来人口。这一群体的共同特征是经济收入偏低,是社会的弱势群体。他们唯一能选择锻炼身体的空间也就是免费空间。经常在小区中层圈,即各种收费的体育空间或者远离社区的免费的体育公共空间参加体育活动的居民,大多是社区的中产阶层或者中产阶层家庭的孩子。在外圈层,高级体育会所、高尔夫球场等高档体育休闲空间参与体育活动的居民多是高收入群体。随着体育空间的圈层外移,居民的经济收入和社会地位也逐渐增加,随着居民的收入和社会地位越高,居民可选择的体育空间的权力也就越大。

　　当然体育空间使用秩序等级格局的形成不仅仅是由居民在社会占有的社会资本决定的,而居民作为体育活动互动主体又以自己的方式解读体育社会空间,塑造体育社会空间。[1] 从传统文化上看,作为一个历经千年发展的等级社会,特别是空间等级在中国人的观念中可谓根深蒂固。以儒家为例,极为典型地强调等级秩序与宗法伦理,重视长幼尊卑之别[2]。这些等级秩序与宗法伦理的尊卑体现在体育空间使用权上,就是在社区体育公共空间稀缺的情况下,老年和儿童对社区体育公共空间有优先使用权,并在社区形成了一种隐性约定成俗的制度,用一种传统的道德理念绑架了每一个居民。社区里的老人也理所当然的认为社区免费的体育公共空间是属于他们的领地,一旦有青年人进入,从事和老人无关的体育活动,都会被老人们认为是一种不道德的行为,老人们会集体攻击闯入者,直至把闯入者赶出为止,除非年轻人一起参加他们喜爱的体育活动,才会被老年人接纳。而社区的年轻人也自觉地认为社区免费体育公共空间是属于老人的领地,每每夜晚进入社区健身步道健身都怀着一种忐忑的心情,生怕干扰了老人的正常活动,而时时为健身的老人们让路。久而久之社区的体育公共空间逐渐就变成了老年

---

① 司敏. 从社区层面对社会、空间和人的行为的关系研究[D]. 复旦大学,2004:23 - 24.
② 李志刚. 中国城市社会空间结构转型[M]. 南京:东南大学出版社,2011:34 - 35.

人锻炼身体的空间,年轻人也越来越觉得进入社区体育公共空间运动是一种非常"掉价"的行为。他们便把自己的活动空间开始向社区外拓展,这种社区体育空间使用的差序格局就逐渐在社区中定格了。

虽然在社区体育空间经常参加体育锻炼的居民在体育运动中认识,在体育运动中增进了理解和信任,对促进社区邻里和谐具有重要的意义,但是在全民健身园的空间使用上这种等级差序格局也非常凸显。全民健身园的三个公共空间使用上也是分等级差别的。单位退休的老人在社区体育公共空间的使用上有优先支配权。三块健身空间按照老人的经济收入和社会地位被天然的划分开。跳大众健身操和体育舞蹈的使用最优质的体育空间,跳广场舞的则利用健身园区的空地来实现参与体育活动的目的。显然,体育空间使用秩序等级格局的形成是受社会很多因素影响的结果。

4.1.2　体育空间使用权的秩序分层

在城市社区体育空间的圈层结构中,有效的把私人营利机构与民众体育参与结合起来。社区的内层圈体育公共空间,仅仅满足了社区居民基本的体育需求,当居民需要更高层次的体育锻炼的时候,居民体育活动空间场域就发生了转向,即转向了中圈层的体育私人盈利性体育机构,这些机构围绕着社区体育活动的内层圈,层层以向心圆的形式逐渐向小社区外的空间外层延伸,每一层圈都分布着各种运营形态的私人盈利性体育机构,体育机构收费标准也由内层圈向外层圈,从低到高逐渐递增。政府部门把部分社区体育活动管理与营运责任与权力分摊于社会民间私人体育盈利性体育机构,与民众互动的模式更显出社区体育空间整体发展的有序性发展和可持续性特征,由政府部门、投资管理单位与用社区中参与体育收费的用户方多项的互动与合作,让社区体育空间的投资营运与管理、使用与后续维护都能更有效率地被使用。这种过程是被动发展的,但是社会空间中的使用者由于受习惯及资本的影响而在空间结构中处于特定的位置,相邻或相近位置的社会空间使用者易于形成特定的群体或小的场域。[1] 特定的群体或小场域受其体育锻炼的习惯影响而具有相对独立的属性,并以此与其他群体或场域区分,此时社会阶层体育也由此得以形成。[2] 体育空间圈层结构的形成,使社会空间

---

[1] 吴飞."空间实践"与诗意的抵抗——解读米歇尔·德塞图的日常生活实践理论[J].社会学研究,2009,02:44-45.

[2] 姚俭建、高红艳.关系性思维模式与社会分层研究——关于布迪厄阶级理论的方法论解读[J].上海交通大学学报(哲学社会科学版).2008,04:33-34.

或场域中,具有相似体育习惯、爱好和兴趣,或具有相似地位的体育参与者,分布在不同体育空间圈层结构中。随着社会资本占用的多寡,社会空间的使用者,选择体育锻炼的空间也由内层圈向外圈层空间发展。使社区居民空间使用权的阶层也得以分化,占有更多社会资本的人,可选择的体育锻炼时间和空间、锻炼的内容和形式、锻炼的方式就更自由一些。社区体育空间使用的社会分层以一种非常隐性空间分布得以固化。这种隐性的社会体育空间分层其实是由体育空间使用者的收入、财产、职业声望、权力与教育所决定的。①

4.2 "城中村"体育空间使用的碎片化

4.2.1 体育空间使用权的分异

社会变迁在"城中村"空间生产过程中留下了深刻的烙印。"城中村"具有村庄和城市双重特征,是城市化进程中未完的城市化产物,因此"城中村"空间也表现出都市空间和村庄空间的双重特征。"城中村"居民体育活动的空间表现出一种空间分异。这种空间分异,在村落空间整体建构上分为自然空间、经济空间和社会空间;在居民的居住空间上表现为分层化,即有高档住宅区、中档住宅区和贫穷住宅区。"城中村"体育空间分异,宏观上体现了社会关系结构方面的空间排斥,造成空间之间的限制、隔离、分割等现象。虽然"城中村"在人口上表现出过密化,但居民并未出现交往的过密化现象,甚至相反,出现了居民社会关系的疏离化。导致了居民和居民之间、居民和群体之间的交往心理空间增大。由于人与人交往的减少,"城中村"居民很难参加一些群体性的体育项目,如足球、篮球、羽毛球、乒乓球等。另一个方面"城中村"体育休闲公共空间景观化,免费社会性体育活动场所减少,营利性的增多,许多公共体育活动场所被私人承包,运动项目需要收费,导致居民体育运动成本增加,减弱了其体育锻炼功能,造成居民很难到体育公共空间进行体育锻炼,而这些空间恰恰是"城中村"居民个体之间、群体之间、阶层之间日常重要的体育锻炼主要实体空间。还有一个原因就是城中村整体规划不完善,也增加了居民参加体育锻炼的成本。"城中村"周围的公园、公共体育场所、绿地远离居民的住宅区,在空间距离上没有满足居民日益增长的体育娱乐与锻炼的需要。很多居民需要通过坐公交车、坐计程车或亲自驾车花费很多的时间才能到达公共体育活动空间,出于节约人力、物力、财力的考虑,大部分"城中村"居民宁可选择在家中待着、睡觉、上网、打麻将、打牌,也不愿意去锻炼身体。而与

① 何雪松.社会理论的空间转向[J].社会,2006,02:22-23.

"城中村"居民生活最贴近的住宅区,公共体育活动空间又表现出严重不足,即使存在,也因组织制度缺失,没有发挥其应有的价值。

"城中村"体育空间除了宏观的结构性因素导致的体育空间隔离、分割和排斥外,还有个体层面的因素也导致体育的空间排斥和分离,这种排斥包含了两个过程:主动的排斥和被动的排斥。一种是上层的主动疏离。上层阶层,把特殊体育空间的占有看作是一种地位身份及令他人艳羡与尊重的象征。也就是吉登斯所说的"精英反叛",因为他们拥有良好的经济实力,可以自由地根据个人偏好选择自己满意的体育空间,来享受体育和收费体育,他们通常基于共同的体育文化和爱好集聚在一起,主动隔离和远离普通人的健身场所。一种是被动排斥,这种排斥主要是底层群体,由于经济的低收入,使他们不得不生活在空间拥堵、公共体育空间匮乏的聚集区。资源占有的局限性使他们不能获得更多的体育空间,和周围居民一样平等享受体育娱乐。而"城中村"体育空间又具有村庄空间的特征,从而促使大部分居民休闲空间的选择,最终又回到了老年人活动中心、棋牌室和麻将馆。这种特性,造成棋牌和麻将在"城中村"盛行。许多"城中村"居民依然保持着原有农耕时代固有这传统休闲方式。"城中村"体育空间的这种分布特性,最终导致了"城中村"居民体育社会分层以及社会排斥现象。

4.2.2　体育空间使用的无序化

空间结构的自发属民间非官方管制领域,是一种民间场合。"城中村"体育空间建设布局的杂乱和碎片化使体育公共空间很难发挥其实际成效。在"城中村"居民生活空间的大众健身路径,散乱地分布在居民住宅区死角中,由于偏僻,少有人问津,造成场地器材使用率非常低。还有一种体育公共空间,距离居民住宅区比较远,居民步行至少要花半个小时的路程才能到达目的地。如果说曾经这种空间结构的建设是基于时代发展的局限和限制,即城市化的迅速扩张,造成的"城中村"体育公共空间建设规划的整体无序,其潜在的负面影响还难以被人们清晰意识到,或者说是在迫切快速城市化发展的强烈愿望下,人们有意无意地忽略了"城中村"体育公共空间规划无序的负面影响,那么在"城中村"改造基本完成、"城中村"正在城市化的过程中,其经济社会发展到了今天,当建设社会主义新农村目标进入发展者的视野之后,这种自发无序的空间建设发展所带来的负面效应,便再也难以被忽视了。我们可能注意到近几年来,尤其自 2013 年以来,新闻媒体报道的广场舞"泼粪"①"开枪""放藏獒"②等现象,其实就是整个城市在规划过程中,体育公共空间建设的无序造成的。而且这种现状也绝不是城市社区仅有的现状,它正在"城中村"发生。中国居民由于少有民主习惯,在大多数公共空间里,自行其是的行为经常发生,一般都缺乏以理性行为利用公共空间来实现自我价值,很少用协商的手段来解决存在的问题,在公共空间我行我素是一种普遍现象。"城中村"体育公共空间建设的无序和混乱性,造成了"城中村"居民公共休闲生活的贫瘠,有相当一部分居民依然保留传统乡村的娱乐生活方式,即打麻将和棋牌等。"城中村"空间使用的无序行为,也表现为体育组织空间分布的杂乱。如笔者前文所述,在"城中村"中除了有嵌入在各村村委会的体育社团是有计划的体育组织之外,民间体育组织、体育培训机构和非法体育组织都是民间自发性的。这些自发性体育组织一个方面满足了"城中村"各个层次群体参与体育活动的需求,在增强"城中村"不同群体的身体健康,促进不同群体社会交流以及增加社会感情,具有很重要的意义。但另一方面,由于其活动松散性、活动场所流动性、自律机制缺失性,又构成了潜在的不利于社会稳定发展的因素,比如非法体育组织的诈骗行为、邻里之间的纠纷等问题。

因为体育公共空间建设的自发和无序性以及体育组织的自发和无序性,直接导致了"城中村"居民参与体育活动的自发和无序性。在"城中村"渐渐兴起的健身娱乐群体,为"城中村"公共生活提供了契机。转型中"城中村"体育的自发、无序行为,恰恰反映了作为"城中村"体育行为主体的能动性,它彰显了被城市边缘化群体的体育需求和体育个性化的张力,具有鲜明的结构化特征,是一个明确的社会信号。"城中村"体育的自发、无序行为表明:新的体育利益格局在形成,新的体育社会规范在缔造,新的体育社会力量在成长。这种参与体育的自发、无序行为,虽然是促进主体能动性的必要条件,但又是其限制条件,如果任由这种无序行为蔓延则会造成"城中村"体育发展的混乱和失范。但"城中村"体育公共空间失功能性,造成健身群体无健身空间的尴尬,他们只能在生活空间的某一空地进行,

---

① 2013 年 10 月 23 日,在武汉某小区广场上,一群人正在音乐声中翩翩起舞,却突然被从天而降的粪便泼了个满头满身。记者调查后得知,原来是楼上的住户不堪噪音的长期干扰,加上多次交涉无果,最终在前晚采取此举泄愤,一时之间以"武汉大妈跳广场舞被泼粪扰民是个问题"为题的新闻报道铺天盖地,引起社会广泛关注。

② 2013 年 11 月 6 日,北京某小区由于邻居跳广场舞放音响过大影响了自己休息,56 岁的施某拿出家中藏匿的双筒猎枪朝天鸣枪,还放出自己饲养的 3 只藏獒冲散跳舞人群,终被刑拘。

又加之体育组织的失管理性,这样就产生了"广场舞扰民"现象,让本来就狭窄的生活空间更加拥堵和嘈杂,邻里纠纷经常发生,"城中村"健身群体的失责任锻炼行为,让周围的居民经常苦不堪言。

本章小结

本章研究表明:由于体育的具体环境,尤其体育社会制度、体育设施、场馆的空间分布结构以及配套建筑是社区居民参与体育活动直接关系的人工实体集合,是社区内居民体育娱乐活动的物质载体,共同构筑了开放性、复合性、整体性的空间特点,并表现出多层面的社会属性,对居民体育活动的选择具有质的规定性作用,即规定着一个人体育生活方式的选择方向、选择的内容和形式,最终形成全然不同的体育生活方式。生活方式是生活主体同一定的社会条件相互作用而形成的活动形式和行为特征的复杂有机体,基本要素分为生活活动条件、生活活动主体和生活活动形式三部分。一定社会的生产方式规定该社会生活方式的本质特征。影响生活方式形成的因素有宏观社会环境,也有直接生活于其中的微观社会环境。生活方式的主体分个人、群体(从阶级、阶层、民族等大型群体到家庭等小型群体)、社会三个层面。任何个人、群体和全体社会成员的生活方式,都是作为有意识的生活活动主体的人的活动方式。生活方式往往是划分阶级、阶层和其他社会群体的一个重要标志。依据马克思主义的基本原理,生产方式是人类社会赖以建立的基础和发展过程的起点,没有物质资料的生产,就谈不上人们的生活活动。但是,如果没有满足人类自身生存、享受、发展需要的生活活动,即一定的生活方式,也就没有人类自身的生产和再生产,整个社会的发展就不可能。本章对体育生活方式的分析是依据马克思体育生活方式的理论,从体育生活活动环境、体育生活活动主体和体育生活活动形式方面的特征展开的。人类的体育生活总是受到来自家庭、朋友、邻里、社区以及社会的影响。其所在的地理环境、气候变化、时间和空间、运动器材和场地设备等因素,也都或隐或显、或多或少地制约、规定着人类的体育活动过程。这些因素构成了体育的环境。社会生活方式通过一个人的思想意识与心理结构的形成影响一个人的行为方式和对社会的态度,反映一个人的价值观念。因此体育观念的差异、实现体育活动的制度组织上的差异和体育空间分布的差异最终使城市社区居民和"城中村"居民在选择体育活动的方式以及内容上的差异性。

第四章

城市社区与"城中村"体育生活差异

第一节 城市社区与"城中村"居民参与体育活动的差异

本小节依据居住区体育社会空间结构分布以及社会空间使用权两个维度讨论分析城市社区与"城中村"居民不同年龄阶段参加锻炼身体的情况。依据联合国世界卫生组织新年龄分段:44 岁以下为青年人,45～59 岁为中年人,60～74 岁为年轻老年人,75～89 岁为老年人,90 岁以上为长寿老人①。为了便于对研究对象的观察,本研究依据联合国世界卫生组织新年龄段划分的基础上,把对象进行了新的年龄划分,即22 岁以下为青少年,23～44 岁为青年人,45～59 岁为中年人,60～89 岁上为老年人,90 岁以上长寿老人。如表4－1 所示。

表4－1 年龄阶段确定表

世卫组织确定新年龄分段		本研究确定年龄分段	
青年人	44 岁以下	青少年	22 岁以下
中年人	45～59 岁	青年人	23～44 岁
年轻老年人	60～74 岁	中年人	45～59 岁
老年人	75～89 岁	老年人	60～89 岁
长寿老人	90 岁以上	长寿老人	90 岁以上

---

① 新华网. http://news. xwh. cn/news/system/2013/05/13/010352442. shtml.

1 安慧里小区居民参与体育活动的情况

1.1 安慧里居民在居住区内健身内容、时间以及场地使用

安慧里小区的体育社会空间结构是圈层结构,以亚运村全民健身中心为圆点以同心圆的形式层层向社区外扩散分布。包括内圈层、中圈层和外圈层。体育空间的结构模式决定了人体育行为方式的选择。这里的内圈层即指亚运村全民健身园,如图4－1、图4－2所示。其使用权基本上属于安慧里小区的老年人。因此在具体讨论老人参与体育活动情况之前,我们要分析一下,实现老人参加体育活动

图4－1 健身园碑

图4－2 健身园入口

实践空间——体育社会空间。安慧里小区的免费空间主要包括室外开放的健身园区和室内的体育文化中心。在笔者调研期间安慧里小区体育文化中心一直处于关闭整修状态,并没有承担其应有的社会功能,因此不在此次讨论范畴之内。我们所讨论的体育公共空间,主要是和安慧里小区居民体育活动联系非常紧密的空间。包括两个部分,一部分是小区内部的公共空间,一部分是小区的外部公共空间。安慧里健身园空间分布如图4-3;安慧里小区外公共空间分布如图4-4。

图4-3　安慧里健身园空间分布

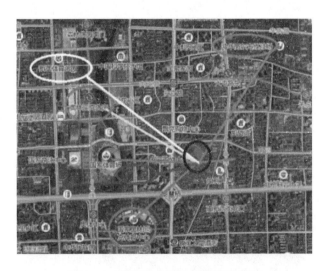

图4-4　安慧里小区外公共空间分布

依据图4-3我们可以看到,健身园呈半圆形,从入口进入园区作标记,分为A

区、B区、C区、D区、棋牌、麻将区几个功能区。体育公共空间的分布结构、数量以及规模分布规定、制约着小区老人运动规律。由于年龄上的原因，老人很难走出社区，到距离更远的空间参加体育活动。因此大部分老人的身体活动都是在健身园完成的。在安慧里居住区内老人健身内容、时间以及场地使用比较规律、除特殊情况，比如生病、外出、基本每天都会参加体育活动，运动量大、运动强度偏低，每天参加2~3次，每次是在在1~2个小时。老人依据个人爱好以及熟人关系程度选择参加体育活动的类型，一旦选定参加哪个群体的体育活动，之后便很难再变化。健身园里有三块比较大的公共体育活动园区，老人自发地选择园区而分成三个组。距离健身园区门口距离最近的区域，我们在这里编号为A区，如图4－5、图4－6所示。A区是每天跳大众健身操的老人群体的固定活动场所。专门有社区居委会组织，并负责动作教授和指导。

图4－5　A区晨练太极拳的老人

图4－6　A区晨练跳大众健身操的老人

　　主要学习的是国家体育总局、文化部规定标准动作的十二套广场舞:《倍儿爽》- 健身操舞,《今夜舞起来》- 健身操舞,《站在草原望北京》- 健身操舞,《策马奔腾》- 健身操舞,《微笑》- 按摩球韵律操,《自豪的建设者》- 活力健身操,《广场 style》- 健身操舞,《小苹果》- 健身操舞,《最炫民族风》- 健身操舞,《中国美》- 健身操舞,《中国味道》- 健身操舞,《快乐舞步》- 健身操舞。因国家有文件规定,快乐舞步、健身操、广场舞进行地点放在社区健身站点,社区有义务对广场舞提供场地条件。因此安慧里小区最优质的空地的使用权归这一部分老人群体。国家体育总局推广的健身操因其编排的科学性、动作简单、运动结构规律、符合人体的运动规律,在社区里深受老人喜欢。国家体育总推广的十二套健身操,得到了老人,尤其是 70 岁以上的老人喜欢。老人们每天锻炼两次,每次锻炼时间为 2 小时,场地使用时间为每晚 6～10 点。早 6～8 点。锻炼时间长、锻炼量大、强度小。除了练习新编大众健身操,对于国家体育总局编辑的第一套和第二套老人也经常参加练习。这部分老人大多是各个机关单位以及国有企业退休职工,他们在退休之前就有良好的单位体育基础,他们更愿意参加有组织的体育活动,这是大众健身操在这些老人中流行的原因之一。参加体育活动的老人都有很好的自律性,对自己的身体健康要求很高,希望获得科学的锻炼指导方法。A 区除了满足老人跳健身操的需要外还是老人练习太极拳和太极剑的好场地。场地使用的时间在每天早 6～8 点时间。

　　临近 A 场地西的一块场地,我们称之为 B 场地。如图 4 - 7;图 4 - 8;图 4 - 9;图 4 - 10 所示。B 场地用途比较综合可以打羽毛球、踢毽子、下棋、打麻将等。早晨是 6 点开始,喜欢打羽毛球的老人,可以跳广场舞,也可以球架子支起来,打比赛。活动时间大约两个小时。八点钟开始,沿着场地周围亭廊以及棋牌区坐满了老人,开始打麻将、下象棋、打扑克等各种桌球游戏,周围聚集很多围观的老人。场地中间聚集了踢毽子、跳绳的中老年人。到晚上 6～8 点,B 场地又是老人跳广场舞的时间,这群老人以女性偏多,穿着打扮比较时尚。参与舞蹈的动作难度、复杂程度以及韵律都增加了,此种舞步介于广场舞和大众健身操之间,是安慧里小区一部分老人,每天定时定点都参加的活动。晚上 8 点以后,B 场地又成了热爱打扑克、打麻将老人的阵地,老人们挑灯夜战,一般到晚上 10 点左右才会散。也有贪玩的老人,甚至会玩到凌晨 12 点左右才肯结束。

图4-7 B区打羽毛球

图4-8 B广场舞的老人

图4-9 B区踢毽子老人

图4-10 B区打扑克老人

在A区北,还有一块比较大的场地,主要是用来给舞蹈爱好者提供的活动区,我们称之为C区。C区除了承担安慧里小区的体育文化功能外还承担小区的社会娱乐文化功能,比如小区定期的电影投放就在C区完成。实际上C区空间更多的是体育爱好者活动空间。使用的具体时间安排是:早晨6~8点种是太极剑和太极拳老人的活动练习时间。白天C区空间被各种桌球游戏以及其他小众项目使用。参与具体活动包括打麻将、象棋、扑克牌、踢毽子、跳绳、滑板等。晚上6~10点是体育舞蹈时间,参与的人群年龄在50岁以上,这部分老人大多数都是一些退休干部,有的老人退休之前就是从事与舞蹈文艺有关的工作。在C区,太极队有太极拳、太极剑社会指导员,为太极爱好者免费教授动作,并每天组织太极爱好者进行晨练。练习的内容包括:中老年经络拍打36项、中老年太极拳、中老年太极剑等。舞蹈包括体育舞蹈和迪斯科。由于体育舞蹈是体育和舞蹈相结合的具有锻炼、竞技和审美作用的一种新的舞蹈体裁,对老人的身体要求相对比较高,能经常参加体育舞蹈的老人,身材保持得很好、气质优雅。如图 4 - 11、图 4 - 12、图 4 - 13 所示。

图 4 - 11 C 区跳健身操老人

图 4 - 12 C 区广场舞的老人

图 4 - 13 C 区棋牌、麻将区老人

笼式篮球场,在健身园入口的西侧。2013 年建设,300 平米。球场内可进行三人篮球、排球、足球、羽毛球、踢毽子、抖空竹运动。笼式篮球场门口有公告,详细说明场馆的开放时间和使用说明,如图 4 - 14、图 4 - 15 所示。而实际上笼式篮球场经常是二十四小时全天开发的。从早晨 6 ~ 8 点是老人打篮球时间,8 ~ 12 点是中老年人打篮球时间。下午 1 ~ 2 点是居住在小区的外地人打篮球时间。下午 2 ~ 5 点是老人打羽毛球时间,或者是无业有北京户口的中青年踢足球时间。晚上 7 点 - 10 点是有北京户口但无固定工作的 SOHO 一族打篮球时间。10 点以后,是居住在安慧里小区的外地打工仔打篮球时间。笼式篮球场几乎是日日夜夜在运行,因此目前场馆地面已经凸凹不平,给锻炼者带来锻炼隐患。笼式篮球场使用率非常高,参与者以前都有很好的锻炼基础。如图 4 - 16、图 4 - 17 所示。

图 4 - 14　笼式篮球场

图 4 - 15　笼式篮球场使用说明

图 4 - 16　笼式篮球场打篮球的中老年人

图 4 - 17　笼式篮球场打球毛球的老人

在笼式篮球场西,有一块乒乓球场地,如图 4 - 18、图 4 - 19 所示。老人使用场地的时间分三个时间段:早 6 ~ 8 点;上午 9 ~ 11 点;下午 2 ~ 5 点。老人多和自己的伴侣、多年的老友或者老同事一起参与打乒乓球运动。

图 4 - 18　打乒乓球老年人

图 4 - 19　打乒乓球老年人

围绕着这些场地的外侧有供社区居民健步走的健康步道,如图 4 - 20 所示。健康步道全长 500 米,标有起点和终点,每隔 60 步标有标识,老人可以科学计划自己的运动量。如果感觉步行锻炼运动量不足,还可以到健身器材区继续锻炼。健康步道两侧设置提示牌,包括与健康相关的背景知识、健康理念、健走的益处、正确方法等。场地呈闭环型分布在健身园最外层,可以同时容纳很多老人参加体育锻炼。每天从6点开始到晚上10点结束。在健康步道随时都有老人散步、快走。这项体育活动,老人多和老伴或者朋友一起完成。每次锻炼的时间在两小时以内,老人都是依据自己的实际情况调节运动量和运动强度。健身园里有长廊如图4-21所示,沿着长廊里错落有致地摆满了棋牌、麻将桌、扑克牌小桌子等,如图4-22所示。老人健身累了,可以随时随地休息。中青年人在健康步道锻炼身体的时间一般是在午夜11点开始到12点结束。大部人都是用快走方式消散一天工作的疲劳,运动量小、时间短、强度小。健身器材区,如图4-23所示。有太空漫步机、健骑车、跑步机、椭圆漫步机、户外康复器、户外按摩机、扭腰器、太极推手器等,都比较适合全民锻炼。器械旁边有使用指导说明。通常老人都是自己独立完成一系列健身器械上各种指定健身动作,时间不确定。老人在健身器械上各

图4-20　健身步道

图4-21　休闲长廊

图4-22　棋牌区

图4-23　健身器材区

种指定健身动作通常都是老人参加体育活动运动不足的补充,就是老人参加别体育活动的时候,顺便到健身器材区对身体做一些拉伸和扭动动作。

依据图 4-4 我们可以看到在安慧里小区外的公共体育空间多分布在小区西部,分别是汇园街心公园、国家奥林克体育中心、国家体育场、奥林匹克公园、奥林匹克森林公园以及更远的郊区等。居住安慧里小区的老人在平时节假日通常带家人或者三朋好友离开社区到更远的体育公共空间参加户外体育活动,这些活动主要包括:轮滑、滑板、自行车、越野、拓展、钓鱼、踢足球、攀岩、越野、游泳、爬山项目等。这部分老人的年龄段在 60~75 之间。

总之,安慧里小区老人参加体育锻炼身体,大多都在免费开放的体育公共空间进行,参与的体育项目有:广场舞、踢毽子、大众健身操、健身路径、体育舞蹈、轮滑、下棋、打麻将、扑克牌、打篮球、羽毛球、轮滑、滑板、自行车、越野、拓展、钓鱼、踢足球、攀岩、爬山等。通常会和家人、亲戚、邻居、同学、朋友、同事一起参与体育活动。参与的地点有亚运村全民健身园等。

1.2 安慧里居民在居住区外进行的健身内容、时间以及场地使用

安慧里居住区外的体育社会空间主要是指中圈层和外圈层。中层圈是指距离亚运村全民健身园区方圆 1 公里的收费体育空间和免费体育公共空间。外层圈是指距离亚运村全民健身园区超出 1 公里以外的收费体育空间和消费体育公共空间。

中圈层体育健身空间是指安慧里居住区以外 1 公里以内的体育公共空间,主要有汇园公寓街心花园、国家体育场、奥运林匹克公园、奥林匹克运动中心、奥林匹克森林中公园或者更远的郊区等。汇园公寓街心花园是距离安慧里小区最近的公共空间。园区分步行区和健康器材区。来这里锻炼的群体主要是安慧里小区的老人和儿童。参与体育活动的时间主要是在日常闲暇时间和节假日。老人带着儿童一起锻炼的比较多。在健身器材区分儿童区和成年区。主要器材有:二位太空漫步机、单双杠、腿部按摩器、按摩揉推器、三位扭腰器、上肢牵引器、自重式划船器、骑马机、仰卧起坐板、二位坐蹬、长条凳等。在园区里有假山,老人觉得运动量不够,也以爬上来弥补运动强度的不足。老人的年龄段在 60~75 岁之间。主要是居住在安慧里有住宅区,但没有户口,在北京工作的企业职工的父母亲。老人来北京主要是帮子女带孩子,因安慧里小区的公共空间太拥挤,老人来到更安静、安全的公共空间陪自己的孙子、孙女玩耍,顺便自己也锻炼身体。他们进行

的身体活动主要是健身器材运动、散步和爬山。活动时间长,活动量比较大。在汇园公寓街心公园参加活动的也有一些在周围公司上班的企业员工,参加的形式多是散步,这些人大都是年轻人,居住在安慧里小区。参加体育活动的时间一般下茶余饭后。如图4-22、图4-23所示。

分布在奥林匹克公园的免费体育公共空间主要有国家奥林匹克体育中心塑胶跑道、奥林匹克公园中部休闲区和奥林匹克森林公园,包括了南园3公里、北园5公里和南北园10公里共3条塑胶跑道。沿着健康步道路线,配有供居民运动的器材,满足人们日常运动需要,包括篮球场、羽毛球场、乒乓球场、轮滑场等。配套的公共服务设置区有:根据需要配有供运动者休息的场所和设施以及健康知识普及区。安慧里小区居民选择在健身步道慢走、快走、慢跑、跑步。锻炼的群体有青年人、中年人、老年人。夜跑是青年人和中年人特别喜爱的运动,夜跑可以缓解一天的工作压力,让人感到更放松,在晚上跑步也能够全身心地投入到跑步锻炼中。因此平时居住在安慧里小区那些朝五晚九的上班族,早上没有时间锻炼身体,常会选择夜跑。锻炼身体的时间是每天下午6~8点。此时人体的细胞、循环系统达到一个较好的状态,这时候运动比较容易实现锻炼身体的目的。夜跑是安慧里小区的青年人非常热门的一项运动。因他们平时工作压力大,容易疲劳,夜跑可以缓解亚健康状态,解除他们的深层疲劳,第二天可以精神饱满地上班。近年来,安慧里小区越来越多老人也参加到这项运动中来。锻炼者运动时间一般在1~2小时左右,运动强调中等。参加夜跑的居民,主要目的是缓解工作压力、消除疲劳、改善自己的健康状况。参加的形式多是个人来完成,也有一些年轻人选择和同伴或者选择一些体育草根组织一起。

图4-22 汇园公寓器材

图4-23 汇园公寓器材

　　沿着健康步道周围配套的场地还有篮球场、羽毛球场、乒乓球场、轮滑场等。在安慧里居住着一群年轻的篮球爱好者,他们自发组建篮球俱乐部,经常到这些免费的篮球场训练、比赛。他们的年龄一般都在18～35岁之间。篮球运动是他们日常的生活习惯,并形成了自己的文化圈子。还有一些年轻人、中年人节假日带着自己的孩子到这里打羽毛球、乒乓球和轮滑训练。参加的形式是和朋友或者邻里进行。奥林匹克公园开放时间为6:00－20:00,全年免费。在奥林匹克公园中部空间,每天晚上都有一些中年妇女跳广场舞和健身操。这些中年妇女一般没有固定的工作,主要是全职太太和家庭妇女。

　　围绕安慧里居住区外1公里以内的收费体育公共空间分布,如图4－24所示。依据百度地图搜索以及实地勘探,发现分布在安慧里周围有各种综合性健身俱乐部、单项目健身中心、体育训练中心、各种综合运动项目培训中心、单项运动项目、各种体育体质训练中心等,大大小小的体育消费空间大约有537家。在安慧里参加体育消费的居民主要是青少年、青年人、中年人。其中青少年参加的项目主要有:篮球、排球、足球、网球、垒球、跆拳道、武术、游泳、击剑、滑雪、柔道、摔跤、拳击、手球、曲棍球、高尔夫等。这些培训机构主要分布在鸟巢、水立方、国家体育馆、国家会议中心击剑馆、奥体中心体育场、奥体中心体育馆、英东游泳馆、奥

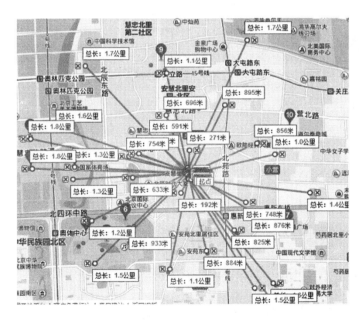

图4－24　安慧里周围健身俱乐部的空间分布图

林匹克公园射箭场、奥林匹克公园网球场、奥林匹克公园曲棍球场等10个奥运会竞赛场馆。训练的时间都在节假日。机构收费普遍比较高,均价大约在10000~30000元/年之间。青少年接受的都是良好的专业的体育教育以及培训。他们参加体育运动训练不仅仅是为了锻炼身体,更多是对自己健全人格的培养。

图4-25 奥林匹克公园总体规划图

青年人参加的体育消费机构一般都偏向休闲娱乐、压力释放、缓解疲劳、减肥健身、社会交往等。由于安慧里健身步道空间的不足,使居民跑步、健步、散步的群体交织在一起,经常发生互相干扰的情况,社区内的空间一些健身设施也已经老化。社区外的公共体育空间距离居住区又比较远,使相当多的居住参加体育锻炼时,选择在体育服务机构来完成。参加体育项目有操课类:有氧健身操、肌肉健美项目、街舞、踏板操、拉丁健美操、爵士健美操、瑜伽、形体操等。舞蹈类:钢管舞、肚皮舞、爵士舞、拉丁舞、形体芭蕾、领舞DS、瑜伽、街舞等。器械类运动:划船器、健身车、健步机、跑步机、美腰机、台阶机等。体育培训类:游泳培训、网球培训、轮滑培训、篮球培训、台球培训、武术培训、乒乓球培训、羽毛球培训、太极拳培训、跆拳道培训。提供服务的体育机构主要有:各种综合类和单项目类健身俱乐部;体育综合、单项目培训公司和学校;体育娱乐休闲类服务公司等。参加的人群主要有:青少年、中年人、老年人。各个年龄段的人都有,主要是中青年人。他们有固定工作,收入中等偏上,受过良好的大学本科教育。操课类和舞蹈类课程女性偏多,体育培训休闲类男性偏多。时间都选择在节假日,锻炼时间比较规律,锻炼地点固定。参加的形式主要是个人单独进行。每次时间1~2小时左右,每次运动量大、运动强度大。这部分群体参加体育活动人数最多,也是最主要的群体。

随着居民家庭经济收入的提高,健身意识越来越强,人们花在健身上的费用和时间也越来越多。居民健身除了为获得健康之外,还更加注重自己个性化体育健康的服务。这样各种各样的私人健身俱乐部随之出现。比如在安慧里小区一些家庭设有个人家庭健身房。健身房配备有氧器械:跑步机、椭圆机、健身车。力量器械:塔式哑铃、腹肌板、哑铃训练凳、综合训练器。一些居民在家庭里就完成身体锻炼。还有一些企业或者事业单位也配备健身房供自己的内部职工使用。健身房配备有:氧器械、自由力量器械、综合训练器、乒乓球台、美式台球桌等。免费为自己员工开放。

外圈层主要指距离安慧里小区居住区1公里以上的空间。空间也包括公共免费空间和收费空间。事实上,到距居住区更远空间参加体育活动的居民是非常少的一部分。参加的体育活动或者项目在小区周围无法满足,所以才选择到更远的郊区或者是城市之外进行。这些项目包括滑雪、滑冰、滑翔伞、水上运动、高尔夫。参加这样项目的群体是居住在安慧里小区的经济地位、社会地位都比较好的。休闲时间和娱乐时间地可以自己控制。他们到某一地点锻炼身体的时候,不是主要目的,主要是进行商业谈判或者与具体工作有关。他们参加体育锻炼的目的更主要是为了满足娱乐以及社交的需要。

总之,安慧里小区居民在中层圈以及外圈层空间参加活动的主要场馆、设施设有体育场、体育馆、英东游泳馆、曲棍球场和足球、田径、垒球、网球训练场、球类训练馆等;汇园公寓街心公园、奥林匹克公园等以及各种体育服务公司。参加的体育项目有广场舞、踢毽子、瑜伽、滑雪、滑冰、体育旅游等;户外运动、攀岩、越野、跑步、爬山、郊游、击剑、射击等;体育培训各项目:篮球、足球、跆拳道、武术、乒乓球等;个人娱乐:足球、羽毛球、篮球、网球、游泳、健身、卡丁车、台球、保龄球、高尔夫、滑雪、舞蹈、网络体育电子竞技;探险项目(蹦极、低空飞行、跳伞等,偶尔行为)以及网络体育电子竞技等健身。参加的组织形式有:社区体育组织、民间体育组织组织、体育服务培训机构、体育社团以及单位体育组织。参加的模式有个人独自参加;与邻里、朋友、同事以及陌生人参加。参加的年龄群体有:青少年体群体、中青年群体、老中青年群体。参加的目的:健身健美、健康美容、减肥;休闲娱乐、释放压力、消除疲劳、恢复身体机能;增强体质、培养人格健全人格;社会交往等。

2　高碑店村居民参与体育活动的情况

2.1.1　高碑店村居民在村子内健身内容、时间以及场地使用

依据百度地图搜索以及实际调查情况来看,分布在高碑店村的体育空间,数量少、建设布局杂乱、碎片化。这使体育公共空间很难发挥其实际成效。在高碑店村居民生活空间的大众健身路径,散乱地分布在居民住宅区死角中,由于偏僻,少有人问津,体育公共空间建设的无序和混乱性,造成了"城中村"居民公共休闲生活的贫瘠,有相当一部分居民依然保留着传统乡村的娱乐生活方式,即打麻将和棋牌等。具体情况如图4-26、图4-27、图4-28、图4-29、图4-30、图4-31所示。空间结构的自发属民间非官方管制领域,是一种民间场合。体育公共空间建设的自发和无序性以及体育组织的自发和无序性,直接导致了"城中村"居民参与体育活动的自发和无序性。高碑店在城市进程过程,居民在就业上和社会收入上进行了再分配。人民在新的格局中,形成了新的社会分层。都市人类学理论认为,社会阶层是指各不同文化居民从事不同职业和收入差异而形成的一种社会差异。社会分层结构,包括阶级阶层结构的实质,是基于社会权力、社会资源的占有和分配所形成的社会地位之间的不平等关系。社会分层结构是决定社会权力和社会资源分配的核心机制。通过社会权力、社会资源的占有和分配,人们即使不能直接决定社会的某种特定制度形式,也会对各种社会制度的形成产生重要作用。社会分层是指制度化了的社会不平等体系。在这种不平等体系中,有的人或集团可以获得更多的争取社会资源甚至攫取公共资源的机会,而别的人或集团则在资源的获取机会上处于明显不利的地位。

图4-26　西村村乒乓球场地

图4-27　西村村大众健身路径

图4-28 惠通河畔乒乓球场地

图4-29 东村文化活动站

图4-30 东村无人的台球

图4-31 东村大众健身路径空无一人

城市化过程中,由于国家征地、占地以及改造拆迁,"城中村"许多居民生活水平和收入水平都有了较大的提高,但同时也出现了贫富分化,这种贫富分化现象实质上是社会分层的一种具体表现形式。"城中村"社会分层是都市社会结构中最重要的社会现象之一,也是都市人类学研究的领域。高碑店村居民在城市化进程中,财富分配也出现了重新再分配。依据居民在高碑店村中的社会权力、社会资源占有和分配的多寡,居民出现了新的社会分层。高碑店居民社会分层状况如表4-2。

表4-2 高碑店居民社会分层情况表

层次类别	依据社会权力、社会资源的占有和分配的多寡分层的人群
有闲阶层	开发商、村干部、教师、高级白领、公务员、退休职工、有良好经济基础人
一般房东	指依靠房租生活的中产阶层,也是"城中村"主要的人口群
小资产者	包括小业主、个体、小工商主、小企业主、小工业者等
低收入群体	指无业游民、家族主妇、疾病患者、残疾人群体、无保证的老年人等
在校学生	中小学生

社会阶层从很多方面影响了个体的体育休闲活动。一个人所偏爱的体育休闲活动通常是他所处的阶层或者与其相临近阶层的其他个体所从事的某类体育休闲活动,当某一个体,采用新的体育休闲活动时候,往往是他所处的同一阶层或较高阶层成员共同采用新的体育休闲活动。在高碑店村,虽然各个阶层的居民参与体育活动的人群,在"城中村"占的人口比例还不是很多,不同阶层参与体育的活动的内容和也方式不同,但每一个层次的居民都有参与体育活动的行为,并对体育锻炼有自己的认知和理解。下面是一组对"城中村"居民参与体育活动的采访资料。

采访编号:B2,赵 XX,高碑店居民,男 56 岁,农转非。采访地点、高碑店路边三轮车上边走边谈。采访时间:2014 年 10 月 2 日。

"我养鸽子没几年,就自己玩。到时候还有人给钱。就是信鸽协会的,我替信鸽协会养,他们给那个(会费的)。他们会拿着我的鸽子去参加比赛,有秋季、冬季两场比赛。我和他们签约了。我家养,那自己养着玩呗。我们村的人都经常自己玩,大家一起玩得少,该上班的上班,有工作还得干。周六周日打麻将的居多。就是玩钱的那种。我住在兴隆家园也归村委会管,2000 年就农转非了。每天早晨起来去兴隆公园晨练,散步、遛弯,有时候在公园抖空竹。"

采访编号:B13,李 XX,居住高碑店村外地居民,男 27 岁,农民,配货工,高中文化。采访地点:高碑店村。采访时间:2014 年 3 月 20 日。

"高碑店的当地人就是房东,和我们住在一起,一家房东有好几百间房子不等,他们不工作,收入主要是房租。有的一年房租能收上百万。他们早上经常去附近遛弯,四十多岁的女人经常去对面的郊野公园门口,扭大秧歌,跳跳健身操什么的。有的一些年轻人也没工作,就在村子里闲逛。没考上大学的当地青年也都在闲逛,有时候他们一帮子打篮球。"

采访编号:B2,孙 XX,当地居民,女,48 岁,无业,没上过学,农转非。采访地点:曹云文化广场。采访时间:2015 年 9 月 13。

"我没读过书,一个字也不认识。在家哄孩子呢。平时出来玩玩,跳跳舞,然后健健身,钓钓鱼,也扭大秧歌。村子没规划之前,我就是种地,干活。种完地之后回家就休息了,没什么娱乐活动。我住的离这不太远,就在附近的这片。我们村都是分散小区住,你看那大秧歌扭的,很带劲。她爱活动,我们俩没认的几天。挺好,也开心。"

不同的社会阶层用不同的方式看待自己的身体,因此在对体育项目的选择以及参与的方式上,在对于体育运动本身所持有的观念上都是不同的。高碑店村民不同的阶层对体育项目选择和参与方式,除了受客观条件,体育社会空间的条件缺失限制,还受他们所处的经济条件和文化背景的影响,他们参与的体育项目和参与方式也是不一样的。

下表详细分析了"城中村"不同阶层群体,参与体育活动的情况。如表4-3所示。

表4-3　不同社会群体参与体育情况一览表①

有闲阶层	
体育内容	高尔夫、CS、钓鱼、网球、爬山、户外、卡丁车、乒乓球、滑雪、水上运动
参与的形式	朋友、邻居、生意伙伴
锻炼的地点	高级体育会所、户外
参与的方式	付费
参与的频率	2~3次/周,2~3小时/次
一般房东	
体育内容	散步、遛弯、扭秧歌、广场舞、抖空竹、油陀螺、太极拳、踢毽子、打麻将、养鸽子、CS
参与的形式	邻居、朋友
锻炼的地点	公园、广场、街头绿地
参与的方式	免费
参与的频率	2次/天,2~3小时/次
小资产者	
体育内容	网球、健身房、遛弯、散步、体育旅游
参与的形式	朋友、家人
锻炼的地点	收费产地、免费公园
参与的方式	健身房付费,其他免费
参与的频率	1次/周,2~3小时/次

---

① 资料来源:笔者依据对各个"城中村"调研资料的分析、整理得出此表。

低收入群体	
体育内容	散步、遛弯、台球、武术、打麻将、踢毽子、羽毛球、扭秧歌、广场舞、抖空竹、油陀螺、太极拳
参与的形式	朋友、邻居、自己独自练习
锻炼的地点	公园、住宅区空地、棋牌室、文化广场
参与的方式	免费
参与的频率	1~2 次/天,2~3 小时/次
在校学生	
体育内容	网球、足球、轮滑、极限运动、卡丁车、游泳、跆拳道、健身操、舞蹈、武术、自行车、射击、高跷、跳皮筋、跳绳、乒乓球(高碑店村,免费)
参与的形式	个人、同学、朋友、家人
锻炼的地点	体育培训机构、体育场、公园、学校体育场
参与的方式	收费(培训机构)、免费(公共场所)
参与的频率	1-2 次/周,2-3 小时/次

在韦伯的社会分层理论框架内,处于同一社会地位的群体不仅经济情况相同,而且拥有的生活方式也是相同的,这种生活方式通过社会互动将他们紧密联系在一起,同时也将他们同其他群体区别开来。阶层的经济地位是决定其体育行为的主要原因,处于体系顶端位置的群体,依据他们拥有的权利以及经济地位,通过采用特殊的引人注目的体育方式,把自己和那些普通阶层分裂出来,这种优先权使其潜在的会员被排斥在体育消费之外,体育参与的社会不平等就产生了。凡伯伦①(Thorstien Veblen)指出社会上层参与体育活动的目的是为了显示其雄厚的经济资本与崇高的社会声望。上流社会认为赋闲不足已显示他们的上层身份,只有通过体育活动消磨时间和花费金钱才能体现其显赫的社会地位。城市化进程中,"城中村"资源分配不均衡,贫富差距拉大,一些拥有特权和较多社会资源的群体,可以出入各种高档体育场所消费,成为"城中村"上层社会炫耀其社会优越感的资本。网球与高尔夫球等高昂的入会条件,使大部分"城中村"居民被排斥在外。吉登斯②认为:体育参与受到方方面面的限制。价格和制度使得一些俱乐部

---

① Veblen. The theory of the leisure class[M]. New York:Mentor. 1953:34 - 55.

② Giddens A. Modernity and self identity[M]. Oxford:Blackwell,1991:67 - 77.

设置的门槛,令一些阶层群体无法参与这些昂贵的体育项目,虽然法律规定所有体育项目对所有人平等开放,但有些特殊项目的参与者仍然存在制度障碍和经济障碍。这种障碍使得"城中村"一些锻炼身体的居民只能选择一些免费的体育项目,也只能在拥挤的公共休闲空间锻炼身体,而大部分不锻炼身体的居民,多因没有场地、体育观念的落后,以及体育消费的昂贵性,而被剥夺了锻炼身体的机会。低收入的群体,由于长时间的劳作,业余闲暇时间的匮乏,也很少有体育锻炼行为。一些老年人虽然拥有大量的业余时间,但由于经济条件和文化背景的制约,大部分老年人也不从事体育锻炼,即使有锻炼行为,对体育项目选择也多是免费的。另一方面"城中村"有良好家庭背景的孩子,校外从事的体育项目多是付费行为。那些"城中村"普通家庭的孩子在校外几乎没有体育锻炼行为。

"城中村"不同群体参与体育的差异,本质上反映了人们之间的利益或资源占有的关系,其核心是人与人之间,以及人与资源之间的关系背后的秩序。这种等级结构秩序的存在必然会带来社会体育资源占有的不平等性。格尔哈特·伦斯基①认为社会生存必须的基本资源是按照功能主义者的方式讲行分配的。社会的剩余资源不是生存必需的资源,是通过相互竞争的集团之间的冲突来分配的。一旦社会出现了分层,特权集团就会利用他们的便利条件占有更多的好处。而"城中村"不但在生存必须的基本体育资源没有按照功能主义者的方式进行分配,而且特权集体对本来就稀缺"城中村"体育资源的占有,造成了"城中村"公共体育资源极度匮乏,"城中村"居民参与体育活动的基本权益被剥夺。这种等级结构秩序,以及体育资源分配的不平衡,是"城中村"大部分居民不能参加体育锻炼的根本原因。

总之,高碑店村有一小部分人还是参加体育活动的。依据上文表格4-3我们可以看出,高碑店村中老年人参与的体育活动主要包括:广场舞、健康器材运动、抖空竹、抽陀螺、高跷舞、打麻将、下棋、扑克牌、打篮球、羽毛球、自行车、抽鞭子、扭秧歌、龙舟等。参与的地点多在居住区、商业区空地、漕运文化广场等。参与的时间多在节假日,或者村子的庆典活动。参与的时间不确定,参与的方式主要和邻居一起进行。

2.2.2 高碑店村居民在村子外健身内容、时间以及场地使用

---

① (美)格尔哈特·伦斯基著,关信平译. 权力与特权:社会分层的理论[M]. 杭州:浙江人民出版社.1988:44.

年轻人参与体育活动的地点大多都是选择在距离高碑店村1公里外呈扇形地带扩张区域。比如,兴隆公园周围的体育消费机构、传媒大学周围的体育消费机构以及向东四环北部扩散分布的体育消费机构。具体如图4-32所示。参与的形式,主要是和家人、亲戚、邻居、同学、朋友一起。

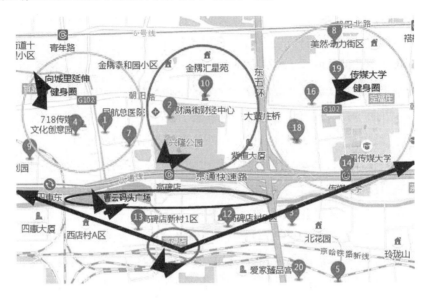

图4-32 远离高碑店村扇形分布的三个体育圈层

3 城市社区与"城中村"居民参与体育活动的比较分析

即使高碑店村在体育社会公共空间分布的不足,以及种种社资源分配的不均衡,造成高碑店居民参与体育活动的困难,但是依然有一小部分居民在参与的体育活动中所表现出来的行为方式与城市居民参与的体育活动的表现方式存大差异。具体分析如表4-4。

表4-4 城市社区与"城中村"社区体育活动与参与方式差异构成

关系类型	城市社区	"城中村"
体育活动空间类型	体育公共空间	体育公共空间
家人、亲戚、邻居、同学、朋友、同事	广场舞、踢毽子、大众健身、体育舞蹈、轮滑、下棋、打麻将、扑克牌、打篮球、羽毛球、轮滑、自行车、越野、拓展、下棋、钓鱼、踢足球、攀岩、爬山等	广场舞、大众健身路径、抖空竹、抽陀螺、高跷舞、打麻将、下棋、扑克牌、打篮球、羽毛球、自行车、抽鞭子、扭秧歌

关系类型	城市社区	"城中村"
体育社团、民间体育组织、陌生人	广场舞、踢毽子、网络电子竞技体育、滑雪、滑冰、体育旅游等	广场舞、网络电子竞技项目、龙舟等
单独	户外运动、攀岩、越野、大众健身路径、跑步、爬山、郊游、击剑、射击等	大众健身路径、信鸽、抽陀螺、抖空竹、等

关系类型 体育活动 空间类型	城市社区	"城中村"
	收费体育空间	收费体育空间
家人、亲戚、邻居	体育培训各项目:篮球、足球、跆拳道、武术、乒乓球等(青少年体群体)	体育培训项目:轮滑、篮球、羽毛球、乒乓球、武术等(青少年体群体)
同学、朋友、同事	个人娱乐:足球、羽毛球、篮球、网球、游泳、健身、卡丁车、台球、保龄球、高尔夫、滑雪、舞蹈、网络体育电子竞技(中青年群体)	个人娱乐:羽毛球、健身、足球、羽毛球、篮球、网球、游泳等(中青年群体)
社团、陌生人	探险项目(蹦极、低空飞行、跳伞等)(偶尔行为)以及网络体育电子竞技等(老中青年群体)	户外运动(攀岩)以及网络体育电子竞技等(中青年群体)
单独	健身、射箭、瑜伽、攀岩	健身、瑜伽

　　在安慧里小区,体育运动已经成为社区居民的生活方式。居民参与体育活动的目的,不仅仅是为了健身、健美、健康,更多是为了娱乐身心和休闲娱乐,彰显个性的魅力和完全人格的发展。因此社区居民都依据自己的个人情况来选择体育参与的形式、内容、时间、地点。甚至有的家庭制定了自己的私人健身室,以体现自己的人格尊严。社区人口结构的复杂性,以及社区内部公共空间的拥堵性,给社区体育实践中集体性活动的组织与实践带来极大困难。因此,社区居民更愿意到付费空间来实行自己锻炼身体的目的。社区组织开展一些集体性体育活动,更多是老人参与。只要有相应的体育环境,社区居民就可随意选择与之相应的内容与形式进行身体锻炼。

　　在高碑店村,体育对于一些居民来说还是一个比较模糊的概念。由于体育社会空间的匮乏,体育资源分配的不公平,造成多数居民基本不参加体育活动。有一部分居民即使选择了参与体育活动,更多的目的也是为了向周围人炫耀,把能参加体育活动,看作是自己有别于本地居民的资本。

第二节 城市社区与"城中村"节俗体育与体育身份认同的差异

1 城市社区与"城中村"节俗体育发展差异

1.1 城市社区节俗体育的缺失

节俗体育是指与民俗信仰或者节日庆典有关的,在每年相对固定的时间内,民众所创造和传承的,以体育文化活动为主的一种社会活动。现代节俗体育包括民俗节日和现代体育节日节俗两种体育文化形式。节俗体育是某地方或者地域为了纪念某一节日的诞生或者为了纪念某一事件而存在的,一种集体性活动。因此节俗体育的最重要的特定就是它是一个认同很高的集体性社会活动。通过上文对安慧里小区体育的分析,发现城市社区居民参与体育活动多属于个体行为,具有很高的离散性,文化认同程度低,故而相对于社会余暇体育群域来讲,高度的个人余暇体育离散性性群体,在进行体育实践中,集体性活动的体育组织与体育实践是很难实现的。由于城市社区居民之间联系不多,因此在余暇时间里,居民基本都是按照自己的意愿做事,其对自由性的维护很强,故而社区集体体育活动也一向很少。没有共同文化认同感的群体,很难发展起具有高文化认同感的体育民俗活动。在实地调查中笔者发现,安慧里小区集体性体育活动很少,更不要说进行与节俗体育节日有关的集体性体育活动了。虽然在安慧里成立小区是在原大屯乡小营农田上建立起来的,但在拆迁过程中,天仙庙已无存,真武庙中仅存留正殿、后殿、东西配殿各三间。依托庙宇而存在的民间体育花会也消失了。对于传统体育文化的传承和发展,对发展集体性很强的体育赛事活动在城市社区是很难实现的。

1.2 "城中村"节俗体育的传承与发展

1.2.1 "城中村"节俗体育的概述

高碑店村民俗节日依然惯用农历。北京"城中村"依托寺庙而进行的各种民俗体育活动表演,大多是最近几年国家进行非物质文化遗产保护后,各村重修了寺庙以后才开始的。高碑店村因借助 2008 年奥运会的契机,政府需要对外宣传中国的民俗体育,从2000年开始,逐步在高碑店村建立高跷会、小车会、抖空竹、抽陀螺、中幡、舞龙舞狮、扭秧歌以及威风锣鼓等团队,从而使这些民俗体育活动,在当地迅速恢复,并发展起来。2006年高碑店村恢复了有着700余年的漕运庙会,这样高碑店村等民俗体育活动才有了其生存的土壤和出师有名。漕运庙会的地点在通惠河码头遗址(龙王庙和将军庙)、华声天桥广场和民俗文化园。在元代,通惠河高碑店的漕运码头曾是皇粮商品的集散地,当时商业街商铺林立,南北商贾云集。高碑店村"平津闸",是由元代水利专家郭守敬亲自指挥修建的,也是目前京杭大运河通惠河段上唯一保存下来的漕运码头遗址,在国内具有非常高的历史价值。该闸口在明清时就经过几次翻修,并依次在该闸附近修建了龙王庙和将军庙。2007年,高碑店村启动了古码头复建工程,先后恢复了"平津闸"和两座庙宇。

在高碑店村调查的过程中,笔者参与观察最多的事项就是,村里大大小小节日庆典的体育表演和运动会。虽然农耕生活已经一去不复返,但是与千年农业社会相伴而生的、与信仰有关的节俗体育,几经起起落落,却依然存在。与祭祀相关的体育活动并不是民众的特殊的生活行为,而是居民生活的一部分。村中的民间节日与民俗体育活动很难分彼此,每至节日,必然伴有居民的民俗体育花会表演。村有寺庙,庙里供奉不同的神仙。如图4-33~图4-35所示。

图4-33 华声天桥图

图4-34 龙王庙

图4-35 民俗文化园

图4-36 将军庙

有关村的涉外体育活动比赛、村内体育运动会或者体育节日则以阳历计日。因为村中的传统节日和现代节日所进行的体育活动不一样,为了便于理解,笔者从民俗节日和现代体育节日两个方面分别厘析村中的体育活动。

1.2.2 "城中村"传统节俗与体育

1.2.2.1 村庙的概括

表4-5 高碑店村庙名称及其主供神

村庙名称	主供神
龙王庙	龙王
将军庙	关羽
娘娘庙①	碧霞元君
鲁班祠	鲁班②

高碑店的龙王庙,坐落在漕运文化广场惠通河边,龙王庙北侧的湖心岛上复建的将军庙供奉的是三国时期的猛将关羽,是一座遗址重建的清代建筑。龙王庙占地588平方米,共分24间。从元至明代,村内陆续建起颇具规模的通惠河龙王庙(后称通惠河神祠)、娘娘庙、将军庙、朝阳庵、五圣祠、什方院等,尤以龙王神祠、娘娘庙、将军庙著名。各村庙名称及其主供神如表4-5所示。这些庙祠的建年、地址、占地、房产、神像、器物等,均在民国二十五年《北平第一次寺庙总登记(1936年)》档案中有详细记述。

高碑店"鲁班祠"是应400余名古典家具商户的意愿,经过一年的建设,于2008年10月建成的。"鲁班祠"的落成,不仅是弘扬传统文化的公益场所,更是一种继承、一种延续、一种对中国传统文化先哲思想的膜拜。目前,"鲁班祠"已成为古典家具商户尊师爱祖、纪念先哲、交流技艺的一大活动场所。因此庙宇使高碑店村春节、元宵节、二月二龙抬头、五月节、中元节、中秋节、小年都有了庙会。

1.2.2.2 "城中村"节俗体育活动

以年为周期高碑店村节俗体育活动一览表,如表4-6所示。

---

① 高碑店娘娘庙已变成了学校,但是依托娘娘庙而进行的高碑店村五月节庙会到2013年已经举行九届了每次仪式开始都是在娘娘庙原址举行。

② 2011年7月13日上午,坐落在高碑店村古典家具街上的"鲁班祠",隆重举办了纪念鲁班诞辰2518周年活动,参加此次活动的有高碑店村全体党支委员、古典家具行业协会全体会员、居民以及慕名而来的香客,高碑店村威风锣鼓队现场助兴。

表4-6　高碑店村节俗体育活动一览表

传统节日	民众体育行为模式
一月初一 （春节）	高碑店村漕运庙会:尤其到了每年春节的漕运庙会,焚香祭天、击鼓奏乐等传统活动,是远近闻名的胜景。(高跷会、小车会、抖空竹、抽陀螺、中幡、舞龙舞狮、扭秧歌以及威风锣鼓表演)。
一月十五 （元宵节）	漕运庙会:高碑店村自2006年开始举行元宵灯会活动,一直坚持到现在。百人腰鼓和威风锣鼓、赏花灯、评花灯、猜灯谜)。
二月初二 （龙抬头）	漕运庙会:高碑店村龙抬头节日有祭祀祈福仪式,向龙王庙里的漕运龙王祭拜,祈求风调雨顺。庙会中有开路威风锣鼓、舞龙舞狮、高跷会等民俗体育花会。
五月五 （端午节）	娘娘庙会:庙会中,有开路、五虎棍、秧歌(高跷会)、中幡、狮子、双石头、石锁、杠子、花坛、杠箱、天平、吵子、胯鼓民俗体育花会。天桥绝技、风筝大赛等。南宫村村文化节有舞龙舞狮表演,两年一次。
十二月二十三 （小年）	体育花会走街:高碑店村的高跷老会、小飞龙、小车会、腰鼓表演、崔各庄乡舞龙队、舞狮队、东坝乡的开路圣会、孙河乡雷桥村天平圣会等。

以上节俗,都离不开漕运庙会。高碑店漕运庙会,是有别于皇城文化的民间盛会,1293年,郭守敬主持的高碑店漕运码头竣工,从那以后每逢春节、端午,漕运庙会都盛况空前。从清末到民国,高碑店村的庙会基本上年年都有。开庙期间,香客蜂拥,游人不绝,摊贩云集,热闹非凡。在高碑店老人记忆中,漕运庙会是村里人最盛大的事情。新中国成立之初,漕运庙会还举办过几届。但随着神像被毁、寺庙被拆,庙会也退出了历史舞台。

自2006年漕运庙会逐步恢复。现代高碑店村漕运庙会除了春节和端午节之外,其他重要节日也有,虽然每一个节日庙会的仪式和程序不一样,但每次庙会中最重要的一项活动就是体育花会表演,当开路、高跷、舞龙、舞狮、中幡、小车会等体育花会队伍进香拜庙、走街表表演时,沿街各户居民在门口摆设茶桌,迎接走街的花会表演队伍。体育花会表演也是庙会中最具人气的项目。现代庙会除了有传统的体育花会表演项目外,还有各种投篮比赛、踢足球进门比赛、电子枪射击、以及投飞镖等现代体育游戏活动,以及一些街头篮球秀、街舞等现代体育项目表演。而端午节庙会还多了一项,趣味运动会,主要的项目有拔河、踢毽、托球跑等。"城中村"的节俗离不开庙会,庙会离不开体育。

高碑店"鲁班祠"在纪念鲁班诞辰周年活动时,有高碑店村全体总支委员、古典家具行业协会全体会员、高碑店村居民以及慕名而来的香客参加。高碑店村的高跷会、中幡、小车会、舞龙舞狮、威风锣鼓队等体育花会都会助兴表演。"鲁班祠"已成为高碑店村古典家具商户尊师爱祖、纪念先哲、交流技艺的一大活动场所。在各种交流会上,高碑店村的体育花会表演都是一项必不可少的项目。民间企业会议典礼让民俗体育有了另一个生存的舞台。下面是一组庙会体育花会表演图。如图4-37~图4-39所示。

图4-36　高碑店庙会踩高跷

图4-37　高碑店庙会舞狮

1.2.3　城中村现代体育节日

高碑店村除了热衷大型的民俗体育活动外,有关村的涉外体育活动比赛、村内体育运动会或者体育节日则以阳历计日。依据笔者在高碑店实地调查整理,以高碑店村委会为组织单位,居民参加与现代体育文化相关的活动,主要是大大小

图4-38 高碑店庙会舞龙

小的各种类型的体育比赛。集体情况,如表4-7所示。

表4-7 按照阳历时间城中村体育节日运动会一览表

体育节日			
时间	节日名称	参赛情况	地点
6~7月	朝阳区老年文化体育节	高碑店村老年人参加广场舞比赛	高碑店漕运文化广场
乡、镇全民运动会			
6月	50米"起立卧倒"跑、一分钟踢毽、沙包掷准、30米托球折返跑集体项目:三分钟集体跳绳、齐心协力	高碑店村组织社区居民参加各个项目的比赛,可惜设有形成什么传统。	
04	2015年举办的首届全民健身运动会	交谊舞和健身操	
趣味运动会			
时间	比赛内容	情况说明	
6月	拔河、踢毽、托球跑、抖空竹、抽陀螺	2013年以前是高碑店村运动会。2013年与漕运庙会合在一起,村运动会成为高碑店村端午节漕运会的一部分。随着社区文化的发展,现在是每一个社区都依据自己的情况,在社区内部举办运动会,内容也不尽相同。2016年,高碑店村西社区组织残疾了高碑店地区举办的残疾人趣味运动会。	

续表

其他类型的运动会

时间	比赛名称	情况介绍
3月	健身秧歌比赛	高碑店乡文体办,比赛地点兴隆公园的广场,碑店村东、西社区两个的队伍参加比赛。但是高碑店村只参加了一次。
7月	龙舟赛	高碑店乡,社区部门参加,企业的人参加
时间不定	交际舞大赛	北京市体育局、北京市体育基金会、朝阳区体育局、朝阳区高碑店地区办事处主办,高碑店村委会承办,北京睿智翔云广告有限公司协办,比赛地点在漕运文化广场,高碑店西社区参加。从2013年,每年都有比赛。
5月	"文创杯"篮球、羽毛球比赛	高碑店文化社区参加了2015年比赛。

通过表4-7可以看出高碑店村主要参与的体育赛事有四种类型,即老年文化体育节、乡镇全民运动会、趣味运动会以及各种主体为住的单项比赛。依据笔者在高碑店村委会以及居民口述得到的材料,笔者发现以现代体育为特征的节日性比赛活动,高碑店村并没有形成传统和惯例,偶然突发的行为居多,有些赛事只举办了一次,第二年就销声匿迹了,而后又诞生出新的主体运动会。真正形成约定成俗的体育比赛是一年一度在每年的十月份高碑店地区举办的交谊舞比赛。从2013年开始到现在已经举办了四届。分析发现高碑店村涉外体育活动、村内体育运动会或者体育节日比赛的内容偏民俗性,而交际舞比赛也偏舞蹈性,很难和具有现代意义特征的体育比赛相提并论,严格意义上讲,这种体育比赛更具有民俗性。近近几年来高碑店村组织的体育比赛增加了现代体育的元素,比如,高碑店文化园社区参加了高碑店地区第二届"文创杯"篮球、羽毛球比赛。而高碑店文化园社区代表的是企业,而不是高碑店村当地的居民。

高碑店村村委会下设四个社区,即高碑店西社区、高碑店东社区、高碑店文化园社区、高碑店古街社区。由于高碑店西社区成立最早,因此也是高碑店村目前参与村子组织比赛最活跃的单位。近年来代表入住企业而成立的高碑店文化园社区,参与村组织的比赛也越来越活跃。笔者依据村子的档案室以及居民口述整理出高碑店村社区组织活动情况,如表4-8所示。

表4-8 高碑店村社区组织活动

高碑店村各社区参加高碑店地区以及本社区体育比赛的情况

活动的内容形式	主办、承办单位	地点	时间	参加单位社区
第四套健身秧歌比赛	高碑店地区	兴隆公园的广场	2013 03 25	高碑店西社区
"中信红"幸福广场舞赛	高碑店地区	兴隆公园广场	2015 07 17	高碑店西社区 高碑店文化园社区
首届全民健身运动会 交谊舞和健身操	高碑店地区	漕运文化广场	2015 04 26	高碑店文化园社区
高碑店地区第二届"文创杯"篮球、羽毛球比赛	高碑店地区	在兴隆公园广场	2015 05 23	高碑店文化园社区
太极拳、太极扇比赛	高碑店地区	高碑店漕运文化广场	2016 04 07	高碑店西社区
西社区举办趣味运动会	高碑店地区	高碑店漕运文化广场	2014 08 23	高碑店西社区
文化园区趣味运动会	文化园社区	高碑店漕运文化广场	2015 07 15	高碑店文化园社区
残疾人趣味运动会	高碑店地区	兴隆公园西门内广场	2016 04 26	高碑店西社区
首届龙源杯追梦之舞激情飞扬交际舞大赛	高碑店地区	高碑店漕运文化广场	2013 10 15	高碑店西社区
"畅想中国梦舞动高碑店"交际舞大赛	高碑店地区	兴隆社区篮球馆	2014 04 03	高碑店西社区
"畅想中国梦舞动高碑店"交际舞大赛	高碑店地区	兴隆社区的篮球馆	2015 09 04	高碑店西社区
高碑店文化园社区"畅想中国梦舞动高碑店"交际舞大赛	高碑店地区	兴隆社区的篮球馆	2016 09 11	高碑店文化园社区

高碑店村各社区进行体育活动培训、教学娱乐情况				
活动的内容形式	主办、承办单位	地点	时间	参加单位社区
舞蹈表演,老人"手牵手心连心"联欢活动	高碑店村	高碑店漕运文化广场	2013 05 21	高碑店文化园社区
健身操教学	文化园社区	文化园社区南小广场	2015 05 01	高碑店文化园社区
开展功夫扇教学活动	高碑店西社区	社区二层活动室	2016 01 05	高碑店西社区
阳光体育——足球伴我成长的活动。	西社区光合团·社区青年汇	高碑店漕运文化广场	2016 09 12	高碑店西社区
老年健身操教学活动	高碑店地区	高碑店漕运广场	2015 05 23	高碑店西社区
西社区减压拓展活动	西社区共青团联合社区青年汇	高碑店漕运广场	2015 05 23	高碑店西社区
团队拓展活动	高碑店西社区	高碑店漕运文化广场	2016 04 26	高碑店西社区

"城中村"按照现代日历而进行的比赛虽然种类越来越多,但是受众群体却不是很多,通常各村子的涉外体育比赛,总是那些体育团队参加,有的村子甚至外请他人代替居民参加体育比赛,笔者在走访中,大多数居民只知道村运动会,而对于村子参加的一切涉外体育活动毫不知情,有的居民即使知道,也是一种漠不关心的态度,有一部分有见识的居民对于村委会参加涉外体育活动表示不满,甚至厌恶。

采访编号:B5,高碑店居民,女45岁,农转非。采访地点、高碑店路上边走边谈。采访时间:2013年10月10日。

"不知道啊,没听谁说过参加过乡里的运动会,不知道,你去那边问一问吧,我是没听说过。你找锻炼身体的啊?他们都在那边,就在大屏幕那边,要有就有了,没有就没有了。我不锻炼身体,偶尔到大屏幕那边遛弯,散步,坐一坐。高跷啊,有玩的,就是逢年过节的,才能看见他们,我们村子的人都喜欢逛庙会的,这不热闹吗?"

采访编号:B6,高碑店居民,男40岁,农转非,采访地点:高碑店路边三轮车上边走边谈。采访时间:2014年11月10日。

"那种比赛和我有关系吗? 先搞比赛就把人的健康弄上去了吗? 都是他们那帮子人搞的,我从来不参加村子里组织的各种体育活动,参加给我钱吗? 那帮子人蹦蹦跳跳的不都是为了钱吗? 你说我们那个村子运动会吧,没人去,村委会就说,谁参加给谁钱,还发衣服和鞋,一帮子人就去了,拔河完了,就能得到一套衣服和鞋,都是骗人的,以前村子还有扭大秧歌什么的,现在都没有了,就到那个大屏幕那里,离村子也远,累一天了,还去那么远蹦跶什么啊?"

对于村委会本身而言也是极其不愿意组织类似的涉外体育活动,大多数是为了应付上面的检查,或者是完成上面交给的任务。

其中一个村长这样告诉笔者:"体育,你说谁不知道锻炼身体好? 你看看,这一号子的人口,不要吃饭吗? 到时候我集体经济搞不上去,我拿什么给他们分红? 比赛,就是找一帮子那些爱玩的人,比一比就行了,这不是上面有要求吗? 你太学生气了,你告诉我如何搞法? 有钱吗? 他们以前除了会种地,什么都不会,你让他们打篮球吗? 以前从来没接触过篮球,他会吗? 还比赛,我不请人,我怎么办? 以前大家晚上凑在大队大院里,敲锣打鼓、扭扭秧歌,挺好的,现在谁还有着心思去干这些? 即使有,不也没地方了吗? 这不土地都被国家征走了吗? 有那么帮子好玩的,抖空竹、打太极、扭秧歌的,也没人管,他们不也去玩吗? 那些不喜欢这个的,你提供再好的场地,他也不去。我说的都实在话。"

"城中村"依托现代节日而进行的各种体育活动,多是上级政府部门的要求。而"城中村"从管理干部到居民对这样的体育活动,基本还不认可,村干部认为不符合当地的基本情况,居民认为这种类型的体育比赛都和自己没关系。大部分居民对村子的庙会、扭秧歌、高跷依然念念不忘。

2 城市社区与"城中村"体育身份认同的差异

2.1 城市社区居民体育身份认同

2.1.1 城市体育

安慧里小区从建设之初开始就是以一种现代文明城市社区标准而建。第一批入住的主要业主群体是国家旅游局、国家文化部和人民出版社等事业单位的居民。随着城市化的发展,社区人口也是不断流动的,然后入住了五矿大厦、中石油、中石化等国企职工住,随后这些居民又迁出小区。安慧里小区历时30多年的发展,最初入住小区的各个住单位业主,除留下退休职工继续居住之外,旧有的业主逐步搬迁,新的业主不断进入,逐渐形成和确立了以商品房为主导、多种住房形式并存的居住格局。有相当一部分业主靠出租房屋为生,社区居民流动性很大,在此社区连续居住20年以上的用户所剩无几。因此安慧里小区居民的集体身份认同是模糊的。安慧里小区历时30年社区文化的发展,并没有形成社区居民集体文化的心理认同。吉登斯①认为:自我认同是个人依据其个人经历所形成的,作为反思性理解的自我。个体的认同不是在行为之中发现的,也不是在他人的反应之中发现的,而是在保持特定地叙事进程之中被开拓出来。因此在实地调查中,笔者从被调查者回答问题的蛛丝马迹进行了整理,发现安慧里小区居住的居民大多都都认为自己从事的体育活动是具有现代体育活动特征的城市体育活动。

2.1.2　单位体育

当一个人很难从一个更小的地域范围给自己定义的时候,它就会需求更大范畴的身份认定。无论是个体还是社团总是能在现实生活中找到自己心理归属的社会群体,以寻求社会心理上的支持。博厄斯认为:"每一种生活方式,都是过去许多历史因素作用下的产物,每个民族都有他们自己特殊的历史,因此每一种生活方式都是独特的。因此居住在安慧里小区的退休职工,普遍认为自己的体育文化是一种单位制的体育文化,他们大多都延续了单位制度给他们留下体育印记。比如在跳健身操的时候,他们更喜欢国家体育总局推广的健身操,自己有秩序地组织进行练习。这种体育身份的认同是集体组织的一种记忆,一直延续至今。荣格认为它在不知不觉中影响我们行为的各种本能和原型组成,潜意识的内容给个人的心理与行为提供了一套预先形成的模式。居住在安慧里小区的年轻居民,也认为自己的体育行为是一种单位制体育文化,实际上,他们不过是居住在小区中,锻炼身体是自己的个人行为和小区没有关系,他们每周都会参加单位组织的体育活动,比如说户外拓展训练,或者各种体育项目的比赛。

总之,安慧里小区居民对于自己的体育身份认同依据个人的经历和体验不同而各有不同。大部分人认为自己参与的体育活动是一种城市体育。其和农耕时代传统意义的庙会体育文化、民俗体育文化以及民间体育游戏完全不同。一些有企业经历的退休职工以及在职职工则认为自己从事的体育活动是一种单位体育。

---

① (英)安东尼·吉登斯著,赵旭东,方文,王铭铭译. 现代性与自我认同——现代晚期的自我与社会[M]. 三联书店. 1998:8 – 10.

居住在安慧里小区的居民因为受到不同文化的影响,个人很难把社区体育文化视为自己的集体体育文化而进行自我心理认同和身份的归属。

2.2 "城中村"居民体育身份认同

处于过度状态的"城中村"居民对于体育身份的认同都有自己的看法,笔者在"城中村"调研过程中,经常问居民"你参加体育活动吗?""你感觉自己参加的体育活动和城里人参加的体育活动有什么区别?"等这样的问题,下面是摘录的几则访谈基本涵盖了处于过渡状态的"城中村"居民是如何看待自我体育身份认同的和态度的。由于"城中村"居民的身份比较复杂,因此不同的人群对自己体育身份的认同是不同的。

2.2.1 城市体育

在"城中村"中一些文化精英,比如教师、公务员、城里退休职工以及有一定经济地位的群体,他们认为自己和城市居民没有什么分别,甚至认为他们从事的体育活动,是优越于城里普通居民体育的。

采访编号:B7"我喜欢篮球,每天都打一场吧,几个同事下午没课的时候相约,就会组织一场比赛。节假日的时候,会约一些同学爬山。"

采访编号:B8"我们学校好多女教师练习瑜伽,我就是高碑店村的,考大学分配到这个学校当老师,在大学的时候就喜欢瑜伽了,现在毕业了,依然练习。"

采访编号:B4"打高尔夫是我的爱好,我的许多生意都是在高尔夫球场进行的。"

采访编号:B2"单位经常组织打台球和乒乓球,我自己喜欢打台球,经常去村子里的台球厅玩,就那边,不是很贵,环境还好,周末了,朋友聚会,打一场台球,喝点酒、聊聊天,很好。"

这些人有良好的体育习惯,并把体育作为自己的一种生活方式。他们对自己的体育身份认同很清晰。他们只不过是居住在"城中村"中,行为上和城里人没有任何区别。

2.2.2 单位体育

在建国初期,高碑店村,土地被国家征用,因此形成了第一批最早的农转居的居民,当时他们虽然实现了单位制管理,但是户籍管理上还是属于高碑店村。他们的待遇是居民待遇,体育活动也是单位管理制度。20世纪90年代,国家产业结构调整,高碑店村工厂倒闭,工人全部下岗,这些工人又变成了农民的身份。在2000年以后,北京市城市扩张,高碑店村土地大部分被征用,因此这些人随着新的一轮城市化,又转变成了居民身份。在整个社会变迁的过程中,他们始终记住的是自己在单位中,参加的体育身份锻炼的经历,认为自己锻炼身体的经历始终是优于高碑店村其他居民的,在他们看来高碑店村居民始终是农耕体育生活,而外地人根本没有体育。

采访编号:B29,高碑店居民,男69岁,退休工人。采访地点:高碑店东村居民家大门口一颗大树下。采访时间:2014年10月13日。

"这房子是老,我跟你说,这一片,当初是干什么的,从那个东单,解放了,国家盖高等宾馆,那些化粪池,下水道往这儿排,南边有个污水处理厂,那会施工要埋管子必须破洞,必须挖大沟,挖大沟下管子,这一埋大沟占了农民的房子。农民的地了,这是给农民盖的,你看那房子一间一间的,这是大跃进人民公社的产物,人民公社吃食堂。这是给他们盖的,他们还得惹农民,占他们地不是,地归公了,就给你盖个房子,让他们住,那会算是他挣的不多,还得交房钱,后来食堂不垮了吗,垮了就养鸡养鸭,他们没法养,就转让给我们这了。对,有工厂了,消防队的、商业的、当教师的给这些人了。现在是17中学的了。现在由高碑店村代管,原先的居委会由居民成立,后来农家生产队一垮了,就合并了,归他们管了。应该是2005、2006这几年,合并就归他们管了,后来主任也归他们选了,原先主任、居委会主任是我们自己选,后来合并了之后归他们选了。我们是住在高碑店村的,归单位管。就是工资属于单位管,行政属于单位管,户籍还得归他们管。户口所在地归当地派出所管。没看我说嘛,商品属于商业局管,过去农民有农民的购粮本,居民有居民的购粮本。我们参加单位组织的体育活动,还打篮球,他们不能,高碑店农民有高跷会,每年过年就会走街。生产队那会没有,这不是在2008年奥运会后他们又开始练习了吗? 就在那会有庙会就有走街。

"从这儿往西,有一个桥,过了桥就是,归大队管。现在,没告诉你,现在东北犄角那盖的屋还没住呢。他那现在实际上就三大队,谁同意签了字,谁就拆。给钱少的,房子占的多的,他就不愿意拆。这个村还没拆的时候,那老街的时候,现在,这老街都没了,都拆了改造了,西边的村基本都拆完了。都盖成跟这个似的。按他们讲东区、西区,他给高西店连上了。西店它一个大队,高碑店这儿一个大队。就是过去高碑店公社。这不是村改造以后搬到大陆北边前边犄角那儿。他们就没地方练习高跷了,都拆了。

"兴隆公园归高碑店乡管。这的街道今年头一年扫的,每年不打扫,今年可能是给钱了,村委会为什么打扫,他怕树叶子把这下水道堵了,把房子淹了。这房子说盖了10年都不拆,一家子都50年了。50年了,1957年开始分配的嘛。我儿子和我一个单位的,后来这不下岗了,失业了。现在,二儿子跟着高碑店生产队的有个什么组,跟着忙乎,拿1000多块钱。单位分我房,在大柳树。"

2.2.3　农村体育

"城中村"中大部分居民从心理上认同庙会以及庙会中的各种体育花会表演。

采访编号:B15 高碑店村居民,男68岁,未读书,农转非,无业。采访地点:高碑店居民家楼下。采访时间:2015年10月23日。

"我们村子一共有五个小队,现在西村就是原来的一小队和二小队。东村就是原来的三小队、四小队和五小队。我们村子自古以来就有高跷会。现在还有,练的多是小孩。平时没人玩,主要是逢年过节才有呢。像十一、八月十五也好,要有就有了。原来在庙会上有,就在这房子这边。现在都到大屏幕那玩儿去。我现在没事儿的时候活动一下,我会抖空竹,从小就玩,到现在了一直玩,农村人能玩什么,自己自制的玩意儿,你看看就在那文化广场那边的健身器械那块,没人去玩。原来晚上大家在大队院子扭秧歌、踩高跷,现在什么都没有了。都变了不是吗?抖空竹不也没地放了吗?"

采访编号:B30 高碑店村居民,女40岁,初中毕业,农转非。采访地点:高碑店村旅游接待处大厅。采访时间:2016年10月24日。

"乡里边,每年端午节都有一个龙舟赛。有村委会、社区、以及企业,其他的部门。社区部门参加,企业的人参加。高碑店乡组织的龙舟赛。我们这好几位老人,都是以前小时候就玩儿抖空竹,抖的非常好。就是平时自己的爱好,都是抖出的花样非常多。铁环、跳绳、踢毽子、抽鞭子、陀螺。就是过去咱们小时的那种、要全身的力量。底下那个上头有木头的,也有塑料的那种陀螺,还有一个小珠转的。咱们过去小时候"抽汉奸",其实也叫抽陀螺。还有丢沙包、跳皮筋、交谊舞、广场舞。我们有金秋艺术节、表彰活动,像各部门先进的人,像咱们村子考上大学生奖励,就有那个百人腰鼓表演。平时他们就分东、西区自己练。腰鼓我们是成规模的,有时候晚上练。咱们村民,都是自愿参加的。女同志居多,但是也有男同志。年龄不一定,有年轻的,有四十来岁的,也有三十多岁的。我参加的是威风锣鼓队。快比赛的时候,集中训练那么两天,就会了。端午节有威风锣鼓、高跷会。村子里人还是都愿意玩这些好玩的。如今我们村子富裕了,城里人经常来,我们发展这些民俗体育活动,你们城里人不也感兴趣吗?我们接到了很多外国游客,奥运人家就有15家,民俗体育是我们村子的名片,你们城里人没有吧?"

"城中村"这部分居民认为自己从事的体育活动,是传统的民俗体育,尤其庙会上的体育花会表演项目,许多居民都曾经参加过训练、表演,它是居民难以割舍的体育活动,到现在依然在"城中村"中传承。

2.2.4 农村与城市之间体育混合认同

"城中村"还有一些受过学校体育教育的居民,对于自己的体育身份认同是比较模糊的,介于农民体育和市民体育之间,因为他们从传统的农耕时代走过来,对农村过去的高跷、扭秧歌经历始终念念不忘,而在学校接受的体育教育,让他们有了现代体育观。他们认为自己应该和城里人的体育一样,而很快又否定说不一样,他们还是比较喜欢传统的东西,总之他们既不是城里人体育,也不是传统的农耕时代的扭大秧歌类型的体育。

"城中村"居民在叙述自己体育活动的过程中,总是离不开自己过去体育经历的记忆,虽然社会变迁,让周围的环境发生了巨大的变化,但过去所处的历史情境,让他们谈起曾经的体育生活经历来,好像就是昨天发生的事情,依然历历在目,这种记忆其实是一种集体思维潜意识。通常一个群体的思维潜意识,决定这个群体的生活方式,它是某一群体潜藏记忆的储存库,是最深层的无意识。因此"城中村"相当多的居民在体育身份认同上依然归依在自己曾经的运动经历记忆上。他们生活在过去的体育经验里,曾经有单位体育生活的群体,依然认为自己的体育生活是单位体育,曾经有农耕生活的群体,依然认为自己的体育是农耕民俗体育。他们认为,当今社会剥夺了他们锻炼身体的体育空间和锻炼的权利。然而另一些"城中村"居民,由于个体的自我在断裂的时空情景中被撕成碎片,个人经历的复杂性和多变性,以及当今生活社会的复杂和不成体系性,在变动不居的现象中,他们的自我认同又是一个动态性连续变化的。也就是说,在整个社会变迁过程中,他们的自我身份认同始终是模糊的,介于农村体育和城市体育之间,他们既无法和过去体育生活经历割裂,同时又受到了现代体育观的影响,形成了一种自我身份认同的模糊,造成他们很难融入城市社会,又无法回归到农村,成为"没有根"的一个群体。

在工业化、城市化过程中,他们失去原有的体育生活方式,而城市又没有给他们提供建立新的体育生活方式的空间,从而产生忧伤与不满等许多负面情绪,这些忧伤与不满情感断断续续地被释放出来,表现出对"城中村"体育社团的憎恨以及对村委会组织的一切涉外体育活动的不满,它反映了真实存在的一种失落感。"城中村"的不同群体,体育生活经历的不同,在社会变迁中,对于自己体育身份的认同也是不一样的。现代化,改变了全球的社会整个结构,将大批的族群强行带入了现代化的快车道上。因此在更广泛的含义上,身份认同主要指某一文化主体在强势与弱势文化之间进行的本主义集体身份选择,由此产生了强烈的思想震荡和巨大的精神磨难,其显著特征,可以概括为一种焦虑与希冀、痛苦与欣悦并存的主体体验。我们称此独特的身份认同状态为混合身份认同。因此居住在"城中村"的居民,除了一些文化精英们认为自己的体育身份是城市体育之外,大部分居民对自己体育身份的认同是一种混合身份的认同。

第三节　城市社区与"城中村"的"他者"体育差异

1　城市中的"他者"

城市中他者,主要是指生活在城市,无城市户口无城市住房的外地打工者或者无业游民,具体包括个体工商户(各种美容、美发业、健身娱乐休闲业、餐饮业、房屋中介业、教育培训业、超市服务、医疗业、商业服务业、物业管理等企业主)、个体劳动者(提供小商业服务的员工、家政服务的散工、按摩、保健的流动农民工、鞋匠、服装小业主、健身、商业、超市、等各行业各业的社会机构服务员、提供小商业服务的员工、小裁缝、皮匠、洗衣工、家政服务的散工、按摩、保健的流动农民工、建筑工人、捡垃圾者临时工、搬运工、无工作者)等;企业以及社会福利机构工作者(企业白领、企业中层管理者、企业普通员工、社会普里工作的普通员工);SOHO一族。这些人居住在城市的各个角落,为城市的运转提供各种服务。这个庞大的人口群是农村人口城市化的过渡性群体。他们以亲缘关系和地缘关系再一次聚集在城市中,有相当多的人口生活在城市的最底层,处在城乡的边缘、体制的边缘。

随着城市化的进程,越来越多的打工者选择进城工作。将社会学家、经济学家、政府、对类群体的住房、生活、就业、教育、流动人口的管理等方面进行了广泛的关注。唯独对这一群体的体育休闲生活很少给予关注,甚至有部分学者认为目前关注这一群体体育休闲生活过于超前了,认为这一群体享受体育休闲生活,就是一种奢望和无稽之谈。居民的就业、居住、子女教育、社会保障等生存问题还没有得到很好的解决,哪里还能考虑更高层次的体育休闲需求呢?这种观点,从马斯诺的需要层次理论来分析,逻辑上似乎是正确的。但事实上,这种观点,首先对体育休闲于人的培养价值缺乏了解;其次是忽略了人对生活的多层次的需求,还有不了解生活在城中的人口构成,他们有相当一部分人有良好的经济基础和良好的教育背景,也有良好的体育行为;再次是对体育作为一种社会机制担负着社会整合的功能不甚了解;最后是对体育的公益性不了解,参加体育锻炼是每一个公民的基本权利,基本的体育公共服务体系应该覆盖城市的每一个角落,居住在城市的外来"他者"也有权利锻炼身体。这一庞大的群体,生活在城市中的"他者",来自全国的五湖四海,不仅通过自己的方言彰显自己地域特征,还直接移植自己的一些习俗。不同的群体也因他们在城市中占有资源、受教育的情况被层次化和差异化。那些低收入群体,除了一少部分人偶尔有体育行为之外,他们大部分人因辛苦劳作而没有时间参加任何形式的体育锻炼。而那些受过良好教育的大学生和公司白领上班的群体,总能在这个城市找到自己参与体育生活的方式。另一种情况就是体育促进了外来人口的社会融入,笔者对居住在"城中村"一个家族的体育生活进行了深度调研,发现他们因具有良好的体育生活方式,而很快能融入到城市生活。

2 城市社区的"他者"体育

2.1 没有时间锻炼身体

本研究在第二章详尽论述了调研的对象——安慧里小区的人口构成。研究表明居住在安慧里小区的外地人口主要包括个体工商户、个体劳动者、企业、社会福利机构工作者以及 SOHO 一族。在安慧里小区周围大大小小的企业就有一千多家,这些企业的存在大多都是为居住在安慧里小区以及其他社区居民提供社区基本服务的。比如在安慧里小区里就分布 300 多家小企业,这些小企业有饭店、美容美发店、足疗店、洗浴中心、私人医院、服装店、花店、网络服务公司、电信通信服务、电脑、手机专卖维修店、水果店、房屋中介机构、小超市、面点面包店、物业公司、教育培训中心、体育培训机构、商业购物中心、宾馆、剧院、邮政等等社会服务机构。这些小企业服务的提供者都是居住在安慧里小区里的外地打工者。依据笔者实地考察得出,居住在安慧里小区外地人口总数达到了 1 万左右。不同的群体选择锻炼身体的形式不同。我们依据人从事的职业不同把安慧里小区居住的外地人进行分类,即提供各种社会服务的工作者、小企业主和小工商主以及公司上班的职业工作者,分别讨论不同群体的体育生活状况。

　　在前文讨论安慧里小区的体育社会空结构是一种由内到外的同心圆结构,这种空间结构是一种开放而包容性很强的结构,体育设施、健身器材随着空间结构而分布。通常只要有健身意识或者闲暇时间的居民,只要生活在这个空间都能无障碍参加到社区体育的锻炼中来。然而体育作为一种人类文化形态和现象的价值意义,通过社会实践,改造和创造人类自身的个体生理环境、心理环境以及社会环境。人只有融入到社会之中,才能不断地发展自我、完善自我。良好的人际关系是一个社会和谐的主要标志之一。现代人选择聚居城市,但居住空间分异与社会隔离令城市中人感受到的却是"喧嚣的孤独"。生活在安慧里小区的外地人由于个人的所受的教育程度、社会地位、经济状况的影响,对于参与到社区体育的能力也不同,有一些居民被隔离在城市社区体育文化之外。

　　在调查中被社区体育文化隔离在外的外地居民,大多是底层的工作者,为社区提供各类生活服务的工作者。即使他们意识到体育有利于身体健康,体育可以增强体质,但自身能力不足而不能参与到体育活动来。这种能力不足体现在三个方面:首先自己体育知识和运动能力的不足,不知道健身器材的使用方法;第二是因为自己可支配的闲暇时间很少,一旦有时间休息时,他们大多人都是选择睡觉的方式来恢复自己的体能;三是融入空间的能力不足,他们不知道如何和社区当地居民构建良好的关系。在社区的体育公共空间里,通常会看到这一幕,社区的居民在跳广场舞、跳健身操、练剑、打太极拳等活动,而这些外地人站在外层当围观者。有时夜深人静的时候,他们会出来在健身步道上散步、快走或者慢跑。这是他们唯一能选择的体育活动。

　　一些小企业主和小工商主都有很正确的体育观和体育意识,但由于他们自己都是经营者,或者饭店、或者美容院,或是中介机构的小老板等,经营上的操劳,使他们更没有锻炼身体的闲暇时间,因此他们基本都没有锻炼身体的习惯。

2.2　锻炼身体是一种生活习惯

　　一些在企业或者事业单位工作的白领、高级管理人员以及企业普通职工与城市社区居民参与的体育方式是一样的。居住在城市社区的大多外地白领阶层通常都有良好的体育习惯,他们认为体育是一种生活方式。鲍明晓认为:"体育与城市有着天然联系,现代体育的本质是城市文化,融入城市发展的体育最具活力。因为运动已经成为都市主流生活方式。人们不只欣赏运动的专业化,还在运动中交际,运动中时尚,运动中娱乐。"体育已经成为城市居民的一种生活方式。

3 "城中村"的"他者"体育

3.1 体育是一种无聊的行为

居住在"城中村"的大部分低收入群体以及小业主群体普遍认为,体育对他们来说是一种奢侈品。生活在"城中村"的外来工,他们相互聚居,却又在心理上相互隔离,心里相互排斥。这种隔离和排斥违背了人们聚居的初衷,人与人之间,群体与群体之间,交往行为在主观上、客观上都存在许多障碍。居住隔离加剧社会隔离,社会隔离容易导致社会矛盾激化,成为"城中村"社会不稳定的隐患。从消除隔离,拉近人际距离、温暖人心的角度看,体育是一个重启人际关系的"润滑剂"。在当今社会以追求经济利益为最大化的内在驱动力,使得很多劳动者对加班习以为常。"城中村"居住的一些外来群体由于长时间的劳作以及低收入,导致他们参与体育锻炼的贫乏性。即使工作时间比较短的群体,他们通常只选择看电视、打牌、打麻将、下棋、逛街等娱乐活动,很少有体育活动。而工作时间长的群体,选择睡觉、闲聊、打麻将、打牌或者什么事也不干,根本不可能有更多的精力参与体育活动。长时间的超负荷工作令他们的身体和心理健康备受损害,他们在工作之余,宁愿早点睡觉,还有一些新生一代的农民工,上网打游戏,唯一和体育有关就是购买体育彩票。而一些小业主,因为每天的疲劳工作,基本没时间锻炼身体,因为店铺是离不开人的。体育锻炼对于他们中间的大多数人来说是一种奢侈品,是一种可望而不可即的事情。

采访对象编号 B24,小芬,女,22 岁,高中毕业。职业:打工者。采访地点:高碑店村。采访时间:2013 年 10 月 11 日。

"我在这里给老板看店的,也出不去,每天都很晚了才下班,基本没时间锻炼身体,晚上吃完饭,看一会电视,上网聊一会天,打一下网络游戏就睡觉了。我们几个都住在一起,大家都是这样的生活,一个月休一天,就去逛街,买一点生活用品,没时间锻炼身体的。"

3.2 体育是一种身份的象征

城市化是人类进步的体现。21 世纪是一个新的城市世纪,预计 2030 年世界城市化水平将达到 60%以上①。人类发展的本质是人的发展,而人的发展取决于一个国家(地区)的基本公共服务供给状况。从社会角度讲,体育有助于促进社会

---

① 城市与体育. http://news. cnhubei. com/hbrb/hbrbsglk/hbrb08/200710/t119131. shtml.

流动,促进社会整合与社会公平,是一个社会人口健康素质的基础。基本体育公共服务体系是社会的"安全网"和"减震器",构建规范基本体育公共服务制度有助于提高全体社会成员的生活质量,营造安定有序的社会环境。因此体育公共服务体系应该打破城乡二元结构、户籍制度等壁垒,公共服务体育建设不仅仅要惠及到城市居民、农村农民,还应惠及到被城市化的乡村——"城中村"。"城中村"是城市人口聚集最密集的地区,是所有怀揣梦想,想在这个城市生活下去的城市打工者的集聚区,我们把这个群体称为白领阶层,他们有良好的教育,有稳定的收入,渴望城市生活,渴望健康的生活方式,渴望体育。

另一方面居住在"城中村"的白领阶层已经把体育当作了一种生活方式,即使工作很忙,他们依然会每周抽出两次以上的时间,游泳、爬山、打球。他们认为这是自己融入城市生活的一种方式,能参加一些高消费的体育活动也是自己身份的象征。

4　城市社区的"他者"与"城中村"的"他者"体育比较

4.1　低收入群体的比较

居住在安慧里小区的低收入者以及小企业主有正确的体育价值观,造成他们不能参加体育活动的原因主要是因为闲暇时间的不足。而居住在高碑店村的低收入群体更多是体育观念的不足,他们认为参加体育运动是一种毫无用处的无聊人从事一项运动,他们的娱乐休闲方式是打麻将、扑克牌、赌博等。

4.2　白领阶层的比较

生活在安慧里小区的居民认为体育是一种生活方式,他们有良好的体育锻炼的习惯。这一群体,通过自己参与的体育找到了归属感和心理安全感。他们相对于生活在"城中村"低收入群体的人来说,更幸福一些。

"城中村"和社区的白领阶层又表现出不同的特征:城市社区的白领阶层参加体育活动,体育活动场地、体育内容、锻炼时间等的选择基本和当地居民能保持一致。而居住在"城中村"的白领阶层对所居中的地区则表现出"格格不入"的情况,他们经常告诉笔者,他们是住在某某村公寓,而不是居住在某某村。而事实上无论是某某村还是某某公寓,都是是高碑店村委会管理的辖区。其实,他们是想告诉笔者,他们和居住在高碑店村的其他打工者是不一样的,他们是有着良好的生活习惯的城里人。他们对高碑店村居住的其他居民充满了嫌恶和鄙夷。笔者刚刚采访他们的时候,只要一说某某村,他们敏感的神经就会升级,大声制止笔者说:"我都跟你说了,我不是住在××村,你怎么还说?"他们参与体育活动的地点也多选择离现行村比较远的地方,参与的项目也多是高档的体育会所,或者是集体性项目,比如篮球和足球等。由于经济上的优势,他们无形中滋生出自豪感与优越感,从而有意识地与其他居民之间设置了一道清晰的心理障碍。高碑店村对于他们来说仅仅是一个不得而已的过渡之地,他们始终是生活在高碑店村的一个"他者"。

笔者认为居住地点的经济地位和社会声望是居中在同一个城市的不同白领阶层参与体育产生差异的原因。安慧里是一个经济上比较优越,交通上非常方便的城市社区,居住在这里意味着自己有很高的经济地位和社会地位,代表着自己是一个成功的外来者。而"城中村"则是传统意义上的,被许多媒体诟病,被许多专家批评是脏乱差,黄赌黑的集聚区,生活在这里意味着贫穷和卑微。社会对"城中村"的不认同,对生活在"城中村"白领阶层的心理产生了不同的影响。歧视性的评价,让居住在"城中村"的白领阶层,心理上承受了更大的压力,他们的心里却是自卑的,他们通过出入各种高端体育会所,来证明自己的高人一等。而另一种奇怪的现象是,他们许多人在市区买了房子,居住一段时间后,把房子出租出去又回到了"城中村"居住。他们告诉笔者说,因为他们的体育玩伴都在"城中村"附近,到新的社区没有体育伙伴了。这一点也充分说明了,体育对于人的心理归属作用。

城市中的大部分的"他者",还有没有体育生活,由于没有休闲的时间,他们被排斥在体育之外。体育应该是城市外来人口生活的重要组成部分,体育锻炼对生活在城市中最低层居民的放松、发展和整合的功能应该引起人们的重视。超时劳动、单调枯燥的、以及一些不良的休闲方式给城市这些最底层居民的生活和发展会造成极大的不利影响。户籍上的壁垒、经济上的巨大差距、本地人的排斥,使这些人很难融入到城市生活中来,他们中间的一部分甚至走了犯罪的道路。体育不仅能具有健身娱乐功能,还拥有促进社会成员间良性互动和交往,促进人的社会融入的社会文化功能,因此培养他们健康的体育生活方式,可以帮助他们消除寂寞与孤独,可以使他们心理有归属和安全感。

5 高碑店村:一个族群的"他者"体育生活

自21世纪80年代起,族群一直是都市人类学研究的主题。族群是建立在一个共同文化渊源上的。这些群体组织经常强调共同的继嗣和血缘,这样由于共同的祖先、历史和文化渊源而容易形成凝聚力强的群体。经常,社会科学家们认为这是群体中个人认同最重要的,也是最基本的社会身份。同时文化渊源又是重要的族群边界和维持族群边界的要素。

群体的构成的基础是共同继承的传统。在都市聚落中,文化特质的实际共性可能没什么意义,共同的社会认同和社会凝聚可能与共同学习传统无多大关系。族群的创造是一个复杂的过程,包括都市聚落和特别族群之间的多元关系。在移民过程中同村的成员,扩展的亲属群体,聚居在一起,他们之间会经常来往。当一个具有共同文化渊源的特定群体被城市中其他群体认识的时候,他们将被其他人认为具有共同文化物质基础的群体。这是从他人之角度来看,这经常与群体间的歧视,群体间的竞争,或者组织志愿团体相关——甚至可能丧失了共同的文化特质,但经过一段时间后仍然会成为自身组织和凝聚的基础。群体会运用共同认同来发展接受或控制特定的经济职位。人们不仅可以看到,特定的族群作为都市聚落一部分反映的发展。都市中心的一个特征就是文化的异质性。许多人类学家认为城市中族群的认同明显的是异质性的,这既是都市复杂的反映亦造成了都市的复杂性。①

5.1　家族企业

他们是一个族群,从农村整个搬迁来到北京,最初落脚在人民大学西门,一片菜地两旁的农房里。他们和阿涛②是亲属关系,阿涛对他们非常熟知。整个家族做图书批发生意。他们既是亲属关系,又是发小,整个少年时代在一个村子共同长大。少年们的外公是蒙族,所以遗传了祖辈良好的身体素质,又因生在农村,爬山、上树、溜冰、游泳,奔跑、游戏是儿时最平常的事情,因此当他们进入学校读书时,总是学校里体育人才里的佼佼者,参加学校运动会是经常的事情。1996 年,二姨家三表哥从中国人民大学毕业之后,正好是我国图书发行市场开放初期,三表哥在老师的指导下成立一家私人图书公司,当时公司仅有三个人组成,侯姓三表哥,李姓大表哥,张姓表弟(当时仅仅 13 岁)。

---

① 周大鸣. 族群与文化论——都市人类学研究(上)[J]. 广西民族学院学报:哲社版 1998:16-23.

② 阿涛是笔者多年的好朋友,当我说要写一篇有关"城中村"当地居民和外地居民体育生活情况、以及体育对这样些人的影响方面的博士论文时候,阿涛说研究我的家族和老乡吧,他们都是从外地来的,整体文化不高,但是不大部分都在北京留下来了,他们都有良好的体育生活,这是最好的案例。阿涛,中国人民大学毕业,现在在一家图书公司担文史社科部门的图书总编辑,酷爱户外运动。

　　自20世纪90年代以来,受美籍华人张德培在世界职业大赛取得优异成绩的影响,在亚洲国家掀起了一股网球运动热潮,在中国网球运动也开始被一些有识精英认知,因此打网球在90年代末被认为是一种地位和品味的象征,也被认为是一种有闲阶层的运动。侯姓三表哥在上学期间迷上了打网球,并养成了长期性的习惯,当时侯姓三表哥学会打网球完全是为了社交。打网球让他结交到更高层次的人群,也给他的图书公司带来了很大的发展。受侯姓三表哥的影响,李姓大表哥和张姓表弟也把打网球当作自己的爱好。第一是为了证明自己的身份,第二也为了表示兄弟情义。那时候在人民大学他们经常被人称为"那三兄弟",网球打得非常好。除了网球运动,他们最喜欢去的地方就是学校健身房,力量训练是每天的功课。1997年公司规模扩大,侯姓三表哥把自己的哥哥,侯姓大表哥以及在北京机关就业的二表哥纳入自己的公司,同时回到家乡把和自己一起长大的王姓大表哥、三表哥、冯姓表弟,以及他的姑姑家齐姓大表哥统统纳入自己公司。公司也由海淀区搬入朝阳区姜庄湖,库房租在高碑店村生产队的一个大院子里。一部分人居住在姜庄湖里,一部分人居住在高碑店库房的大院子。为了便于后面的理解,首先把这个家族成员介绍一下,这一结构图是后来家族成员分裂分别按照姓氏成立了自己的分公司结构图。如图4-40所示。

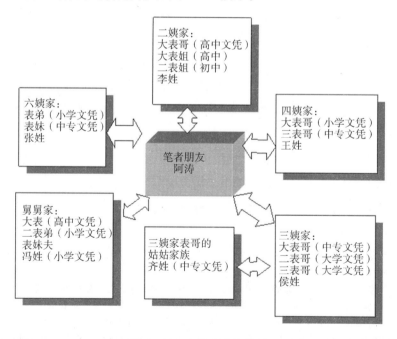

图4-40　家庭成员结构图

5.2　家族体育

5.2.1　网球运动

这些充满着梦想的少年工作之余最大的爱好就是从事体育运动。打网球是一种普遍行为。三表哥最高兴的事情就是自己影响了整个家族的爱好,这是一种权威的象征,也就是说从某种意义上讲,自己的爱好成为大家的爱好,意味着自己在他们之间更成功,占据统领地位。在家族里,他不是老大,但这个公司里,他是绝对的老大,为了便于他权威的树立,他要求每个人在公司都以职位相称。并且为公司每一个人购置了网球拍。

侯姓三表哥是兄弟们网球运动的启蒙老师及兼职教练,很快公司几个兄弟都学会了网球这一运动,每到周末家族成员都聚集在一起打网球,相互切磋技艺,场地选在公司办公地点姜庄湖畔,在一个空地上画上线,在中间拉一个网,两个人就开始对决了,其他家族人员以及公司的员工都来围战,并兼职裁判和记分员。采用三局两胜制。比完赛,兄弟们一起在公司食堂用餐,讨论技术和战术运用的得失等,然后散去。可能那个时候刚刚进城,对周围的环境了解知之甚少,估计实在没有什么玩的缘故吧。平时大家练球都是在库房大院里,在库房外对着库房的墙打球,时间久了,库房一面的墙壁出现了坑坑洼洼。由于兄弟们的热爱,网球文化逐渐在公司形式,并成为每一个人必会的项目,好像谁不会就很乡巴佬的样子。

5.2.2　肌肉运动

拥有完美体态与肌肉线条,是所有男性的梦想,同样这些来自农村的男人对肌肉和力量也是一样向往的。"我常常不知道为什么他们拿着那些冰冷的器械推来推去。"阿涛告诉笔者。在库房的旁边他们弄了一个很糟糕破烂的地方,专门用来练功,他们称那个地方为"练功房",里面放着一组杠铃,还吊满了许多沙袋。记忆里,好像他们一有时间就去那里推杠铃。经常相互比斗看谁更有力量,有时候还对着沙袋一顿拳打脚踢。在院子里还有一组单双杠,也是他们经常光顾的地方,只要从那里经过,他们就会去拉一拉自己的肌肉,或者做一些动作。有一次他们聚集在一起比赛,就是骑在单杠上,两手抓住单杠,上下悠圈,比赛看谁悠圈悠得多。他们时常露出自己的手臂,鼓一把劲,看肌肉是否有增长,相互攀比。有一天夜里,阿涛半夜起床去厕所。路灯高高地挂在库房顶上,照亮这个院子,阿涛听到嘿哈嘿哈的声音,顺着路灯望去,看见有人在单双杠上起起伏伏,阿涛慢慢地走过去,发现侯姓大表哥正在单杠上上下翻飞,从光亮中,看着他满脸严肃,有一种正义凛然的感觉,就像一个英雄,要去惩治邪恶一样。单双杠被一群柏树围着,在模糊的灯光下,柏树在微风飒飒抖动,树影下好像什么东西在动,像是野兽,暴躁不安。阿涛说突然有一种被孤立的感觉。侯姓大表哥,纵身一跳,握住了那冷冷的铁,轻而易举地使下巴高于单杠之上,有一种居高临下的感觉。手一直握住铁不放,就那样吊着。侯姓大表哥说:有两天没有去锻炼了,就觉得肌肉有点不适应,就像经过一个长长的假期,回来之后不会写字一样,手不随意志而转移,练完后,身体完全伸展开,感觉自己又高了几分。经常练习会很舒服,心情愉悦,每一天征服地球的引力是一种享受,可以让自己精神饱满。事后,阿涛也养成了锻炼身体的习惯。阿涛学会了哑铃操,并一直坚持到现在。

5.2.3 钓鱼

喜欢钓鱼是因为,侯姓二表哥的妻子(中国人民大学毕业,四川人,家教良好,从中华女子学院辞职,来公司做业务)。侯姓二表嫂是公司发行部的总经理,确切地说是公司主管内部业务的主要负责人,此时侯姓三表哥,对公司内部的管理,基本不过问了,主要负责公司外部社交,和一些更上流的社会进行体育交流,并且学会了马术运动。侯姓二表嫂的父母喜欢钓鱼,因此也影响了她对钓鱼的偏好。当时,整个姜庄湖公园的管理者,只有一个人。姜庄湖古色的建筑、公园的美景、还有姜庄湖的清水,足可以激起这个大学刚刚毕业的女子所有浪漫情怀,为了让大家都能陪她钓鱼,经常鼓动大家去钓鱼,并买了很多各式各样的鱼竿,放在公司的办公室里,公司管理比较宽松,只要没有业务,大家都可以去办公区的对面钓鱼,姜庄湖的鱼很多,可以免费钓。钓上来的鱼可以下厨,因此那个时候公司经常吃鱼。

侯姓二表嫂教会了每一个人钓鱼。最初很多人都是因为要吃鱼才陪着侯姓二表嫂钓鱼的。随着钓上来的鱼越来越多,鱼是吃不了了,把鱼钓上来,再放回到了湖水里,反复练习,慢慢大家逐渐痴迷了这项体育活动,公司很多人可以一上午一动不动坐在湖水边钓鱼,不说话彼此静默,或者想想事情,清静一下,不再把鱼拿回来吃,完全把钓鱼这项活动当作一种爱好来进行。

为此侯姓二表嫂在公司组织了一场钓鱼比赛,冠军得主者,可以获得一部诺基亚手机。当时在整个北京城,能用上手机的也是寥寥无几,大家都用传呼机。这次奖励,使后来的钓鱼文化一直在公司延续。公司的男男女女、老老少少都会钓鱼,以至于后面进来的员工也不知道为什么就喜欢上了钓鱼,可能是为了和公司其他人一样吧,不会钓鱼,还怎么在公司待下去呢?

5.2.4 "撞拐子"

"撞拐子"在公司的兴起是因为王姓大表哥在公司地位的提升。随着公司的不断壮大,公司的人事格局也在发生变化,王姓大表哥在公司地位逐渐得到大家的认可。王姓大表哥的存在使公司在同行里逐渐声名鹊起,同行们也经常宴请王姓大表哥,并向王姓大表哥请教经验。王姓大表哥在家族里,最年长,因此在兄弟中,绝对是孩子王,说年长只不过比那些兄弟大一两个月或者是一两岁而已。王姓大表哥在家乡的时候也经常组织兄弟们进行撞拐子比赛。有一天兄弟们开完常务会议后,决定一起去打网球。王姓大表哥说,你们会的都是西洋玩意,那有什么意思,不如我们来一场撞拐子游戏。结果一呼百应,毕竟这样的游戏伴随着每一个人长大,他们有太久没有玩这种游戏了,于是大家并没用分组,而是在公司的一块空地进行了混战,顿时整个场地,尘土飞扬,人声鼎沸,在一片混战中之后,王姓大表哥获胜,又再一次证明了他在这个组织不可动摇的地位,从此撞拐子成为公司男人们力量和智慧的象征。而女人们也会偶尔在余暇时间撞上几回,娱乐逗趣,好不热闹。库房大院是撞拐子的主战场,这样的活动还经常引来高碑店居民驻足,王姓大表哥公从司挑选了几个撞拐子高手和高碑店村的居民,进行了一场撞拐子比赛,赛后给居民们发一些奖品以及纪念品。因此在高碑店村,家族成员是高碑店居民最欢迎的外地人,撞拐子游戏让他们和居民有了共同的体育文化心理契合点,毕竟这种游戏整整伴随了几代人的记忆。

5.3 企业变迁与体育分化

5.3.1 企业变迁

公司业务的增多,已经让印刷场不能正常运行,印刷的速度远远跟不上卖书的速度,公司业务经常因为印刷速度上不去而中断。因此在1998年,王姓大表哥发挥了他在村子里的绝对权威,从家乡拉来两辆大卡车的农民,住进了高碑店。招工荒,不仅仅表现在本公司里,同行业公司也遇到了这种情况。这些人被分在自己的公司,图书印刷厂里以及其他图书行业里,大约有一千人,他们最高学历是高中,最低学历是小学。在社会变迁中,轰轰烈烈地进入了打工的时代,从那一年开始他们由农民变成了在高碑店居住的农民工。他们主要依附于几个家族的图书业而生存。

2000年高碑店村为了配合奥运会,开始进行城市化拆迁,公司的库房开始搬离高碑店村,因为库房就在临近的隔壁村,在高碑店村居住习惯的一些同乡人,开始自己找当地居民房租住,继续留在了高碑店,而有一些人则跟随库房搬迁到了邻村。于此同时公司租用的姜庄湖也卖给了德国人,而造成公司不得不搬迁。此时公司的内部矛盾激化。兄弟们在公司开了最后一次常务会议后,开始第一次分家。2002 年第二次分家,2005 年第三次分家,2008 年第四次分家,也是最后一次分家,直至分化成了目前的六个各自独立的公司,就是我们上面按照家族族谱给出的格局。侯姓家和李姓家搬离朝阳区回到海淀区,张姓家族、冯姓家族和王姓家族留在了高碑店附近,齐姓家族搬迁到通州区。至今今天这样的格局依然存在。虽然各家公司办公地点分散在北京市里各个地方,但他们各自公司的库房依然都在高碑店附近,有的公司库房还是混在一起的。公司的分流也造成了来自家乡的同乡也开始分流,他们分布于各个分公司里。遗留在库房工作的人,大部分居住在高碑店村或者在其他附近的村子。而高碑店因为原有公司最初的老人居住,依然是后来家乡农民所向往的地方。最初来北京打拼的那一千农民,在八年中,也因为公司的变迁而发生了改变,一些人留在高碑店做家具生意,一些人开始从事印制行业,一些人做了教育培训行业,还有一些人做了运输行业,开了物流公司。总之,各种行业都依附于图书行业的发展而发展起来。公司的分化也造成了每一个企业的体育文化开始分化。但是无论做什么他们都对体育情有独钟。

5.3.2 体育分化

目前各个家族成员分别分布在朝阳高碑店村及其附近、通州果园、海淀区苏州街。因为高碑店村是本研究的对象,我们先关注一下居住在高碑店村的这些人的体育行为。

5.3.2.1 留在高碑店村"家族成员"的体育

5.3.2.1.1 网球运动和钓鱼

高碑店村采访编号:A11,阿荣,男,40 岁,高中文化职业:小企业主。采访地点:古典家具城。采访时间:2013 年 12 月 6 日。

"我是侯总(侯姓三表哥)大姑家的,确切地说,我是他的大哥,以前是当地的小学老师。因为公司的需要我辞职来到了北京。已经脱离了图书行业,现在主要做古典家具生意。回想当年,刚刚到那个公司的时候,最让人怀念的事情还是一起玩游戏的时候,说真的,网球运动给我带来了很多好处,当你和人有一个共同的爱好时,你会发现你的很多生意就变得容易了一些,人家更愿意和你交流和交朋友。因为一个有良好的生活方式的人,人们按照惯性思维的认定,你是好人。当然网球运动不仅仅给我带来的是周围朋友和客人的尊重,还让我有了一个强健的身体和健康的精神面貌,这么多年来我一直坚持打网球,只是现在没有那样宽阔而优美的场地了,每周我到附近的室内网球场打两次,一般要持续两到三个小时的运动量,没有比赛了,多是约一个同伴一起去。钓鱼的习惯也一直保持,因为这里有一个惠通渠穿村而过,一般会找一个比较安静的地方约上几个朋友一起钓鱼。如图4-41所示。侯总给我们的影响其实是潜移默化的,如果不是他的关系也许我会一直在家乡务农及教书,也许来到北京也会像其他生活在这里的居民工一样参与赌博等其他一些不健康的生活方式。现在偶尔去健身房,练一练肌肉,那种肌肉力量的培训,我喜欢这种感觉,那样意味着我依然年轻和充满了活力。撞拐子的游戏不玩了,你知道那是一个群体的少男活动,但是说心里话,我非常怀念那个时候的撞拐子游戏,前一段时间约了几个画家朋友在我们这个办公的楼下玩了一场,权当是对年少时候的一种回忆。那个时候每天在库房待着,没事看看书,那是我这一辈子读书最多的时候,通过读书认识了家具,让我开始对古典家具着了迷,正好当时高碑店有这样的一个契机,我开始从事这样的行业,体育对人的影响真的很重要。"

图4-41 钓鱼的阿荣

笔者在高碑店村租住的房屋在东村的平房里,窗外便是古典家具一条具街。住在笔者隔壁房间里的是一个九零后少年,是阿涛的老乡,叫阿军。笔者依据阿军,认识了居住在高碑店的这个家族的一些人,因为拆迁后的高碑店房租增长,此时居住在这里的这个家族人,已经不多了。阿军现在在王姓家族里做图书业务员,是王姓家族表哥的姑夫的姐姐家的孩子。

5.3.2.1.2 拐子文化的继续

采访对象编号:B22,阿军,男,22岁,高中文化。职业:图书业务员。采访地点:高碑店村阿军的出租屋。采访时间:2013年12月7日。

"住在这里的还有几个老乡,他们在前排的平房里,我高中毕业就来了北京,是舅妈帮忙找人介绍来这里打工的,在我的家乡他们的家族很出名的,都是有钱人。我不会打网球,以前在学校的时候喜欢打篮球,网球课学校不开,根本没场地。在公司有一定地位和经济实力的人才打网球,首先学网球要花钱,打网球也要花钱,目前我实在支付不起,公司里有几副闲置的网球拍,也只是拿一拿,看一看,没打过,因为没地方。在公司办公室里,有几个哑铃和拉力器,大家闲暇之余经常练一练力量,有时候相互还比一下。我也希望有一天能像他们一样到健身场所里打网球。那毕竟是一种成功的象征。在高碑店村的主要活动是到对面的兴隆公园里玩,在将军林有个老头免费教人抽马鞭,非常好玩,他其实就像双节棍,练不好,就会抽到自己,但比双节棍难练多了,只有抽响了,才算是入门,我现在刚刚入门。因为公司的其他人,都喜欢体育活动,我又没有其他爱好,学会了这个项目一个是表现我与众不同,一个是证明我也热爱体育运动的。在公司大家都喜欢一种撞拐子游戏,每年年会王总都把公司分成男女两组把我们带到朝阳公园进行比赛,得到冠军的人会得到一个丰厚的红包,其他人也会有相应的奖励。有时候在办公楼里,业务部和编辑部突然兴起就在办公楼进行撞拐子游戏混战。弄得楼下的人,上来找我们王总好几次,但是王总对这样的行为是默许的,很好玩,我很愿意在这个公司工作,因为他们有人情味。在公司规章制度里,写着杜绝员工私下里赌博,如果被发现扣除一个月的奖金。所以大家不敢玩,偶尔在网上玩一下虚拟的网络游戏。"

因为笔者和阿军是邻居,笔者经常随着阿军去兴隆公园看他学习抽鞭子。如图4-42、图4-43所示。

图 4 - 42 学抽鞭子的阿军

图 4 - 43 将军林碑

笔者采访的另一个对象是一个生活在高碑店村四年的 80 后女孩,大学毕业以后在张姓表弟公司做职业编辑,是张姓表弟叔叔家的妹妹。

5.3.2.1.3 新型体育项目的兴起

高碑店村采访编号:B13 女。艳丽,27 岁,大学文化。职业:图书编辑。采访地点:出租屋。采访时间:2015 年 12 月 10 日。

"我的月收入大约在是 8000 块钱左右。平时约一些驴友参加户外运动。哥哥喜欢户外运动,每年公司年会都组织大家去拓展,有专业拓展公司为我们做培训。另一个项目就是打 CS,一开始公司是排斥女孩子参与这项活动的,后来由于女孩子的强烈要求也允许女孩参加,公司花钱,这样的福利不能有性别歧视。我经常去对面的兴隆公园玩,虽然有点远,但是那里毕竟是一个锻炼的好地方。在专有的健康步道,散步、慢跑,总是和同乡在一起,有时候我们一起在那里打羽毛球、踢毽子或者跳健身舞,不过跳健身舞不是免费的,先有人免费教你,等你学会了,再想跳就需要交钱了,也不多,大约一个月30块钱左右,交给领操的。高碑店村,在一些重大节日时候会有一些花会表演,最有趣的是在端午节的庙会,很热闹,最喜欢高跷项目,小时候,我在村子里也是高跷高手,代表村子还走过街,现在只能看别人表演了,其实他们还不如我跳的好。"

图4-44　兴隆公园健身步道

图3-45　艳丽跳舞的团队①

高碑店房租每一天都在增长,这个家族的成员也陆续离开了高碑店村,曾经住在这里的与这个家族有过千丝万缕联系的上千个居民工,也延伸到这个大城市里的各个角落,有得已经离开了这个城市,去了上海、广州和深圳等城市。有关他们的体育活动,我们已经无法考证。但和阿涛有直系亲属关系的家族一直生活在北京,为了便于研究的联系性,笔者对离开高碑店村的其他家族也作了跟踪研究。

5.3.2.2　离开高碑店村的其他"家族成员"体育

5.3.2.2.1　网球和肌肉运动

侯姓家族三兄弟离开高碑店村后,网球运动依然是他们的爱好,打球的技术水平一天比一天高,甚至可以和专业的媲美。并且因为闲暇时间的增多,让他们更加迷恋这种运动,打球的会所级别也越来越高,最终形成了一种习惯,而且会所也定在钓鱼台国宾馆网球场而不再更改,一周打两到三场,打网球依然是一种社交手段,并且影响着公司的每一个人,肌肉训练行为也一直坚持。

---

① 艳丽跳舞的团队,多是老年人。

李姓大表哥继续网球运动和肌肉训练,并成为一种生活习惯,但为了公司凝聚力的提高,他开始在公司提倡户外拓展运动。李姓二姐喜欢去健身房,李姓大姐已经进入老年阶段,日常运动是散步。

5.3.2.2.2　体育运动的消失

齐姓家族已经基本没有运动习惯了,他们喜欢上了打麻将游戏。主要是因为固有农家习俗文化对齐姓家族的影响已经根深蒂固,当特有的环境消失,固有的环境出现,那存在自身成长记忆的文化就会自动滋生出来。家族的分化也体现在体育文化上的分化,整个分化过程中,离不开自己所受的教育。学校教育对于人的体育文化的培养以及现代生活方式的培养具有重要的作用。

5.3.3　家族体育融合

2010年以后各个家族企业都进入了正规。王姓家大表哥组织了家族体育自驾游,从那年开始,家族每年进行一次自驾游活动。而于此同时他们每到过年过节,家族人都有计划化、有组织的组织家族体育比赛。涉及的体育项目主要有撞拐子比赛、肌肉力量比赛、网球比赛。而他们之间的身体较量,也转变为他们员工之间的体育竞争。

5.4　体育对于一个家族的影响

5.4.1　一种体育文化的持续

在高碑店村居住的整个家族慢慢搬迁了出去,之后是否还会有更多的农民工搬进来和搬出去,这是一个未知数,因为如今的高碑店已经没有了低廉的房子出租给新来这个城市落脚的年轻人了。笔者租住的东村,正在被拆迁中,曾经发生在这里的体育故事也影响了很多人的人生轨迹。促使这个家族发展的关键人物,侯姓三表哥认为体育不仅影响了他,也影响了家族的其他人。体育是整个家族在都市生活的关系维系纽带。

侯姓三表哥认为他选择学习打网球,是带着功利心的,在九十年代末,中国打网球的人还比较少。打网球被认为是一种奢侈的事情。当时在人民大学一些老师中开始流行网球运动。为了和老师接近,他学会了打网球。人民大学场地很紧缺,打网球要提前一周预约,他每周都会去预约场地。也就是从那时候开始,打网球成为他日常运动了。现在是真心喜欢,甚至到了上瘾的地步,球场上的奔跑、直线、斜线、正手、反手、上网截击,所有的一切都能给你带来无穷的乐趣,生理和心理会产生不同程度的愉悦感。几天不打就觉得浑身难受。公司成立之初,他推广网球运动也是有私心的。

侯姓三表哥认为他把自己的兄弟们带到北京,是希望兄弟们能过上好日子。当时想法很简单,就是,他们不仅可以生活在城里,而且要比城里人还要活得好,城里人都打不起的网球,在公司这是平常普遍的事。业余时间,兄弟们,在网球场进行一番练习和对抗,无论是双打还是单打,满场的奔跑、有力的击球、大声的吼叫或欢快的笑声,可以宣泄或缓解他们工作的的压力和紧张,当然也带来了身心的放松和愉悦。之后他们就会以饱满的精神和良好的状态投入到自己的工作和生活中会。同时,通过沟通,切磋球技,可以进一步增进彼此的这种纽带关系。

侯姓三表哥希望能得到兄弟们的认可和感激。当一个人感激另一个人时,那另一个人就拥有了一份社会债权,被别人感激的越多,感激的程度越深,那么所积累的社会债权也就越多,社会债权最终将转化为社会地位。一个经常帮助身边朋友、家人的人,他必将获得来自朋友和家人的社会债权,于是这个人在这个朋友圈和家族中将拥有一定的社会地位。体育带给家族的力不仅仅是量和智慧,也是一种社会责任。

侯姓三表哥认为肌肉运动,应该是每一个少年都希望拥有的一种运动。肌肉是一种力量的象征。撞拐子这种游戏,是他们每一个人成长的记忆。这是最具男子气概的战斗。单腿支地,手搬着另一只脚,用膝盖相互拼搏和撞击。如果让对手手松开或者摔倒在地就算胜。这种体育游戏的魅力不仅仅来自于力量和体力的竞争,它更是一种智慧的象征。

如果一定要总结一下体育给家族带来了什么的话? 那么体育绝不是仅仅增强体质、愉悦身心、发展智力、培养意志品质等等那样简单。首先,体育能给人带来了机遇。许多人因为有共同爱好的体育项目,而结交为朋友,给自己在这个城市提供了一个巨大的上升空间,我本身就是一个很好例子,因为爱好体育运动,而结交了多有良好教育的人,让自己站在很高的平台,很快成功。其次,体育能给人带来社会地位和社会尊重。当他们还是一个贫穷的学生的时候,就因为自己打网球好,而受到社会地位很高的人尊敬。在公司,也因为体育好,得到家族人的尊敬。这种尊敬超越了家族的等级制度。再有就是体育能促进一个人的社会融入。从家族公司出来的人,都能很好地融入这个城市中来,体育减少了他们进城以后的很多麻烦,比如,社会歧视和社会排斥等问题,在他们身上少有发生,他们无论走到哪里都能和当地的居民融洽相处。一个人的思想高度,不是由他的社会地位和经济地位决定的,而是由他日常生活中与人相处的方式来决定的,一个连自己都不懂得自尊自爱的人,无法得到别人的认同。生命在于运动,人类因为运动劳作而有了生存繁衍的机会,有了超脱于其他动物的机遇。人也因为运动而超越了自己。运动不仅是为了锻炼身体,而且更重要的是要借助这种方式表达生存意志,确证和张扬自己的本质力量。

这个家族经历了一个北京的村庄由"自然村"变成了一个"城中村"的整个变迁过程。以前他们不觉得自己居住的地方有什么不好,因为他们的家乡就是那样的。他们曾经奋斗的地方叫"城中村",他们都是从"城中村"走出来的,如今的高碑店村已经面貌全非,那个锻炼身体的大院已经凝集在记忆中了,不过,其实无论是在哪里,人人需要体育。

5.4.2 体育文化维持家族的身份认同

从体育生活方式来考察一个家族的城市化和市民化,可以看出,这个族群一直坚持的体育生活方式给他们带来豁达、积极、健康的良好品质。他们大部分人已经很好地融入了这个城市。对于是农民和市民的称呼,并不介意,他们都认为自己是生活在北京城市的外乡农民,言谈中,透露着骄傲,"我其实就是地地道道的农民",这几乎是他们兄弟之间的口头禅。研究发现,整个家族除了齐姓大表哥在离开了整个族群之后,不再从事体育锻炼之外,其他家族成员,一直把体育作为自己业余活动的主要方式,并且在自己的公司大力推行体育活动,并把体育作为培养员工的一种方式。究其原因,齐姓家族的人比其他家族群体的人年龄大8~10岁不等,根深蒂固的农耕文化很难让他适应都市生活的环境。在一个环境生活越久,受其影响就会越大,而且很难改变,即使因新的环境的刺激发生了一点改变也是暂时的,这种刺激环境一旦消失,原有的生活方式很快又暴漏无疑。而其他家族成员,因为很早就脱离了农村环境在外就学,即使没有接受学校的正规教育,也很早就来到了北京,接受了都市化的社会教育,受农耕文化影响还不是很深,所以更容易接受现代的生活方式,并且一直坚持下去。由于生活方式的不同也造成了齐姓大表哥家族和整个家族的疏远。没有共同的爱好,就很难融合在一起。而其他家族成员共同的体育爱好,让他们再一次凝结在一起,他们中间既有竞争,又有合作,既有有冲突,又有融合,这是一个家族整体变迁与城市化的过程。

5.4.3 体育背后的家族制度促进族群内部关系和交流

通过分析,我们不难看出,表面上维系这个家族之间的纽带关系是体育活动,但是透过这种体育活动的表现,这种纽带关系其实还是延续了农村熟人社会的纽带关系,即家庭关系,亲情关系、邻里关系等,他们都没有因为身体进入城市而和这种纽带关系发生破裂,熟人社会恰恰是制约着他们每一个人行为的无形制度,而这种无形的制度又激励了家族每个人的进取心。家族的荣誉感似乎是每个人共同遵守的规则。他们通过体育活动来维系家族的这种纽带关系。毕竟大家都是从小一起长大的,成功对于他们来说应该均等。当时张姓家表弟来到京城才13岁,只有小学文化,在哥哥们的带领下,在北京创出自己的一片天地,并有了自己的公司,而他的体育生活也和其他哥哥们的体育生活是不一样的,他更加推崇现代性的时尚性体育项目,户外运动、彩弹射击、自驾车旅游等。虽然年龄最小,但他在整个家族中是被平等对待的。人的现代化就是实现从传统人到现代人的转化,就是人的素质全面提高的过程。这个家族的体育活动,促使他们从思想观念、思维方式、能力、行为方式和社会关系等五个方面都得到了提升。

"城中村"的"他者"别离了已然遥远的家乡民俗体育文化,但家乡的民俗体育文化却清晰地浸染在他们的记忆中,他们大部分依然停留在家乡民俗文化的经验中,这一点,集中表现在他们对儿时体育游戏的热衷上。外来人口的多元性体育文化,在"城中村"中交流、冲突、融合,使"城中村"体育发展问题十分突出、复杂。由于大部分外来人口的高度流动性造成其社区归属感淡漠,而防范式的管理,使他们对社区更加缺乏责任感和归属感。甚至有一部分外来人口,出现破坏体育设施的现象,笔者在其中一个"城中村"调查体育健身器材分布情况时,经常看到一些年轻人愤怒地踢踹健身器材,甚至用利器砸砍器械的情况。"城中村"大部分的外来人口都是贫困者,每天日夜劳作不得安息,工作、生活的压力,以及来自各个群体对他们的排斥,让他们把愤怒转向了"城中村"仅有的几块健身器械上。而另一方面,那些居住在"城中村"受过良好的文化教育以及有了一定社会资源的外来工,虽然找到了一种自己参与体育的方式,并能很好地融入城市体育中来,但依然"对"城中村"缺乏归属感和责任感,他们认为自己就是城里人和"城中村"居住的其他人是完全不一样的,他们仅仅是住在"城中村",而工作和生活都在城市里。和笔者交流时,他们总会流露出鄙夷和不解的神情。"他们还锻炼身体?他们还会干什么?他们除了赌博嫖娼什么都不会干吧?""估计除了我打篮球,这里不会有第二个人了""我打高尔夫,就这里的人,可能不会懂得体育的快乐的"这种鄙视和歧视性的语言和情绪是一种普遍现象。而像"城中村"走出来的一个族群成功的案例是个别现象。

第四节 城市社区与"城中村"体育文化发展的差异

1 城市社区传统体育文化的衰退与现代体育文化的多元发展

1.1 城市社区传统体育文化的衰退

1.1.1 城市社区民俗节庆体育文化的衰退

中国传统体育文化最主要的特点就是注重人与大自然的关系以及人与人的和谐关系。许多体育项目的诞生和发展都是在一定地域地理环境基础上,表达人与人关系的宗教活动基础上而产生的。传统体育活动是一种信仰活动,是传统文化的一个重要组成部分。因此在政治、经济、文化诸多方面都会留下深深的烙印,其发展与特定的地理环境条件和农耕文化的发展息息相关。但是随着社会的现代化和城市化的建设发展,传统乡村文化空间逐渐向城市文化空间转向,随之传统的乡村居民生活方式也向现代生活方式转型,传统乡土文化受到很大的冲击,一些传统体育项目赖以生存的农耕文化、狩猎文化遭到很大的破坏。比如说秋千、斗牛、射箭、骑马、马球;诸如蹴鞠、摔跤、火龙节、泼水节;再比如赛龙舟、踩高跷、舞龙狮等活动,这些项目能得以开展,需要场地占地面积比较大,一般都是在广袤的草原或者开阔的平原进行,只有在远离城市的郊区才能开展,具有较大的随意性。而城市空间多是稀缺资源,不可能拿出如此大的空间,供城市社区发展这些体育项目。在城市化进城过程中,越来越多的人集聚在城里,供传统体育项目赖以发展的社会空间被越来越多的高楼大厦占用,从而在城市失去了生存的空间。

同时在城市社区里,传统节日越来越弱化,依赖于传统节日生存的传统节庆体育项目也就失去了其生长的土壤。这种反映乡村传统文化精神内涵的节日庆典体育文化,是乡村百姓的表达形式,是乡村传统文化的载体,其传承和发展是以一定的群众性和乡俗娱乐性为基础的。而现在的城市社区居民有很高的异质性,分别来自不同地区和不同地域文化,在新的居住区,在短的时间内很难形成具有某一地域体育文化特征的集体性活动项目。这种以一定地域特征的,同质性很强的、具有集体记忆的传统节俗性体育项目很难在社区开展。加之在城市某一带大型的居民集聚区,都由几个行政社区管理,社区内部行政区域的隔离以及以及社区管理的条块化使得一些具有传统节庆的集体性体育活动,在社区开展更是难上加难。

城市社区体育都是在城市某居民集聚区上,居民运用简易的体育器材和设施,通过形式多样的活动项目达成强身健体、休闲娱乐、社会交往等目的体育活动。以现代国际流行体育项目涌入城市社区,现代体育方法与手段的广泛普及,而且体育活动主要在社区的公共空间进行,规模比较小,项目简单易行。西方现代体育项目在社区的广泛传播,对民族传统体育项目在社区的发展也产生巨大的冲击,使民族传统体育的生存空间更为狭小。这在青年人中最明显,许多青年人大量地吸收西方的文化,他们喜欢竞技体育,喜欢有强烈视觉冲击力的场面,却忽视了对本国传统文化的保护与继承。以西方奥林克运动为节俗礼仪的体育文化正在取代我们中华民族的传统节俗体育礼仪文化。西方的现代体育项目也正在取代传统体育项目在中国城市社区的发展地位。

而另一方面,长期以来,在乡村传统生活文化空间中塑造出来的武术资源,即少林功夫、武当武术、回族重刀武术、沧州回族武术、杨式太极拳等中国传统武术项目,其发展一般在都是在武术文化节、博览会等特定的节日进行,活动的空间也主要是在乡镇村落、民间庙会、广场公园等地进行。武术文化活动的发展有很大的随意性,其与城市完善的制度契约文化、以及以规则为行动准绳的意识文化格格不入,由于武术文化活动不能脱离自身的文化空间,也由于武术多流传于民间,而且许多大师穷其毕生精力却密不示人,导致武术文化传承在城市社区中的断裂,进而面临逐渐消亡的态势。虽然太极文化在城市社区中还得以保留,但是进入城市社区的太极文化,也由于失去了乡土气息的信仰体系的仪式,在城市化的过程中,太极文化只能沦为"形式化"的操演项目。如图4-46、图4-47。

1.2.2　民族、民间体育文化的衰退

在我国,民族民间体育项目主要是指以嬉戏娱乐为主,在乡里之间代代口口相传的体育游戏,其种类繁多,形式多样。民族民间体育游戏是在民间广为流传,由于各地各民族的民间体育游戏都和当地浓厚的生活气息相联系,这些项目多起源于乡村野里,发端于一种生活习俗,与农历节俗季节息息有关。比如,每逢春节、三月三、中秋等传统佳节,广西壮族青年男女举行的投绣球游戏;各个民族都玩的抽陀螺、打瓦等多在冬季开始。目前在城市社区居民中的记忆里,这些有季节性的民族民间体育游戏,意味着遥远的童年记忆。那些代表着城市居民的童年

图 4-46 安慧里小区打太极的老人

图 4-47 安慧里小区打太极的老人

民间体育游戏,随着城市化的发展已经一去不复返了,在采访中,许多居民无不唏嘘不已。实际上虽然民间体育游戏风格各异,但玩法简单易学、趣味性强、材料简便、不受人数、场地、环境限制,按照这样的特点,这样的民族民间体育游戏文化很容易在城市社区传承并且发展,而实际上,在笔者调查的安慧里小区,能流传下来的仅仅是抖空竹、踢毽子以及跳绳几个简单的项目。如图 4-48、图 4-49 所示。

图4-48　安慧里小区抖空竹的老人　　　图4-49　安慧里小区踢毽子的老人

　　而其他具有游戏性、趣味性以及健身性的民族民间体育游戏在城市社区中并没有得到广泛的发展。在安慧里小区调研中发现,虽然民族民间体育的发展受到现代西方体育的冲击,但是在社区里不能发展的主要原因是社区体育空间的缺失。这种空间的缺失是对社区居住的儿童、青少年以及中年人的缺失。事实上,目前中国城市社区的体育空间是老人的空间。在我们调查的安慧里小区,每日从早到晚健身园各个空间都是老人占据,一旦有年轻进入,那么青年人参与的体育活动也必须是和老人一起进行的体育活动,如果一旦是青年人喜欢的滑板项目以及轮滑项目进入社区的体育公共空间,则很快被老人指责为是一种不道德的行为,不懂得尊老爱幼,很快年轻人就得被迫退出了社区的体育公共空间。对于民族民间体育项目,也只有那些老人喜欢的项目才得以在社区的公共体育空间进行,比如抖空竹、踢毽子、跳绳等游戏。而源于表现人民群众劳动、生活的缩影的跳跃类的跳皮筋游戏、投掷类的丢沙包游戏、奔跑类的老鹰抓小鸡游戏、竞技类的抽陀螺游戏、对抗类的撞拐游戏等。这些具有普遍意义的民间体育游戏,却在城市化进程中,在城市社区的空间里,消失在孩子的游戏玩耍中以及成人的体育活动中。

　　总之,在城市社区中国传统的民俗、民族、民间体育文化正在衰退。一种原因是在城市社区民族传统体育赖以发展的体育空间消失;一种原因是西方现代奥林匹克文化的冲击。

1.2　现代体育文化的多元发展

1.2.1　大众健身文化的普及

　　当前,城市社区居民对健身的需求呈现差异化、多样化发展,并且随着年龄、性别、受教育程度、职业和家庭收入的不同,人们选择参与体育活动的内容也不同。大众健身就是全民参与,让普通人根据自己的兴趣选择合适的运动达到健身的效果,具有广泛社会意义。包括羽毛球、乒乓球、游泳、篮球、健美运动等多种类型的体育项目,大众健身在城市社区广泛普及。尤其集健身、娱乐于一体的广场舞和大众健身操更是成为城市社区居民扎堆的共性选择。其舞蹈形式的多样性也满足了城市社区居民的不同层次需求。其集体操、音乐、舞蹈、健美于一体,动作简单易学,小关节动作多,对称性动作多,运动时间长,负荷大小可以随意调节,能有针对性的全面发展身体各部位肌肉,而广泛受城市社区居民喜爱。广场舞和大众健身操的核心价值,并不在于舞蹈本身,而是在于社交和锻炼身体,从本质上讲是一种精神文化,其发展极大地丰富了城市居民的精神娱乐生活。由于城市社区体育公共空间的缺失,在无处健身或者说健身成本高昂的当下,广场舞和大众健身操是最容易实现的健身方式。城市社区大众健身文化作为一种新的体育文化形态在社区营造了全民健身的氛围,其极强的渗透力和凝聚力,增加了城市社区居民的归属感和认同感,对全民健身事业的推进具有很重要的作用。社区大众健身文化普及也是一种邻里文化在社区的发展和延伸,在调研的城市社区安慧里小区,虽然不同的群体选择参与的广场舞和大众健身操不同,但是在同一组织内部居民之间的关系更加融洽,他们由健身关系,发展成为日常生活的社会关系。参加同一健身组织组织体育活动的居民邻里关系也更融洽。

1.2.2　城市社区体育培训文化的繁荣发展

体育健身被大家重视,安慧里小区周围分布着上百家专业的体育培训机构。有综合类体育培训机构和单项目体育培训机构。培训的形式也呈多样化发展,有课程培训形式、训练营的形式等。这些机构体育服务体系完善、体育教育资源丰富、专业。开设的培训项目种类繁多、内容繁杂。主要课程有网球培训、羽毛球培训、游泳培训、篮球培训、台球培训、乒乓球培训、拓展培训、冰雪运动培训、武术培训、飞镖培训、太极培训、家庭教练、健美操培训、瑜珈培训、划船、体育单招、高考体育训练考试辅导。面向的群体主要是安慧里小区少年、青年以及成年人,也有个别有长期体育锻炼行为的老人也崇尚这种培训机构提供的专业体育文化训练。比如在安慧里小区有一部分人特别喜欢"微风体育"提供的滑板训练项目,有的老人滑板项目玩的特别好。还一种是以训练营的形式提供给青少年的训练。这些项目多在青少年假期进行。是为青少年假期特别安排的,以某一项目为核心的主题营队,让营队组队和不同地区的队伍进行数场教学比赛。青少年离开父母,通过相对独立的营队生活历练,不但丰富了孩子的假日安排,了解不同地域的风土人情,更重要的是锻炼孩子的独立生活能力和结交更多的成长伙伴,是在学校和家庭环境下难以收获的成长体验。体育培训文化在城市社区的繁荣发展的主要原因是越来越多城市居民认为体育运动不仅仅是促进健康,更是一种完全人格培养的方式,可以锻炼人顽强的意志品质、不怕苦的拼搏精神,参加体育训练是重视生活质量和热爱生命过程一种表现。在调查中,安慧里小区一些青少年表现出懒惰、脆弱、心理承受能力弱,情绪调控能力差、缺少志气、毅力、缺少顽强拼搏、奋勇争先的精神;有的青少年的体质健康状况越来越糟糕。肥胖病导致的高血压、糖尿病、高血脂、冠心病等成年病在越来越多地在青少年中蔓延,给青少年带来了巨大的身心压力。使得一些家长为了孩子的健康,选择了专业的体育培训机构,选择一两个项目对青少年的人格进行培养,通过体育锻炼来防治肥胖给孩子带来的疾病伤害。在调研的社区里,几乎所有的家长都认为,只有让孩子参加专业的体育培训,才能解决现代城市化发展给孩子身体带来的伤害。同时现代化的"电脑手、抑郁症、空调病、电脑病、肥胖病、亚健康"一些现代文明病也正在逼近城市社区居民的生活。现代文明病大量出现,对城市居民的健康构成严重威胁,发病群体的平均年龄越来越低,个体同时患几种病的也呈现越来越多的趋势。城市社区的上班族普遍认为他们这样的文明病,只有诉求于体育运动才能解决。在这种情况下越来越多的社区居民选择了专业的体育培训机构提供专业的体育服务指导,来缓解生活压力和工作的焦虑给他们带来的苦痛。城市社区体育培训文化的繁荣发展是现代城市化发展给人们生活方式带来诸多烦恼的必然结果。

1.2.3 城市社区肌肉运动文化流行

中国的健美健身运动的发展一直受到欧美健身文化的影响。"肉体消费"在全球化浪潮席卷下,健美体魄、健美体格被城市社会崇尚。1994 年,肌肉运动文化传入中国的上海,然后雕塑肌肉成为中国城市一部分居民的身体体验文化。体会超大重量与肌肉肿胀,获得"泵感",服用昂贵的韦德运动营养产品系列,中国进入了力量世界。

在城市社区成就了许多酷爱肌肉运动的人,练就一副好身材是一件非常自豪的事,在健身的同时还能结交志同道合的朋友,获得正能量,成为城市社区一部分居民追求的对象。肌肉运动文化在中国城市社区盛行的时间主要是在 2014 年之后,即国务院《关于加快发展体育产业促进体育消费的若干意见》出台之后,城市社区突然就出现了越来越多的"肌肉男"和"马甲女"。在繁忙的高压的城市生活中,为身心提供一个舒展的空间,一个强身健体的地方,即大大小小的健身俱乐部应运而生。肌肉崇拜者,不分年龄,参加训练者的职业也各不相同,一开始是为了减肥,后来是为了塑形使身体看起来更美,享受健美、享受生活渐成城市社区居民的时尚。这种肌肉文化,同样在笔者调研的安慧里小区居民中也越来越流行,结果是围绕着安慧里小区周围大大小小的健身中心越来越多,生意也越来越好。一般,他们去健身中心都有一定的目的性,如减脂、调整生活习惯、舒缓绷紧的神经、塑形、增肌、瘦身或者交友等。各种健身俱乐部投其所好,为其提供非常优良的健身服务。尤其是饱受疲劳轰炸的、工作时间紧凑的上班族,在无法取得长假的情况下,选择到健身房来舒缓神经,释放自己的疲劳,成为他们最好的选择。

如今对腹肌和马甲线狂热地追求,在城市社区中,成为拥有时尚生活的一种炫耀符号。西方体育文化在城市人群中扩散,越来越多的人把这种生活方式当成了新习惯,人们开始正视身体之美,把身体的锻造当成一种理想。健身,是21世纪以来人类对自己身体最严格的操练手段,通过意志力的高度积蓄,如节食、运动、有氧舞蹈等,以人为或是科技的力量,将它局部或整体重新塑造。一些"肌肉男"和"马甲女"把健康观念上的奢侈品变为必需,再加上他们越来越注重自己的健康及松懈身心的重要性,如何有效地消除脂肪,让绷紧的神经及压力的心情获得舒展,一直是城市人关心的新话题。

健身文化,一种对肌肉、力量和人体黄金比例的推崇。健身理想是和自己的身体达成和解,直至和谐。肌肉信仰者,骨子里暗含着对肉体的崇拜。中国城市培养了自己国际级的健美先生,又以瑜伽、肚皮舞进行引领,诱使大量女性参加了肌肉运动。100年前,肥胖是成功的标志,今天,肥胖是中下阶级的标志。至今,全球人士不分男女,几乎都陷入了上健身房的狂热中,就算不上健身房者,也会视健身为时尚的化身,经常做运动,保持身材的健美,是自信、自重、自爱的表现,更代表了自己拥有某种令人称羡的生活方式,晋升至某种社会阶级的代表。反之,肥胖、松弛则是懒惰、迟钝不努力,对自己失去控制的表现,人人视胖子为"意志力不够坚强"的失败者。健美体型则能带来自信。

"肌肉男"和"马甲女"注重健康,分享健康的魅力,勇敢展示自我,成为充满肌肉和力量美感的健康文化使者。健身和健身房,成为"肌肉男"和"马甲女"必不可少的去处。追求肌肉的膨胀感成为了一种生活态度,拥有健美的体型成为了一种生命格调和精神象征,健身健美就是一种情感寄托。"腹肌党"分散在城市不同角落独自疯狂地卷腹、仰卧起坐,喝下各种口味的蛋白粉,只是为了增肌。锻造身体成为一种理想,用高强度运动对抗衰老。无论男女,"身体之美"代表的都是对自身外在美的关注和投资。

肌肉运动文化在城市社区盛行另一个主要原因是,肌肉运动的确能够给人的身体健康带来实实在在的好处。有效的肌肉运动可以遏制动脉血管功能的下降,动脉硬化便会得到缓解。肌肉运动是缓解动脉硬化、驱赶静脉曲张最简单有效的方法。肌肉运动在降糖,乃至治疗预防糖尿病的过程中也至关重要。

越来越多个性化的健身健美专业指导成为社区居民新的健身需求,比如个性健身的运动处方、家庭健身房建设、家庭私人教练,家庭运动专家等在城市社区居民中流行起来。

1.2.4 城市社区夜跑文化

"夜跑"是城市生活中,另一种新的体育文化生活方式。近年来,城市出现了越来越多的"夜跑族",他们大多数是中青年,由于生活节奏快,常为生存奔波劳碌,承受着巨大的压力,白天很难腾出固定的时间运动,夜跑便成为这些人追求健康的高质量生活方式。夜跑是上班族的最佳选择,夜晚空气中的氧气含量比白天时的更高,夜晚跑步可以收到更好的效果,可以锻炼身体,又可以减肥瘦身。而大多数人在夜晚的体力也是最好的,这样会让跑步效率更高,也减少伤病情况的发生。

中国跑团数量已超 12 万个,常年参与跑团活动的总人次超过 1000 万。北京夜跑文化的出现,更多来源是受到北京国家马拉松的成功举办,对城市居民体育生活的影响,跑步文化深入北京市民的人心,参加夜跑更是一种文明生活的象征。在北京夜跑团的组织有"怒放生命健走队""嘉友跑"、马拉松跑团、"奥森百人公益跑"、姚明发起的"2015 要跑·24 小时城市接力赛""合力跑地球 1 圈"、京城马拉松等。夜跑更被广大女性跑者接受,许多女性在夜跑时候选择专业的装备,甚至还参加一些有关跑步的教学培训等。夜跑已经成为了一种既健康又时尚的运动方式。

笔者调研的安慧里小区其得天独厚的地理位置,为社区居民提供各种体育锻炼的可能。奥林匹克森林公园、奥林匹克健身中心以及元大都公园为社区"夜跑族"提供了天然的空间。夜跑成为社区青年人最为热捧的活动,他们相约出来跑步,由于共同参加夜跑,成为朋友,融洽了邻里关系。

夜跑不仅仅是一项简单的运动,也是人们寻求都市生活和原始运动之间一种平衡点。对城市生活的不舍和对奔跑的渴望,人们在标准化、程式化的都市节奏之外,找到一种更坦然的生存状态,即夜跑,以释放一天工作中带来的焦虑和压力。

夜跑文化在城市兴起,恰恰是人们对城市社区高度异质化的对抗,在城市社区中人高度聚集,而人与人的关系却出现高度隔离和异质化,人与人之间缺乏基本的信任、理解和关爱,居住在城市社区居民有很高的孤独感,尤其是刚刚进入城市生活的青年人,这种高度孤独感和对未来生活的不确定感,使得这些青年人,找到了一种心灵的出口,即参加夜跑。夜跑是建立在相互尊重的基础之上的,除了崇尚健康的生活方式,更多的是人与人之间的相互信任和体谅。深夜的寂静带给夜跑者的是内心的安详与从容。

1.2.5　城市社区极限运动的兴起

城市社区居民极限运动的兴起,主要是因为都市文明给人的生活带来便捷的同时,也使人逐渐陷入身心慵懒、运动匮乏,使人的身体本身产生各种不适,加之生活节奏加快,工作压力大,生活空间越来越小,使人们逐步离开传统的体育场馆,走向荒野,向大自然寻求生命的本质的寻根过程。高空飞翔、高空跳伞、冲浪、潜水、滑雪、滑翔伞、轮滑、登上、攀岩、拓展等新兴的户外项目,越来越受城市居民的喜爱。参加极限运动更多的是对自我极限的一种挑战。追求"更高、更快、更强"永远是人类克服自身极限的主题,参与者在克服一个又一个自身极限的时候,自身的意力也自然受到极大的挑战。人们通过参加极限运动,在与自然的融合过程中,不断挑战自己、完善自我、追求在跨越心理障碍时所获得的愉悦感和成就感,最大限度地发挥自我身心的潜能,体现出人融入自然的美好愿望。同时 2022年北京 – 张家口冬季奥运会申办成功,国家积极培育冰雪、帆船、击剑、赛车、马术、极限、航空等具有消费引领特征的时尚运动项目,也极大促进了社区居民参与极限运动的热情。

总之,西方体育文化在追求"更快、更高、更强"的"外倾型"竞技方式,顺应了现代化发展的需要和体育发展的潮流,在中国的城市社区,代替了中国传统体育文化的地位,迅猛发展起来。而只注重自身修身养性,自娱性强的传统体育文化形态逐渐在现代的大都市消退。很多大都市,都把西方现代体育文化的发展程度,作为评判一个城市综合实力和软实力的标准。在中国的城市大力发展推崇西方竞技体育文化的同时,还不断向城市普通大众推广西方体育项目。最终导致在城市中,传统体育文化衰退和现代体育文化的多元发展的局面。

2 "城中村"传统体育的传承发展与现代体育文化的兴起

2.1 传统体育文化的传承与发展

2.1.1 高碑店村高跷会的历史发展

高跷①,是汉族传统民间体育活动之一。踩高跷俗称缚柴脚,亦称"高跷""踏高跷""扎高脚""走高腿",也称拐子,是民间盛行的一种传统体育项目,高碑店的高跷会老辈人都称大秧歌。高碑店老人记忆中高跷会成立于光绪年间,距今有100多年的历史。而然具体是哪个时间,高碑店村却有四种说法。卢印泉老人说是光绪十二年(1886年)成立。司德顺老人说是光绪十三年成立(1887年),周振福老人说是光绪二十六年(1900年)成立,陈庆余和张文秀老人说是光绪三十二年(1906年)成立。张文秀老人说高跷组织协会成立时,是由那些好玩的人出面组织的。因高碑店村是依托漕运码头形成的一个半集镇式的村落,村民不都是完全靠农耕种地为生的传统农民,很多人同时进行着商业贩运、经营各种小买卖,是一个经济比较富裕的村子。周围村落都有高跷会,因此村里人开始组织成立高跷会,村里人称为"高跷会是耗财买脸的行为"。高跷会主要成员是由那些卖鱼的村民组成。会头一般是村里德高望重、有一定经济地位的人物。新中国成立前的会头有张家彬、王茂、刘露三位,现任的会头是张文秀。

高碑店村高跷会的主要职责是组织会员日常训练和走会。高跷会专门训练场地在龙王庙。龙王庙是高碑店村人聚会的场所,村子大事都在此处商议。会员们在龙王庙庙前空地训练。在龙王庙前有一茶馆,会头和乡村绅士经常在茶馆商议高跷会训练和走会事宜。

高跷的表演时间,一般都在农历正月十五前后的闹"红火"的活动中,高跷是整个活动中的一种表演形式。在参加走会之前,高跷会会员要到娘娘庙走场子。高碑店高跷以功夫好而著称。高跷角色十四个人,生、旦、净、末、丑行行都有,双角色表演,动作干净利落,表演方式自成一家。高跷会接贴后走会时,有固定的走会顺序:门旗——前引和把头——钱粮把(带箱笼)——武场表演者——文场伴奏——后辕门(拿旗子)。会旗是一面三角形的黑色会旗,是一种民间群体性的约束,反映了村民的一种自律精神,自觉服从社会的约定。会规非常严格,走会时,必须按照会规走。高碑店村高跷会以武跷为主,同时兼有文跷,以腿上功夫而著

---

① 中华文本库. http://www.chinadmd.com/file/wwauurtaztauvxswcwspupaa_1.html.

称,武跷表演包括劈叉、摔叉、拿大顶、蝎子爬等,还有两个人一组走"小场",男子的鹞子翻身、单腿跳、过高跷、叠罗汉等。尤以"逗坡"①技巧而出名,"逗坡"是高碑店村高跷会的绝活,从娘娘庙的十三层台阶往下跳最为吸引人,这种技巧是在高碑店村娘娘庙门前练出来的,别的高跷会都没有这绝活,它需要非常高的竞技能力。十四个人一个一个的往下跳,非常震撼人心。高碑店村高跷会比其他高跷会多了两个角色,"鲶鱼姥姥"与"嘎鱼舅舅"这两个角色是高碑店村特有的。所有的高跷会只有十二角色,只有高碑店村多了两个角色。足见高碑店村高跷会在北京城的高跷会的地位。

高跷会成立以后,四处走会是高碑店村对外交流的主要方式,走会比较频繁,每年二月二,春节,端午节都要走会。高跷会一般在阴历十二月开屏,为走会作准备。二月二走会是和高碑店村的一种习俗紧密相联系,即专门为高碑店的姑奶奶走会。二月二走会三天,后街一天,东店一天,西店一天。春节走会通常都出去走会。主要是公益助演、赈灾助善,走过的地方有窦各庄、老君堂、观音堂、北花园、酒仙桥、中山公园、北海公园、先农坛等。端午节娘娘庙会高跷会走会主要是为了给娘娘送驾。娘娘庙会开始的这一天,高跷会要走一天会。高跷会对在娘娘庙会的送驾仪式非常重视,在送驾之前,高跷会会员要在娘娘庙前进行排练、走场子、练身段、登高跷走平衡。高跷会走街的过程中,一些有钱的人家会在自家的门前摆好茶桌迎接高跷会走会。民间体育花会历来就是广聚人气的一项社会活动。早年的民间体育花会总是与各地盛行不衰的各种庙会活动相关联。

20 个世纪 50 年代信仰上的无神论,使民间体育花会与庙有关的活动完全脱钩。后来虽然依然有庙会,但是无论是办庙会的地点还是庙会的内容都和庙没有关系了。民间体育花会,无论是敬神还是愉神,或者是老百姓的自娱自乐,一开始就是一民间自发的,具有绝对社会公益性的特征。民间体育花会的社会属性,决定了它"由民生,由民养,由民办"的特性。高碑店村高跷会自成立一直到 20 世纪,一直是长盛不衰。迪尔凯姆认为②"游戏以及艺术的主要形式几乎是从宗教发展而来。长期以来,他们始终保持着宗教的特点。"娘娘庙是高碑店村落宗教信仰的集中地,是高碑店村和周围村落的圣地,高跷会活动与娘娘庙是一种依托

---

① 把椅子架起来,高跷的人站在上面转圈,下面的人要陪着练习,舞扇子的人要一个一个上去按照顺序逗,一般要在椅子上转一百圈.

② (法)迪尔凯姆著,渠东、汲喆译. 宗教生活的基本形式[M].上海:上海人民出版社.1999:234.

关系。

2.1.2 新中国成立以后高碑店村高跷会

新中国成立以后,高碑店村高跷老会,曾在 1949 年、1954 年参加了国庆庆典活动。在 60 年代、70 年代,因停办了 14 年。以后经历两次重整。1979 年重新整理。2003 年又一次重整。

1978 年改革开放,思想的禁锢得到解放,高碑店村重新恢复高跷会。刘祥担任会头,王忠和卢德海任教练。练习地点在张合家的院子。高跷会的会员三十多人,年龄在 20~50 岁之间,培养了一批小高跷会员。成立了高跷会后,高跷会于 1980 年春节期间组织了一次走街表演,盛况空前,村民以及周边村民都赶来看高跷会走街,热闹非凡。从 1987 年到 1990 年龙潭湖公园庙会连续四年邀请高碑店村高跷会参加体育花会表演,并在 1987 年、1988 年、1989 年参加了龙潭杯花会表演赛,均获得了第一名的好成绩。

从 1990 年以后,北京城市化步伐加快,高碑店村土地逐渐被国家征用,高碑店村逐渐成为典型的"城中村"。在新的城市化背景下,高碑店村的高跷会再一次衰落。直到 2003 年又一次重整。因 2008 年奥运会在北京举办,北京市从 2002 年开始整治改造围绕奥运场馆周围的"城中村",高碑店村进入了"城中村"改造阶段。因为政治外交的需要,国家需要对外宣传中国的民俗体育,2003 年底,高碑店村党总支投资 10 万元重新恢复高跷会。高跷会会头张文秀,队员有 28 人,年龄最大的 61 岁,最小 12 岁,每一位都身怀绝技、出手不凡。高碑店村有 15 家被评为奥运人家,接待外国来宾,并向外国友人展示高跷技巧。从 2003 年到 2008 年期间高碑店高跷会还代表国家到英国、美国、澳大利亚国家进行了走街表演。之后高碑店村庙会逐渐恢复,各寺庙维修,依托农历节日各种体育花会也逐渐恢复,高碑店村的高跷会还申请了北京非物质文化遗产。庙会文化在高碑店村再一次热闹起来,高跷会也成为高碑店村的名片。

高跷会的每次的起起落落,都给高碑店村居民带来巨大的创痛,也给高跷会带来了巨大的损失。高碑店通过走会形式来体验自己的社会情感。这种社会情感也是人们精神的需要,它不仅仅是一般的娱乐活动,而是交织着神圣与世俗双重目的的社会性活动。平时他们为生计而奔波,只有在节日活动里,他们的思想才全部集中在集体活动方面,这种集体活动倾注了他们的理想,他们在参与这种集体活动中,感受到自我的强大。不过,这种自娱自乐的体育花会项目的发展又总是和政治气候息息相关。

2.1.3 高跷会衰退的原因及启示

"城中村"空间结构的急剧变迁,使其文化结构变得更加复杂、斑驳多彩,负载也越来越重。由于城市发展使生产技术和社会生活本身变得更加有组织,古老的文化土壤渐渐为高层次的概念、思想和知识体系、教义、规则和条例、道义和条约所覆盖,他们却同民俗体育失去了联系,文明已经成长为更为严肃时代要求,他把一个次要的位置分给了民俗体育,"城中村"依托庙会而存在的民俗体育正在衰退,进入城市的"城中村"居民已经失去了对宗教仪式与民俗体育的感觉。然而竞争性阶段的现代体育发展对"城中村"居民来说也好像成为明日黄花。

从2013年开始,因2008年奥运会而恢复了8年的高碑店村"漕运码头庙会"停办了。我们不知道这种民俗体育活动是否还能恢复。2008年奥运会,高碑店村打出了"中国民俗体育"的这张牌而吸引了成千上万的外国游客来高碑店村旅游,也因此向西方证明,中国自古以来,流传百世的各种各样的民俗体育活动的独特魅力。它是中华民族的,同时也是世界的。从2008年奥运会后,高碑店村"漕运庙会",以此为契机,陆续恢复了高跷会、小车会、中幡、舞龙舞狮、抖空竹、抽陀螺、武术、扭秧歌、威风锣鼓、腰鼓、赛龙舟会及霸王鞭等十三档民俗体育花会活动。而这些民俗体育活动在中国自古都是依托于庙会而存在的,庙会消失了,他们也失去了存在的载体。

因其社会空间及社会功能的丧失,高跷也越来越成为"城中村"居民渐行渐远的记忆,即使在高碑店村依然存在高跷会的走街表演,但它原有的功能也丧失殆尽,它仅仅是政府用来提高自己的政绩的一种表演性的工具,参与的人群、受众的人群及其实社会凝聚的功能早已丧失,也就是说此高跷和彼高跷在性质上已经远远不一样了,它好像只存在居民的记忆中,好像那是一件久远不能再久远的事情,每每提及此事,居民们都无限惆怅。那种失落、无奈、迷茫和不知所措的状态,就像他们失去了精神家园一样不知归属。

而"城中村"里的新生一代居民除了高碑店有一部分青少年为了迎接2008年奥运会特意培养和训练的高跷的传人之外,其他村落的高跷等基本没落了。自从2008年奥运会之后,这些青少年经常代表国家到国外进行表演,之后就悄无声息了,他们是民俗的体育项目传人,除了为重大节日表演,好像他们没有任何价值。如今这些青少年已经长大,虽然拥有绝技,相比较篮球,他们更愿意打篮球,高跷仅仅是他们在同学面前炫耀的资本,偶尔会有一些孩子处于好奇的冲动,模习他们的行为,这种同伴之间的相互影响,潜移默化地传承了这项看似要消失的民俗体育项目。毕竟这种高技能的身体活动,对于青少年,还充满着无限魅力和神秘感,民俗体育在村落青少年的传承是一种偶然和无意识的行为,少年们会告诉你,他们仅仅觉得好奇,对中国古老文化的神秘向往,觉得好玩,觉得在同学面前有面子,这种炫耀的资本,足可以让他们这个群体在同学面前赚足了了。你看我不仅仅会玩现代体育项目,中国古代的高技能体育,我也会而且还很专业,在同学们艳羡的眼光中,他们无比自豪,因此练习高跷也成为这些孩子的一个日常生活中的习惯。然而这毕竟是一个偶然事情,这种偶然事件来源于 2008 年奥运会的政治外交和宣传,才得以让这一项民俗体育活动,在新生一代的农民中传承下来。这一事件让我们清醒地认识到,政府在我国民俗传统体育的传承中起着重要的作用。

人们可能认为实用或者有效激发了今天仍保留在"城中村"的这种高竞技性的民俗体育活动,然而在这些实用目的后面,其实总是隐藏着民俗体育表演庆典仪式后面的社会等级秩序,它产生了"城中村"居民社会生活的许多形式,作为社会动力,民俗体育的这种表演文化本身更为古老并且像货真价实的发酵剂一样渗透在"城中村"居民的整个生活中。民俗体育诞生于农村居民的日常生活中并得到生活的滋养,从宗教中派生出来,并逐渐在找到一种适合"城中村"居民自己的体育表达方式。

其实依托庙宇而进行的民俗体育活动,更多是几千年来中国代代传承下来的对自然的一种敬畏。它更多是表达人们对土地、水、山、大自然的一种尊重,承袭了一代又一代人美好的回忆和心理寄托。"城中村"民俗体育的仪式、音乐和人的身体之间关系是相辅相成的,民俗体育嵌入在居民生活的方方面面,在庙会仪式的娱乐中,把人暂时从尘世的烦恼中解脱出来,在仪式庆典中崇拜的神与人相伴而产生维持村落的社会秩序,表演者蹦啊、跳啊,不停扭动着自己的身躯,而乐者则依据表演者腰肢的扭动变换成古老的鼓,锣,镲的节奏,那种既无用又不能揭示真理,但在效果上却无害的东西,可以根据它所蕴含的魅力以及他所提供的快乐来判断,这种不带有明显好恶色彩的快乐就是民俗娱乐体育。它不仅可以使居民体魄强健,而且还可以培育良好的社会风气,使我们以正确的方式去感受事物,而且还能引导人产生美好的品德,对人的心智和人类的理解力有所裨益。而且这种依托庙会而进行的民俗体育花会表演,还利于促进居民之间的凝聚力,因为共同的信仰,也促进了外来打工者的社会融入。

然而笔者在"城中村"调研的过程中,居民们对自己这项活动总是遮遮掩掩,欲言又止,他们从内心里,是多么渴望城里的文明认可他们的信仰,喜欢他们的高跷,喜欢他们的各项体育活动,而不是草草地把他们的信仰认为是迷信。而在笔者看来,这样依托民俗节日而存在的体育花会表演有什么不好呢? 有一些村子的居民对高跷的感情非常浓厚,甚至达到难舍的地步,毕竟踩高跷是北京所有农村人的记忆,发展城市化是以人为本,为了培养人现代的良好的行为方式。

采访对象编号:B16,王 XX,男,30 岁,高中毕业。职业:出租车司机。采访地点:司机车上。采访时间:2013 年 4 月 20 日。

"现在谁还组织你踩高跷呢? 早就把那些行头都放在村委会的仓库里了,曾经我们村子的人,谁又不会踩高跷呢? 想当年我们村子多么辉煌,参加各种比赛,还到别的村子走街,每到逢年过节,各个村子都会走街,走到哪里,都会有赏钱,大家就是图一个高兴,现在谁管你呢? 我们去哪里锻炼身体? 以前我们在大队院子里玩,没事的时候大家捆上高跷腿子练练,相互切磋一下技艺,现在倒好,有地方吗? 就别说高跷了,其他活动不也没有了吗?"

城市化后,让居民失去踩高跷的场所,一些居民心中积满了不满,如果这些不满得到不到很好的释放,那就会产生社会失范,甚至犯罪,我们需要给这些正在被城市化的居民心理找一个安全的地方落脚,否则将不利于社会的发展和谐和稳定。

2.2 民间体育游戏的记忆与复兴

2.2.1 民间体育游戏的记忆

人们被年龄、性别、力量、身高、民族、种族和技能分成不同的群体,社会不平等和社会分层就表现出来了。"城中村"各色人,熙熙攘攘,行色匆匆,都在为实现自己的价值拼命去工作,无论是当地居民还是外来者,无论是有闲阶层还是贫下中农,无论是小资产者还是无业游民,他们不断奋斗的脚步匆忙而凌乱。所以,当你乍一提到体育,他们觉得遥远,或者觉得不屑一顾和无聊,甚至觉得奢侈。当你让他回忆往昔,让他提起儿时成长中的记忆,你问他们:"你都经常玩过什么样的游戏? 在学校都上过什么体育课的时候?"就在他停下来思考的一瞬间,会发现,他自己的生活本身,其实一直伴随着体育的存在。

采访对象编号:B17,李 XX,男,25 岁,高中毕业。职业:理发师。采访地点:司机车上。采访时间:2016 年 4 月 25 日。

"小时候在乡下玩的可多了。春夏秋冬,玩的都不一样。冬天主要玩打嘎儿,知道是什么吗? 就是北京人说的抽陀螺,我们那里叫打嘎儿,找一块空地几个人就开始玩,最后看谁的嘎儿旋转的最久谁就是胜利者,当然也可以分队进行比赛,最牛的当然是在冰上抽嘎儿了,没有滑冰经验的人,到冰上就摔倒了。还有撞拐子,一下课,我们班的高手就会像邻班的高手挑战,就是这样,全都做起金鸡独立的样子,用盘在站立腿上的那条腿的膝盖,与对方进行撞击,可以躲、闪、撞、蹦着跑,总之不管用什么方法,只要把对方盘起来的那条腿撞散,让对方无法站立就赢了,有时候谁也撞不倒谁,就握手言和,累得精疲力尽,躺在地上歇一会,很有意思地。也溜冰,在冰上跑等。春天一般是放风筝,也郊游,或者爬山,在我们村子对面是大山,一到春天或者夏天,我们就会爬山,还有那种用车轱辘弄成的光圈追着跑。现在都不玩了,每天上班很累,晚上吃完晚饭,看一会电视就想睡觉了,觉得很无聊,再说到哪里去玩,你看这里除了人就是人,没地方去锻炼,身体素质都下降了,一跑觉得气都上不来了,真该锻炼一下了。有时候到那边的公园去散散步,就是太偏僻了,阴森森地,听说那里死过人,晚上是不会去的。"

采访对象编号:B18,孙 XX,男,22 岁,高中毕业。职业:理发店洗发工。采访地点:司机车上。采访时间:2014 年 4 月 26 日。

"我来北京有三年了,主要做美发行业,是老乡介绍来的,每天都上班,工作很累了,晚上下班都很晚了,不可能锻炼身体,如果平时客人不多,老板不在就跑到门口踢一会毽子,小时候特别爱踢毽子和跳皮筋,有时候也玩跳房子、打鸭子、跳绳游戏等。上体育课还拔河和玩老鹰捉小鸡,那个时候觉得自己很能跑,自从来了北京好像什么玩的都没有了,觉得真无聊,人和人之间谁都不搭理谁。我就住在"城中村",老板给租的集体宿舍。现在越来越懒了,有时候在网上玩斗地主什么的,我们几个晚上在宿舍有时候也玩一会"双升",打一会就睡觉了,没什么娱乐,谁愿意搭理你呀,我现在踢毽子也很厉害啊!"

当我们理性回望自己的历史,如果冷静思考,我们会发现其实有那么多原本质朴的美好的事物一直就存在我们身边,可我们却视而不见、充耳不闻。在纷杂的历程变迁的中,存在于民间的体育一直以其特有的魅力,让我们惊叹不已。纵观现今一切现代体育项目,其实都源于农田,乡村,都来源于远古的部落和游戏的启示。那些传统的、健康的、自然的、便捷的体育项目悄然的埋葬于大都市的钢筋水泥构建的城市里,这是一种残酷的现实,也是人类发展进程中必然产生的轨道偏移。孔子曾经站在大河的高岸上叹息,一切美好的东西都随着时代消失,就像一去不复返的河流一样。面对这曾经繁盛的民间体育,我们除了像孔夫子那么望洋兴叹,唏嘘不已之外,我们还应该有所作为,让那些在我们成长过程中,承担着美好记忆的民间体育继续传承及发扬光大,而"城中村"恰恰是传统体育传承和发展起着关键作用的场所。所幸的是在"城中村"民间体育游戏正在悄然复兴。在"城中村"居民的住宅区空地,附近的街头绿地,经常看到三五成群的人在踢毽子、抖空竹、抽陀螺,还会看到三五成群的孩子在跳皮筋。

2.2.2 民间体育游戏复兴

2.2.2.1 踢毽子

踢毽子在"城中村"最为广泛,凡事参与体育运动的群体,基本上都有踢毽子的运动经历。在住宅区的空地上、公园里、广场上、村子附近的绿地街道以及村子周围的小河畔、小树林中,总是会看到三五成群的人在踢毽子,伴随着欢歌笑语,嬉笑怒骂声,毽子在空中上下翻飞,有时候不同群体还会出现斗毽子的情形,或单独斗毽子或者是群体之间斗毽子,有一些民间毽子高手,总是迎来周围人的喝彩声。参与的群体也非常广泛,有老人、成年人、中年人、少年人,这些人有不同的文化背景、不同社会地位、不同的经济条件,只要个人喜好可以随便加人任何一个群体,无论参加到哪个踢毽子的群体,他们都是居住在"城中村"的熟人,有时候村干部也会加入某一个群体踢毽子。其中,"城中村"某一村干部是踢毽子世家,在当地非常出名,世世代代都把踢毽子作为自己的个人爱好,并在当地得到社会尊重和认可,一提起踢毽子,当地居民总会说,谁谁他们家是世代踢毽子的高手,并又表示赞叹。每年到村子参加乡镇举办的全民运动会时,"城中村"总是能拿到该项目的比赛冠军,即使其他村子请的都是专业高手,也不能与之媲美。但是在"城中村"这些踢毽子群体,通常总是把外来人口排斥在外的,这种排斥在各个年龄层次的群体都存在。因此另一种现象是"城中村"外地人口也依据地缘关系、亲缘关系以及业缘关系分别建立自己的踢毽子群体,而各自互不来往,各自踢各自的毽子。甚至在学生群体也是如此,当地居民的孩子和外地居民的孩子也各自踢各自的毽子。毽子的器具有两种,一种是鸡毛毽,一种是布袋毽①,毽子的踢法也是多样的。毽子的比赛经常在青少年中进行。踢毽子是一种古老的民间游戏,因它既能达到锻炼身体、愉悦心情的效果,又不受场地、人员、年龄的限制,无需花费钱

---

① 布袋毽又名沙包。在北方一些地区沙包多种玩法,可以做打鸭子游戏、跳格子游戏,也可以又来踢毽子。找一块布,大小不用太大,最后做出来的沙包大小能比拳头大点就行,稍微裁剪下,缝制成小布袋,留一边不要封口,装进去些填充物(苞米粒或者米粒等),装半袋就可以了,这样容易抓取,打着人也不疼,最后缝合开口。在"城中村"这种类型的踢毽子多是来自山东、陕西、河北、内蒙等地。

财,故而在"城中村"广泛受到各个群体的喜爱,且不断有形式、花样上的翻新等。踢毽子的简单特性,吸引越来越多"城中村"居民参与其中。如图4-50所示。

图4-50 城中村踢毽子的居民

2.2.2.2 抖空竹、抽陀螺和抽鞭子

在"城中村"中,抖空竹的群体是一些老年人和青少年。参加抖空竹的人群相对于踢毽子的人群来说,人数比较少,多是个别行为。许多老年人抖空竹是因为年轻时候曾经就有这样的运动经历,而一些年轻人喜欢抖空竹是因为好奇。他们练习的场地多是附近的公园。老年人练习的时间在每天的上午,年轻人都在节假日。另一个体育游戏项目是抽陀螺,也正在"城中村"悄然兴起。在"城中村"抽陀螺是一种季节性的项目,在春天和夏天人们很少抽陀螺,而秋天和冬天却是抽陀螺的好季节。一般从国庆节以后,抽陀螺的人群渐渐增加。抽陀螺的人群和抖空竹的人群极其相似,多是老年人和青少年,地点也是附近的公园。抖空竹和抽陀螺集健身、娱乐于一体,男女老少皆宜,因此在"城中村"正在被一些居民接受,练习的人数也逐渐在增加,高碑店村当地学生以及一些外地青年经常会聚集在生活区的空地进行抖空竹或者抽陀螺。抽鞭子运动只有在高碑店村的居民中流传,参与的人数大约有十多人,当地老年人居多,还有一些居住高碑店村的外地年轻人,他们是一个群体,在周末经常聚集在兴隆公园练习,这些老年人多是年轻人的师傅。如图4-51、图4-52、图4-53所示。

图4-51 高碑店村抖空 图4-52 高碑店村抖空竹的老人 图4-53 高碑店村抽鞭
竹的男孩   子的老人

2.2.2.3 跳皮筋

另一种游戏是跳皮筋。在"城中村"的街道上,经常看到一些孩子在跳皮筋。高碑店村,一些商户的孩子和高碑店村当地居民的孩子除了参加体育项目培训之外,跳皮筋是孩子们非常喜欢的一项运动。周末总会看到孩子跳皮筋的身影,而一些外来工的孩子却没有这种游戏,一些大一点的孩子会照看小一点的孩子,他们参加的活动,多是追逐打闹游戏比较多。而在"城中村",跳皮筋这种活动的多是外来工的孩子参与,这种活动对于他们来说是随时随地的,在狭窄的过道上,一些孩子支一个架子就可以进行游戏比赛了。在南宫村多是当地居民的孩子玩,也是在住宅小区的空地上。在"城中村",除了一些小学生玩跳皮筋游戏之外,一些初中生也会玩,甚至一些在外地读大学的大学生,在放寒暑假的时候,也经常聚集在公园玩跳皮筋比赛。

"城中村"孩子们玩的跳皮筋分为单人跳和集体跳两种。把3~4米长的皮筋,两头拴在固定物上,在皮筋中间,孩子们依次轮流跳,就是单人跳。而集体跳是将数条皮筋拉成各种图案,如三角形、四方形、梯形等。许多孩子同时参加。孩子们一边跳,还有一边唱:"小皮球,驾脚踢,马兰花开二十一,二五六,二五七,二八二九三十一,三五六,三五七,三八三九四十一,四五六,四五七,四八四九五十一,五五六,五五七,五八五九六十一,六五六,六五七,六八六九七十一,七五六,七五七,七八七九八十一,八五六,八五七,八八八九九十一,九五六,九五七,九八九九一百一。"如图4-54所示。

图 4 – 54　"城中村"跳皮筋的孩子

2.2.3　民间体育游戏复兴的原因

"城中村"民间体育游戏的复兴,从某种角度上,打破了这个城市在空间上、制度上、经济上设置的种种"城中村"居民参与体育的壁垒。很长一段时间,在中国,由于现代化的利益诉求,民间体育或者体育游戏被当作二元中一元和竞技体育相抗衡,又被当作待发展的未成型的活动,纳入到进化的链条来。在这个"进化"的过程中,儿童失去童年,过早的进入到成人世界。属于个人体验的游戏,开始渗入集体意识,进而升华为"社会意识"。社会所必然包含的合作、竞争、角逐和拼搏,成为竞技体育通用的词汇和普遍价值。合作、竞争、拼搏和角逐带来的社会资本、文化资本和实际经济利益,也在改造着体育游戏,使他们成为社会政治、经济、文化结构和主流意识形态的组成部分。社会顺利的运转来自与社会结构的稳定和有效。在中国,社会依附于权力、阶层的社会结构,各种事物都被用作工具,在"传统体育文化"实现结构化过程,"传统文化"是一种可利用的资源,民间体育文化被用来确立和巩固正统。非结构是结构的一种附属物。民间体育游戏被用来证明我们有"丰富多彩的民族文化"。在传统体育游戏和现代体育的比较中,发展起来的种种体育比赛,在"城中村"并不受关注,许多踢毽子的居民根本不知道国家还有踢毽子比赛,也不知道有抖空竹协会。他们仅仅是因为个人喜好和身体需要,才开始参与这些体育游戏的,他们希望自己有个健康的身体,在没有现代体育体验、场地空间拥堵、健身器械困乏、体育组织缺失的情况下,他们开始诉求于传统民间体育游戏,这个过程完全是自发的。

3　现代体育项目的兴起

在传统体育文化的衰退和复兴的交织过程中,无论"城中村"居民心里如何拒绝和反感现代体育文化,现代体育都正在城市化的"城中村"开始新兴。虽然只是一种个别现象,但它预示着与工业化、现代化相匹配的现代体育正在"城中村"发生,主要表现在以下三个方面。

3.1　集体项目的兴起

笔者在这里介绍的集体项目主要是指篮球,是说生活在 XX 村里的一个草根组织,"XX 篮球俱乐部"的体育生活情况。该组织成立之初有 30 多人,现如今有 20 多人。组织有一个管理者负责召集大家平时训练和比赛,有一个教练负责大家平时训练和比赛指导。平时训练地点多选择在居住地周围的两所大学的免费露天篮球场。每周有两次的训练,或者练习球技或者组内打比赛。参加对外的篮球比赛主要两种形式,一种代表某一单位打行业比赛,另一种形式就是参加"BBL191"限高篮球网、动赢网组织的专业比赛。

采访对象编号:B20,春子,男,29 岁,大学毕业。职业:小企业主。采访地点:"城中村";采访时间:2014 年 2 月 12 日。

"我的爱好是打篮球,我们有篮球俱乐部,成立七八年了,在大学就开始了,是关系好的一些朋友组织的一个业余球队,我们队有三个外国人,一个是西班牙的,另两个是美国的,都没有在国家篮球协会官网注册。我们队经常代表东城区参加北京市民篮球比赛,他们会给我们一部分钱。平时一周能打两场比赛吧,就是在一些网上提供的平台约赛。只要能约上对手我们都参加,我们在"BBL191"限高篮球网有注册。

BBL(全称 BeiJing Basketball League)限高娱乐篮球联赛是北京跨维联众体育发展有限公司旗下的品牌赛事。2008 年成立的一个网络服务平台,为篮球爱好者,组织策划比赛、推广篮球文化、首推限高理念、把娱乐大众和专业比赛联系在一起的篮球联赛,只允许身高 191cm 以内的球员参加,联赛分为娱乐比赛和专业比赛两种。任何草根组织的篮球队,只需在网上注册信息,私下里约好一起比赛的另一支队,找好比赛场地,然后把信息提供给 BBL 网站,网站就会根据整个报名的情况,组织娱乐比赛或者是专业比赛,为所有参赛球队免费提供后期比赛的一切服务。赛制模仿职业篮球制度。而动赢网是更大的一个网络赛事平台,除了有篮球比赛之外,还为各类运动团体免费提供团队展示空间,可以帮助各种类型的体育团队发布约战,队员管理,发布招募,展示照片、视频,团队讨论,招募赞助等。动赢网现已有注册团队 500 支体育草根组织。

3.2 户外运动的兴起

在"城中村"另一种新兴的体育项目是户外运动。主要包括轮滑、钓鱼、信鸽、CS 等项目。轮滑在"城中村"青少年中很普及。钓鱼项目主要是生活在高碑店村的成年居民从事的一种户外休闲体育活动。在高碑店村一些老年人爱上了信鸽运动。主要是代北京信鸽协会某一会员饲养和训练信鸽。每天早晚两次,放飞信鸽训练。打真人 CS 游戏是南宫村一些老年人群体。因在前文已经多次说明,在这里不再赘述。

3.3 电子体育游戏的兴起

电子体育游戏①是一个新兴的体育项目,在"城中村"的发展也是一个新兴的事物。四个村子中,只有高碑店村一些青少年开始玩这种电子体育游戏。他们在网络上,或者是电视上玩虚拟打篮球和足球比赛。电子体育游戏作为一项体育项目,能提高游戏人的思维能力、反应能力、协调能力、团队精神和毅力,以及对现代信息社会的适应能力,从而促进其全面发展。当然在高碑店村,这种新兴的体育项目,也仅仅是个别青少年的爱好。有一些孩子不愿意运动,又喜欢体育,为了体验运动的快乐,最终转向了电子体育游戏,并且越发痴迷。

4 "城中村"多元体育文化发展启示

"城中村",多元体育文化发生和发展的舞台,各种类型的体育正在交织、发展、冲突和相互融合。几千年来,在传统农村,体育在文化之外,并依傍着村民的生活文化而占有一席之位,那些具有传统文化节日的大型民俗体育活动,作为健康的、能带来欢乐的民俗体育花会活动,作为神圣节庆的一部分而不可或缺,其凝聚居民关系及促进居民和谐融洽的纽带一直流传。然后随着城市化的发展,村落的消失,"城中村"的形成,这一纽带,在村子的变迁中正在解除。由此而带来的城中村居民体育运动的世俗、非神圣、无序而散乱,并与社会结构失去了有机联系。

---

① 电子体育游戏是以信息技术为核心的软硬件设备为器械、在信息技术营造的虚拟环境中、在统一的竞赛规则下进行的对抗性体育游戏运动。让玩家可以参与专业的体育运动项目的电视游戏或电脑游戏。该游戏类别的内容多数以较为人认识的体育赛事(例如 NBA,世界杯足球赛)为蓝本。

而具有西方特征的现代体育运动会,即使受政府之命,依据现代社会的一切技术能力尽可能地在"城中村"向大众展示,但这改变不了一个事实,无论现代体育运动会、各体育协会组织的体育运动会,或者村子里组织的村民运动会,尽管大量宣扬现代体育比赛的文化精神,他可能对于参赛的选手是重要的,但它对"城中村"的居民却毫无意义,他们觉得一切都离自己的生活那么遥远,甚至认为那样行为是一种劳民伤财的行为,那又和我有什么关系呢?即使代表村子参加乡镇里举办的农民运动会的人,也对这样的行为是模糊的,促使他参加运动会的主要动机是,因为村委会给钱,而非自己主动愿望。现代体育精神文化,由于在村子里缺少生存的土壤,也成为一种明日黄花。

迅速的城市化过程中,村落结构空间的急剧变窄,使"城中村"传统体育失去广阔的空间领域,作为凝集村民精神家园古老的传统民俗节日体育花会表演,在历尽沧桑后,逐渐丧失其特有的文化功能,正在"城中村"衰退。那些靠房租增加收入的居民,他们身份不是市民,也不是农民,介于半市民半农民的尴尬状态。而他们的财富急剧增加,一夜暴富对"城中村"的居民来说已经不是一个神话,随之而来的也是村落民俗文化的衰退,传统的信仰也好像都是在一夜之间消失殆尽,他们急需找一种心理安慰的窗口。他们再也回不去了,成千上万的农民聚集在城市的边缘,而没有一个声音质问这些边缘地带是否能够发展成为自然的有机和健康的城市生活一部分,生活在这些边缘地带的"城中村"居民真正的体育需求是什么?真正的文明不能缺少体育的成分,文明先天蕴育自身的极限和能力,这种能力不应该把自身的发展趋势与最高的目标相混淆,它应该认识到自己是处于某种公认的界限之内,从某种意义上说,文明总是依据一定的体育游戏规则来确定的,而真正的文明需要公平的体育,体育至少是以体育比赛表达公正的信仰。"城中村"在多元体育文化交融、冲突域融合中,以他本应该具有方式在发生和发展。

尽管"城中村"居民是弱势群体,但是这并不意味着他们缺乏能动性,我们也没有理由来否定他们对体育需求和参与体育的能力。其中在"城中村"居民民间体育游戏的复兴,说明游戏是人生来就具备一种本能,无论生存于何种环境下,人总是能找到一种杜绝自己身体退化的方式。这种方式是有身体活动的游戏,是超出国家结构之外的。相对于西方的体育、相对于现代化的传统体育、相对于官方的民间、相对于他者的我者,民间体育游戏在"城中村"的出场,简单地说是对现代化的抗争,民间体育游戏在"城中村"的发展,正好对应了现代化的单一性,也应对了现代化的断裂和恐慌。结构之外的偶然体育游戏行为在"城中村"正在复兴,他是对现代化城市体育的一种抗战,也是人锻炼身体、提高自己的身体健康一种本能的诉求。

"XX篮球俱乐部"提供的篮球比赛、以及电子体育游戏的兴起,说明"城中村"居民,正在利用现代化网络信息,通过网络平台,开拓了一条实现自己参与体育的新渠道。它超出了"城中村"的地域领域。"城中村"居民正在打破二元户籍制度的壁垒、"城中村"体育空间的限制以及城市建设过程的条块分割,通过网络平台使自己参与体育向城市体育延伸。而BBL和动赢网则是另一种形式的草根组织,他们以免费为各种民间运动团体提供职业比赛为己任。民间体育游戏的复兴和现代体育项目的兴起,恰恰是"城中村"居民对不公平体育的一种抗争。

总之,由于高碑店村历史悠久、文化底蕴深厚,通惠河往来船只穿梭,沿两岸商铺林立,节俗庙会繁荣昌盛,民俗体育花会表演项目繁多,从而创造出了浓郁乡土情调的传统风俗体育文化。在历史变迁中,高碑店村传统体育文化虽几经起起落落,但一直在民间自发地传承着。2003年高碑店村深入挖掘地区体育文化和民俗节庆体育文化,依托浓厚的传统体育文化气息,开始发展民俗体育产业,2005年高碑店村被北京市、区旅游局批准为民俗旅游村,并被北京奥组委指定为2008年奥运会定点接待村。2006年高碑店村春节恢复漕运庙会,开展了中元节放河灯活动民俗活动等。高碑店村的传统体育高跷也因此再一次传承发展起来,并受邀到美国、英国和澳大利亚等国家参加走街表演。庙会的恢复,使一些要衰退的民俗传统体育项目,在高碑店村又发展起来。比如,广场舞、抖空竹、抽陀螺、抽鞭子等项目开始在民间复苏。另一个方面由于高碑店受奥运会体育文化的影响,一些现代体育项目也开始在新生一代居民中得以发展,比如,篮球、羽毛球、乒乓球、网球、跑步、养鸽子、钓鱼、轮滑、户外运动等。同时高碑店村的商住两用的发展模式,使居民的工作空间和生活空间混合一起,因此高碑店村体育的另一个特征就是居民在同一个场域内可以参加免费体育活动也可以参加付费体育活动。比如跆拳道馆、台球厅就在居民的楼下,楼下外面就是空地,居民可以在空地上踢毽子和打羽毛球等。但这种格局的的发展让体育扰民事件频发,显然工作区和生活都不是锻炼身体地方。

本章小结

现代化、工业化、城市化的本质是城市生活方式的获得过程。体育生活方式的获得,是人现代化的一个重要标志。从"城中村"建筑外在形式看,他们和城市相差无几,甚至一些"城中村"居民从生活装备、某些消费、一些娱乐方式以及时尚观念上与城市居民保持一致。但"城中村"体育生活与城市体育生活相比较,他们又表现出鲜明的不同。"城中村"居民对体育的认知还比较模糊,大部分居民还不了解什么是体育以及体育的功能,加之体育公共空间的不足、分布的不合理性以及私有化,使"城中村"居民参与体育运动呈现分层化,这种分层化的等级秩序,是由"城中村"不同的群体对体育社会资源占有的多寡决定的。在"城中村"中体育资源的特权化,使大部分居民被排斥在参与体育活动之外。而城市在整体规划中,也因体育资源的稀缺性,体育公共资源优先配置给城市社区,造成"城中村"体育公共服务体系建设缺失,"城中村"居民的基本体育参与权利也被剥夺。主客观原因使"城中村"居民和城市居民体育参与有较大差异。因此"城中村"居民体育身份认同上是一种混合身份的认同。于此同时"城中村"居民构建一种内向的亚体育文化圈,以在体育文化共享中达成对自尊的保持和传统体育文化自觉性的延续。这一点,集中表现在集体性节庆庙会中的体育花会表演,通过构建一个共享的有意义的世界将"城中村"居民凝聚成一个体育文化共同体。"城中村"节庆民俗体育,对居民具有安慰和镇定的作用,那些焦虑和不安全感,能够在"赶庙会"过程中得到释放。"城中村"居民对拆迁的恐惧性来源于对未来的不确定性,他们失去土地,没有工作,具有居民的身份却没有享受居民的社会保障,对身体健康的担忧、对社会不信任的焦虑,让更多"城中村"居民开始认识到锻炼身体对自己的重要性。因此,"城中村"居民对体育的诉求越来越高。而这种庙会中的民俗体育几乎是所用"城中村"居民共同的体育记忆,也只有参加民俗体育活动的时候"城中村"居民才觉得更具有幸福感。然而农业经济社会走向工业经济社会,使农业文明发展起来的民俗体育在"城中村"中正在失去了原有的社会文化背景,因庙会而存在的民俗体育表演,几经起起落落,正在走向衰退。以高碑店村为例,2013 年、2014 年,高碑店村春节庙会取消,而依托庙会存在的体育花会表演也随庙会的取消,从居民的生活逐渐淡出。在 2013 年农历 12 月 23 日以及 2014 年农历初一,高碑店村高跷会,甚至自发组织会员到大街上为高碑店居民进行免费走街表演,但终究因为冷清的街道、稀少的人群而草草收场。"城中村"居民对传统体育的心理诉求也正在面临着被剥夺的局面。另一方面"城中村"部分居民受到现代体育观的影响,使一些现代体育项目在"城中村"开始兴起,表现在对他们子女的体育教育培训上,一般家庭只要能支付得起孩子的体育培训费用,都会送孩子从事一到两项的体育项目训练,为自己的孩子真正融入城市社会作准备。

还有在"城中村"生活的真正主体——外来工,他们的体育参与也因其占有的经济资源和社会文化背景不同,被分成各个阶层,只有那些受过良好教育以及占有更多社会资源的人,才能真正参与体育活动中来。"城中村"是外来工的落脚地,大部分外乡人,被排斥在这个城市的体育公共服务体系之外。他们参与体育活动,要比"城中村"土著居民还要难。而城市的繁荣发展,却离不开他们的奉献。他们应该和城市居民平等享受城市化过程中的体育成果。而在"城中村"一个族群的城市化、现代化过程的成功案例,证实了体育对人的全面发展的培养具有不可替代的重要作用。因此,随着城市的发展,需要更多的体育资源配套,依托"城中村"体育环境资源,围绕"城中村"建立的具有健身、休闲、娱乐、知识、参与等功能的公共体育场所、设施,对于推动建设现代化国际大都市和体育基本公共服务均等化目标的实现,以及促进"城中村"居民市民化,具有战略作用和深远意义。体育公共服务的供给要具有普遍惠及性,把体育权利转化为具体的体育利益,通过体育公共服务的均等供给实现公民体育权利,使每一个公民都能享有改革开放带来的社会成果。也就是说在体育公共服务的供给中,体育资源的配置应该使城市社区体育及"城中村"体育协同发展,体育公共服务产品应该为全体公民所享用。① 城乡一体化进程,是指物质和精神产品突破地区的束缚,影响到整个城市的各个角落的生活,也包括"城中村"。这个过程是一个长期的、发展起伏的历史现象,是一个体现社会关系和交易的空间组织变革的过程,此过程可以根据广度、强度、速度以及影响来衡量,并产生区域间的流动、活动交往与权力实施的网络。在漫长的历史演进中,体育正在城市和乡村中蔓延和发展。传统体育文化的复兴、新兴体育文化的出现、体育群体的整合,在"城中村"正在发生,国家应该倡导城市体育的平衡发展,促进多元化体育文化的发展,以强化地区的差异和"他者"自我

---

① 刘鹏. 完善公共体育服务体系要准确把握诸多理论和实践问题[N]. 中国体育报,2021,11,28.

认同感。

习近平总书记指出,体育是社会发展和人类进步的重要标志,是综合国力和社会文明程度的重要体现。体育在提高人民身体素质和健康水平、促进人的全面发展,丰富人民精神文化生活、推动经济社会发展,激励全国各族人民弘扬追求卓越、突破自我的精神方面,都有着不可替代的重要作用。

第五章

"城中村"体育特有现象的讨论分析

第一节　"城中村"体育现代化的断裂

"城中村"体育和城市社区相比,所表现出来的一个特征就是体育与现代化的断裂,这种现代化形态的断裂表现在三个方面:传统体育与现代化的断裂、"城中村"体育与城市体育的断裂、个人体育与现代化的断裂,这些断裂造成了"城中村"弱势群体体育权利的贫困。

1　传统体育文化的现代断裂

笔者在分析高碑店村"高跷会"在历史变迁中几次起落的原因时,认为我国传统体育文化的发展和政治发展息息相关,高碑店村高跷会,因政治兴也因政治衰。其实造成高碑店村高跷会起落发展,还有另一个更深层次的原因,就是高跷会的创新能力以及现代化适应能力。一个真正有生命力的体育项目得以传承和发展,除了受政治背景影响外,项目自身的创新能力是促动其发展的根本动力。高碑店村高跷会大约有100多年的历史了,其在民国时期,无论是在参与的人员角色定位、走街表演形式,还是在动作技巧与技能都进行了创新,因此高碑店村高跷会,在民国时期曾经名噪一时。而从新中国成立以后至今,高碑店村的高跷依然保留民国时期的走街形式,一百年过去了,时代发生了剧烈变迁,而踩高跷的人依然画着花脸,穿着长袖,日复一日的走着一样的步调,一直没变过。高跷会是依托庙会而存在的一项体育花会表演项目,当具有宗教意义的庙会消失时,那么它的衰退也是必然的。高跷对于"城中村"的居民来说,是一种心灵寄托,在"城中村"中,大多数居民都或多或少,都有过踩高跷的经历,因此高跷是联系居民的一种强纽

228

带。高跷文化的衰落对"城中村"居民来说几乎是一种无法愈合的伤痛,而新的现代体育文化在"城中村"还没有形成,这种传统体育文化的现代化断裂,引起"城中村"弱势群体体育权利贫困。

2　"城中村"体育与城市体育的断裂

"城中村"大多数居民认为自己从事的体育是农村体育,拒绝接受任何现代意义的竞赛体育活动,比如对村委会组织的各种现代意义的体育运动会(除了那些既得利益团体之外),几乎所有的居民都是反感的,即使村委会干部也表示,如果不是为了应付上面的差事,也不愿意组织这种类型的体育比赛。他们更热衷于节俗庙会的各种体育花会表演。虽然在"城中村"当地有一部分人曾经有过学校体育的经历,但他们对自己体育的身份认同,也是模糊和混沌的,是介于城市体育与农村体育中间的。

城乡二元结构使他们隔离城市体育之外,而他们又把自己隔离于城市体育之外,在这种主客观隔离的状态下,"城中村"体育和城市体育的断裂产生,在这个过程中,许多矛盾是难以融合和同存的。比如,"城中村"极度贫困群体破坏体育健身器械现象等。另一种断裂是"城中村"居民个人从事的体育活动与现代化的断裂。在"城中村"中,个人与现代化断裂实质上就表现在个人的现代化与社会的现代化、个人发展与社会发展的关系上。在"城中村"凡是有良好环境的体育空间都私有化了,因为其以盈利性为目的,这种体育空间的服务对象是城市居民和居住在"城中村"的富人,而大部分"城中村"居民是被排斥在外的,加之个人对体育的认知不足,造成"城中村"大部分居民参加具有现代意义的体育项目几乎是不可能实现的。当排斥性、非同步性的现象超过一定的程度时,断裂就形成了。

3　个人体育与现代化的断裂

城市化、城市现代化和社会整体现代化的核心是人的现代化。城市化的本质是城市生活方式和城市文明的普及。"城中村"体育与现代化的断裂,使"城中村"居民被隔离在城市之外,同时他们又失去土地,不具有农民的身份,也被隔离在乡村之外,他们游离于城市和乡村之间,造成他们极度的恐慌和不满,他们虽然在经济条件好于农村人,甚至有一部人经济条件好于部分城里人,但由于自身素质的原因又不能找到工作,他们是一群无所事事、被社会排斥的一族,与现代化良好的生活方式断裂。尤其在一些年轻人中,非常明显,打架滋事经常发生。经常有老人告诉笔者,这是被毁掉的一代,脑袋什么都不想,没钱就向家里人要,要了钱就去娱乐场所,这一代真是完了。

塞缪尔·P·亨廷顿认为"现代性孕育着稳定,而现代化过程却滋生着动乱。产生秩序混乱的原因,不在于缺乏现代性,而在于为实现现代性所进行的努力。"①"城中村"体育现代化实现路径的断裂,让"城中村"一些居民只能选择消极的休闲娱乐方式来打发过剩的精力。当种种制度设计使"城中村"规定在一定的范围之内时,那么生活在"城中村"的居民只能选择在制度规范内的娱乐方式。城乡二元结构的管理模式的制度壁垒,最终阻碍"城中村"居民体育与现代化联系,即他们的体育实现现代化的路径被割断了。体育的现代化直接影响"城中村"居民体育生活方式的现代化。因此从某种程度上讲,"城中村"体育现代化的断裂,阻碍了"城中村"居民向市民转换步伐。

第二节　"城中村"居民体育权利贫困讨论

1　体育权利概述

都市人类学尤其注重对都市中贫困状态的研究。一些专家和学者认为进入新世纪以来,我国最大的贫困是"权利贫困"。②"权利贫困"作为重要的社会现象,是社会某些人权利享受不足的生活状态。具体来说,权利贫困是指人们的政治、经济、社会和文化等遭到排斥和剥夺,缺乏平等参政议政、公平竞争、公平接受教育等应有的权利,从而在社会政治经济生活中处于劣势地位,容易陷入贫困境地的情况。③源自20世纪70年代法国的社会排斥理论,是西方学者在研究贫困问题过程中发展起来的,被广泛运用于贫困研究、弱势群体研究、社会政策等方面的研究。约翰·皮尔森认为:"社会排斥是对个人和家庭、群体和社区参与社会、

---

① 塞缪尔·菲利普斯·亨廷顿著,王冠华译. 变化社会中的政治秩序[M]. 上海:上海人民出版社. 2008,07,01:37-38.
② 权利贫困的概念是基于以下三大理论发展而形成的,第一是"社会剥夺"和"社会排斥"理论;第二是"能力理论该理论认为;第三是"社会权利贫困"理论。
③ 王雨林. 对农民工权利贫困问题的研究[J]. 青年研究. 2004,(9):2-7.

经济和政治活动所需要资源的全面剥夺过程"①通过这一过程,一个人在他生命相当长的时期内被排除在社会大多数人享有的制度和服务、社会网络和发展机会之外。② 西尔弗(Silver,1995),强调排斥过程的不同原因、发展公民身份和社会整合的独特观念。社会排斥主要指,个人、群体等不能公平地享受到应该而且能够享受的公民权益与国民待遇,导致他们能力削弱与机会丧失,以致处于边缘。西尔弗和德汉(De haan,1998)将社会排斥划分为三种不同范式:"团结型"③(Solidarity)、"特殊型"(Special type)和"垄断型"(Monopoly)。这是特缘化困境的一种社会机制④。这种机制导致了个体与社会整体之间的断裂,最终导致了社会权利贫困。

体育权利是社会权利的一种,是公民的一项基本权利。现代奥林匹克运动之父顾拜旦早就指出,"一切体育为大众"。1967年4月25日,挪威体育联盟发表了《体育振兴15年计划》,指出:"使每一位国民都能够在日常生活中利用身边的体育设施参加有规律的体育活动,使整个社会健康而充满活力。"在1969年,在挪威首都奥斯陆召开了第一次大众体育国际会议,有8个国家(瑞典、英国、法国、瑞士、奥地利、西德、荷兰、挪威)的代表参加了会议。这次会议认识到了普通群众参加体育运动的重要意义,认为体育有助于恢复人类本性、增进身心健康以及提高个人和全社会的福利水平,体育作为贯穿人生始终的必要部分应占有重要地位。人人都有参加体育活动的权利,体育作为人类的重要部分在受到阻碍时,公共机关有必要提出相应的财政援助。在1978年召开的第20届联合国教科文组织总会上讨论通过,定名为《体育教育和体育运动国际宪章》。该宪章第一条规定,"所有人都有发展全面人格所不可缺少的参加体育活动的基本权利";第九条规定,"国家机构在体育方面应发挥主要作用"。无论是发达国家还是发展中国家,都要

① René Lenior. Lcs Exclus UN Francais sur dix. 2nd ed. Paris, Seuil. 1989. Quoted in Hilary Silver. "Social exclusionand social solidarity: Three paradigms" [J]. International Labor Review. 1974, (01), 133:531-578.

② John Pierson. Tackling Social Exclusion[M]. New York: Routledge. 2001.

③ "团结型"范式认为,社会排斥是指个人与整个社会之间诸纽带的削弱与断裂过程。"特殊型"则受自由主义传统的影响并流行于美国,它认为排斥是一种歧视的表现,是群体性差异的体现。这种差异否定了个人充分进入或参与社会交换或互动的权利。市场失效以及未意识的权利都可能导致排斥。与"特殊型"范式不同,"垄断型"认为群体差异和不平等是重叠的,它将社会排斥定义为集团垄断所形成的后果之一,其表现则是权力集团通过社会关闭来限制外来者的进入。这种范式的理论基础则来自韦伯的相关理论(孙炳耀,2001)。

④ 王铁崖. 国际法. [M]. 北京:法律出版社. 1995:188-193.

把发展大众体育、增进全民健康作为政府关注的热点之一。从事体育训练和体育运动是一项基本的人权。20世纪90年代,许多国家立足于21世纪社会经济的发展需要,为在新世纪成为"健康国家"而制定了发展大众体育的长远规划。如美国卫生福利部1990年制定"美国2000年健康目标",英国制定"九十年代体育战略规划",法国、德国、日本、芬兰、瑞典等国也都制定了相应的规划。据统计,制定"大众体育发展规划"的国家已有90多个。1996年经过国际奥委会修订的奥林匹克宪章也增加规定了一个基本原则,即"从事体育运动是一项人权。每个人都有能力根据自己的需要进行体育活动。"①同时,政府通过健全相关法规、增加体育设施、积极扩大宣传、组织健身活动等措施吸引更多的人参加体育活动。

2 "城中村"体育权利贫困

体育权利贫困是指人们获取体育权利的机会和渠道不足。"城中村"居民体育权利贫困主要表现是,居民无法享受城市市民参与体育机会,包括获得体育空间的机会、参与体育消费的机会。它表明,是社会制度环境导致"城中村"居民参与体育机会的不公平,而非居民自己主观能力不足造成的。在"城中村"改造过程中形成了一种特殊的社会排斥机制:一种由政府、开发商和富人之间的利益联盟,对"城中村"居民的排斥。这种排斥是多方位的,制度的排斥、经济的排斥、文化教育排斥、空间的社会排斥。这种社会排斥机制之所以能够形成,是因空间在"城中村"是一种不可或缺的民生需求。这些排斥相互强化,不断累积,并且可以向下一代进行传递,形成一种动态的制约机制。② 社会排斥和社会剥夺,最终导致了"城中村"居民体育权利贫困。

"城中村"居民体育权利贫困,除了社会排斥造成之外,另一种原因是体育部门在"城中村"体育话语权的放弃。在"城中村"的形成、改造、发展的过程中它自始至终都受到来自各方利益集团的关注,社会学家、经济学家、民俗学家、教育学家以及城市规划者、环保部门、建筑部门等,为改造"城中村"、促进新农村建设,纷纷出谋划策,建立图书馆、文化站、娱乐场、餐厅等。然而经过笔者调查,发现一些场馆荒芜无人问津、一些场馆成为聚众赌博的场所,造成"城中村"资源浪费,以及社会失范乱象等,而对促进"城中村"居民现代化少有成效。西方学者已经证明体

---

① 邓小刚,朱桂莲. 一项国际性人权——体育权的发展[M]. 体育文化导刊,2004,08,63.
② 银平均. 社会排斥视角下的中国城中村贫困[D]. 天津:南开大学,2006,05:8 – 10.

育不仅仅可以促进人的身体健康,而且对于促进人的市民化、现代化是成本最低也最有效的一种方式。而真正应该说话的体育部门在"城中村"改造过程始终处于失语状态,造成"城中村"居民权利的贫困。再一个造成"城中村"居民体育贫困的原因就是价值观念的缺失。下面笔者将分别从社会排斥、话语权以及价值观念三个方面来讨论"城中村"居民体育权利贫困现象。

3 "城中村"居民体育权利贫困原因分析

3.1 社会排斥

3.1.1 制度排斥

"城中村"居民对于城市户口需求并不旺盛,而且几乎"城中村"的所有居民都不愿意把自己的户口变成城市户口。在调研"城中村"中的居民告诉笔者:要那个户口有什么用? 什么待遇和保证都没有,土地没有了,也失去工作机会了,如果是农村户口,大队还给安排一个工作呢。相对于居民身份,"城中村"居民更希望村子里有公共体育场馆设施,这种需求远远超过了对公共医疗、图书馆的需求,"城中村"大多数居民认识到,只有通过体育锻炼,才能提高自己的健康水平。但是户籍制度是一种隐性排斥制度,"城中村"居民是中国传统户籍制度下的一种特殊的身份标志,在现行制度框架下不能取得与拥有城镇户口身份的劳动者平等地位并享受相应的权利。以户籍制度为核心形成的社会保障制度、就业制度、管理制度等都影响"城中村"居民的体育权益。

这种隐性的排斥制度表现在"城中村"居民的生活的方方面面。而恰恰是户籍制度的差异性,才造成了城市公共体育资源分配首先考虑城市市民的体育需求而没考虑到"城中村"居民对体育需求,由于体育资源的稀缺性,城市整体规划中,忽略了"城中村"体育资源的配置,居民参与体育的可能因为这种不平衡的配置制度,而排斥在体质制度之外。恰如笔者在文章前面所述,许多学者认为"城中村"没有体育,也不应该有体育,因为生活在"城中村"的居民不懂体育、也不会体育,即使建立了体育场地也是浪费资源。这种观点和"城中村"居民对体育的需求形成了鲜明的对比。它是户籍制度的既得利益的保护者。社会保障制度是由国家通过法律实施的、以国民收入再分配的方式为全体社会成员的基本生活提供安全保障的一项基本制度,是每个公民都应当享有的权利。城市市民可以享受养老、失业、医疗保险、最低生活保障,以及基本的体育公共服务保障,而在"城中村"由于城乡二元社会结构的存在,使得"城中村"居民无法享受到最基本的保障措施,被排斥在社会保障体制之外,从而失去了享有社会保障的基本社会权利。因此基本的体育权利也被剥夺。在"城中村"中各个村子里都没有专门体育管理部门,即使村子组织的各种体育活动,都是村子里特定利益集团的体育活动,大部分居民都被排斥在体育之外。而"城中村"外来工居民居住地较为分散,工作流动性大,很难进行体育组织和管理。而城市社区体育管理基本上没有包括"城中村"居民体育。

3.1.2 经济排斥

"城中村"经济上的排斥主要表现在经费投入的排斥。因为体育不是居民的主要生活方式,上级部门对于"城中村"体育投入的经费非常少,体育经费的来源多是村子自筹资金。村子组织的各种体育体育比赛以及场地的使用都排斥外来工居民,他们认为当地人还没钱组织比赛,拿什么给外地人用呢?当地人都没地方去锻炼身体,那有地方给外地人去锻炼身体呢?其次,表现在就业制度方面排斥。"城中村"居民的工作往往是无正规的合同,收入水平低下、工作条件恶劣、缺乏劳动保护,而且经常被拖欠工资。而今,城市就业形势更为严峻,许多单位纷纷把工作的门槛提高,"城中村"居民被挡在了大门之外,成为被排斥的对象,况且"城中村"居民在劳动力市场的边缘化使得其面临着更高的失业风险,再加上缺乏基本的社会保障,致使"城中村"居民经济收入处于较低的水平,成为城市中的弱势群体。大部分人根本没有时间和精力去参加体育锻炼。其次,表现在体育消费方面。体育消费作为较高层次的享受和发展需要,要有一定的经济基础。城市中许多体育空间都是收费场馆,"城中村"居民经济收入的落后又制约其体育消费的发展,绝大部分居民除了满足最低的生理需要(衣、食、住、行)之外,也根本没有过多的财力像城市居民一样去进行体育消费。

3.1.3 文化排斥

相对城市社会,"城中村"体育文化是比较传统和滞后的,"城中村"居民参与体育社会文化活动的意识和体育观念与城市有很大差别。"城中村"的体育文化活动站点极少,而且分布很不均衡,而且长期处在无组织状态,这在客观上影响到居民的体育文化素质的提高。其次,"城中村"居民遭受到城市居民的偏见或歧视。"城中村""居民期望融入城市生活,但仍不能去掉"乡巴佬"的称呼,"城中村"流动人口被贴上"盲流"标签而遭受歧视,这些社会排斥严重损伤了"城中村"居民参与体育的自尊心。长期的城乡隔离和城市的优越地位,使得城市市民心理上产生了一种排斥居民的特权文化心态。①。另外,一些大众媒体对"城中村"居民的负面报道也会在一定程度上影响"城中村"居民的形象,加深市民对"城中村"的偏见和歧视。"城中村"体育文化往往是落后、传统的代名词,"城中村"居民想要融入城市生活,不管主观上是否愿意接受城市都必须要转变原先的体育价值观念和体育生活方式,这个过程本身就是一种潜隐的文化排斥现象。由于"城中村"居民缺乏从事体育锻炼的必要技能,不懂得规则、方法,缺少社会体育指导员和体育健身组织的宣传和指导,自己也不愿主动去学习,使"城中村"居民参与体育被排斥城市体育之外。另一份方面的排斥现象为,"城中村"居民所面临的教育排斥主要表现在对子女体育教育上,表现为他们的子女受体育教育权的缺失。"城中村"学生由于其父母经济、权力、信息等资源的限制以及所在学校的教学条件等影响,无法享受与城市学生同等的体育教育发展机会,这些学校由于体育教学资源的缺失,影响到其接受体育教育的权利,使"城中村"居民的女子和城市市民的子女在参与体育过程产生了不平等。

3.1.4 空间排斥

3.1.4.1 来自邻村的空间纠纷

"城中村"②发展体育产业能推动村子的经济发展。这是乡镇整体规划发展小镇化的主要战略目标,集中资源优势优先发展某一个村子,创造品牌的结果。但其辉煌发展的表面背后却是对邻村土地的剥夺,这种剥夺是强制性的。主要表现在三个方面:一种是不公平和不合理的补充标准,农民的土地被乡镇政府统一收回。统一管理、统一规划,却给这些村子居民很少的补偿回馈,甚至有的居民还知道发生什么,土地就莫名其妙失去了。二是这些被剥夺土地使用权的居民社会保障机制缺失,也就是说他们失去土地、失去劳动、同时却没有任何社会保障。三是这些被强制剥夺的土地,都成了村子集体土地,使用权归了村子,村子修了大型的体育场馆进行产业开发,而与被征地村的居民毫无关系。其中一些被征地居民告诉笔者因为村子的村长就是乡镇的镇长,因为他具有双重的身份和私人便利,一切发展都是以乡镇统一规划为借口,优先发展他自己所在的村子,而把其他邻村的土地剥夺,使用权归村子,来产业开发,这种土地使用权的剥夺其实是对邻村居民空间权利的剥夺,直接激化了社会矛盾,这种矛盾集中体现在邻村居民对XX

---

① 胡杰成. 社会排斥与城中村居民的城市融入问题[J]. 兰州学刊. 2007,07:87－90.

② 由于涉及到个人隐私,在这里去掉具体村子的名称。

居民的憎恨和不满。有关空间使用权的"战争"纠纷经常发生。笔者在村子考察各种大型体育场馆的分布及使用情况时,其中,邻村的一个居民带着笔者进入村子的体育场馆时,因没有买门票和体育管理人员发生冲突。该居民认为这块土地原来是他们村子的,凭什么他进去还要买门票?管理人员认为他们是承包的,任何人进去都要门票,凭什么你不买门票?有本事找村长去和我们有什么关系?并大打出手,而笔者在该村调研中,这样的纠纷会经常发生,一种体育空间的排斥无声无息地在居民中间产生了,而制造不公平的乡镇政府将自己很好地隐藏起来,从而变得"不可见"了。

3.1.4.2 外地人不得进入

另一种空间的排斥,更是根深蒂固。表现在两个方面,一个方面是"城中村"当地居民对外来居民的排斥:一个方面"城中村"土著居民和外来工居民又普遍受到城市市民的排斥。在"城中村"大量的外来居民都居住在条件最简陋、地位边缘的出租屋里,与"城中村"土著居民,在居住空间上相对隔离。外来居民以血缘和地缘为基础建立起较为封闭的亚文化社会空间,与城市空间主动隔离,很难融入周围的主流社会体育公共空间①。而"城中村"的体育公共空间,对于外来工居民也是排斥的。造成了"城中村"外来居民根本没机会参加体育活动。

"城中村"的文体活动室,只允许当地的居民进入,而禁止外地人入内。每一个村子在文体活动室都放了一个看门的人,监视着过往的外来人口,即使参与调研的笔者也被阻止在外,不允许进入。

高高在上的"城中村"当地居民每天用鄙视的眼神看着外地人,自己却整天无所事事。而他们自己又受到来自城市市区的体育公共空间的排斥,由于他们自身体育能力的不足,使他们不能融入到城市的体育空间来。"城中村"大多活动室到处是一些打麻将、打扑克的居民,还有一些居民赌钱,一些居民拿着酒壶喝酒等。活动室的羽毛球、乒乓球场地通常都是空无一人,空地上一些孩子在玩耍。那些传统的乡村体育生活方式,已经渐行渐远了,外面的人行色匆匆,里面的人慵懒无聊,相互瞧不起、看不上、不交流、不信任。体育空间的排斥,阻碍了"城中村"居民与城市居民的交往和互动,导致了群体间的人际网络隔离,无法建立起与城市居

① 江立华,胡杰成. 社会排斥与"城中村"居民地位的边缘化[J]. 华中科技大学学报(社科版).2006,(6):112-116.

民相融合的生活圈①。这种在体育公共空间的相互排斥,在全国的"城中村"是一种普遍现象。狭隘自私的思想、"上等人"的优越感,在"城中村"体现得淋漓尽致。包容、尊重、谦和等,这些文明的字眼离我们究竟还有多远? 人的现代化真地和环境建设没什么关系,环境再美建筑再漂亮,人的素质跟不上依然不能实现现代化。

3.1.4.3 空间私有化

"城中村"居民体育资源使用权的贫困主要表现在体育空间的侵占、体育资源的剥夺、空间拥有权利的剥夺。"城中村"体育公共空间是城市空间的重要组成部分,因社会地位与经济收入不同居住空间的分化是客观的。居住区空间的"分化"与"隔离"主要是社会等级结构的外在体现,实质上是人与人、社会群体与社会群体关系的反映。"城中村"居住区空间结构具有各自的模式特征,但所蕴含的社会阶层关系却是永恒的,两者构成了居住区空间"形式"与"内容"的辩证统一。这种社会阶层关系随着"城中村"经济的发展,其主导因素也发生变化,从原来传统家族政治与宗教因素,逐渐过渡到个人经济因素。家族及乡村绅士文化的衰落,使"城中村"的公共空间也逐渐失去了其社会意义,随着经济阶层的划分,公共空间的占有逐渐私有化以及产业化。也就是说,"城中村"公共体育空间的产业化,造成大部分"城中村"居民体育参与被排斥在体育空间之外。健康公平指所有社会成员均有机会获得尽可能高的健康水平,这是人的基本权利。为此,健康权是人权的重要组成,用体育的方法获得健康应该成为人权不可缺少的一部分。体育空间的私有化,使"城中村"居民体育参与机会的缺失,让"城中村"居民没有平等参与体育权利。

总之,由于制度的排斥、经济排斥、文化教育的排斥以及体育空间的排斥,让"城中村"居民的体育权利贫困表现在三个方面:一是"城中村"居民体育资源使用权的贫困;二是"城中村"居民参与体育权利贫困;三是"城中村"居民体育发展权利②的贫困。

---

① 郑功成,黄黎若莲. 中国"城中村"居民问题与社会保护(下)[M]. 北京:人民出版社. 2007:443-445.

② 发展权是个人、民族和国家积极、自由和有意义地参与政治、经济、社会和文化的发展并公平享有发展所带来的利益的权利。本研究的体育发展权主要是指个人、民族和国家积极、自由和有意义地参与体育的发展公平享有发展所带来的利益的权利。

3.2 体育人话语权的缺失

福柯认为话语和权力是不可分的,真正的权力是通过话语来实现的,"话语权是一种不可或缺的资源——发展的过程就是呈现,需要不断彰显,拥有话语权就拥有了彰显的平台,因此社会上所有的人都需要借助话语权,在社会生活中寻求最大化的呈现和表达机会;同时话语权在很大程度上能保障话语者赢得社会地位,并由此获得利益。"马克思曾经指出:"思想一旦离开利益,就一定会使自己出丑。"语言是思想的外壳,话语权就必然表现为一定的利益诉求。① "城中村"从它诞生之日开始就是多方利益的角逐之地。在"城中村"形成之初,一种开发商和富人的利益联盟,形成了一种特殊社会排斥机制。这些人在"城中村"优先获得机会、拥有更多权利、影响规则制定,并在这一过程中进一步强化自己的权利。之后在"城中村"改造过程中,又形成了以社会学家、经济学家、民俗学家、教育学家,城市规划者、环保部门、建筑部门,媒体、地方政府、非政府组织等新的利益集团,各个群体纷纷参与到如何改造和发展"城中村"这场话语权的争论中来。使"城中村"的问题逐渐超越了一个个小村落的地域范畴,进入了公众视野成为被广泛关注的社会政治议题。政府越来越意识到"城中村"的发展对城市化的重要性。不同利益群体通过各自的利益表达机制来影响和参与国家公共政策的制定。显而易见,正是在这场话语权和实践的推动下,位于不同地理空间的人和组织,正在以一种看不见的方式,被联结起来,各个利益集团通过这种互动关系影响着国家政府决策。因此带着这些利益群体话语权的大规模"城中村"改造,在北京轰轰烈烈开展起来。在笔者调研的村子,可以清晰地看到不同群体话语权留下的痕迹。

高碑店村的民俗文化一条街和餐饮文化一条街,某某村的过渡安置房,以及各个村子的文化活动站,都是不同群体利益表达的结果。笔者认为"城中村"改造之争反映了现代化转型中"多元参与群体"关于"城中村"如何城市化观点的冲突,同时也是这些群体相互制衡的利益之争和权力之争,对"城中村"土地资源产生的利益需求通过"城市化"的概念进入国家政治生活的公共领域,在话语权后面的多元群体利益被很好地隐藏起来。而事实的结果却是公园荒芜,又因管理上缺失经常发生刑事案件,而无人光顾,笔者在调研不到一年的时间,在公园就发生两起命案。绿化带里到处是垃圾和污水,塑料袋子满天飞。餐饮一天街、民俗文化

---

① 中共中央马克思恩格斯列宁斯大林著作编译局. 马克思格斯全集(第2卷)[M]. 2009, 12,01:103.

街,一排排房子因商户寥寥,而成了鬼屋,安置房已经破落不堪、各种村子的文化活动站都成了赌博的公开场所。各利益集团在"城中村"改造过程中粉墨登场,在得到了既得利益之后,都消失匿迹了,进而转向下一个即将改造的"城中村"。而如何实现人的现代化问题,却被忽略了,在"城中村"整个改造、发展的过程中,最应该发言的体育部门始终是处于一种失语状态,这造成了"城中村"居民真正意义上体育权利贫困。正如前文所述一样在"城中村"居民对体育场馆的需求要远远大于对图书馆、文化馆等其他基础设施的需求,甚至有的居民告诉笔者说:"你看现在村子这么美丽,可是和我有什么关系呢?我很不幸福,我要健康,我要心理上的安慰,可是谁真正管过我们?没有,我讨厌这一切。因为我不快乐。"体育对于人的促进作用,在这里笔者不再一一陈述。但"城中村"体育权利的贫困从某种角度上也影响了居民其他社会权利的贫困。

3.3 价值的缺失

"城中村"居民体育权利贫困现象的产生不仅仅是因为缺乏强有力的、权威的监管机构,以约束、平衡、仲裁各种利益关系,更重要的是在我们的内心深处迷失了价值的判断,缺少了道德的自律,放弃了精神的坚守。在众多的利益主体不受约束的资源开发活动中,"城中村"这块城市化的黄金地带,寸土如寸金,每一块土地,各个体育集团的眼里,都意味会带来丰厚的经济价值。下面一段话是笔者采访某一干部说的话,可能更能真切地反映这一事实。

采访编号:D3,王XX,男,52岁,村委会职员,中学文化。采访地点:村委会楼下。采访时间:2016年7月19日。

"即使政府给我们村子拨款,我们也不会建任何体育场地的。就是给我们体育设施,一切都是免费的,我们村子也不要,你说我也要有地方放啊?我放在哪里呢?它要占用我们村子很大一块地方,我们村子是城市规划的中心地带,一块土地要商业开发,能给我们村子带来多少经济收入?你给我弄一大堆这些玩意,不但占用我们村子公共资源,日常还要有人来管理维护和维修,一旦出现事故村委会还要给人赔偿,你说我们村子能要吗?说直白一点,我就是随便划一块地当停车场,我每天还能收点停车费呢。原来我们村子有篮球场两块,网球场两块,规划用地都拆了,更不要说再新建了,不会要的。除非某领导喜欢体育运动,那才会有可能要,否则我们不可能为村民建体育场所的。"

采访编号:D5,李X,男,52岁,村委会职员,中学文化。采访地点:村委会楼下。采访时间:2016年7月21日。

"我们是活生生的例子。我们那个地方根本就不让参与体育活动,我说的是非常客观的,要看村里主要领导喜好什么。这个领导要喜欢扭秧歌,准会大办推行,到处都是一片一片的。我们那个体育运动会,拔河、打乒乓球,得参与,要不他扣分。如果村民,要是非常愿意体育活动,特别渴望出去打比赛,我们也让你去啊。我们村子扎花舞还得过二等奖呢,但是参与一下就行了,你看那拔河我们都没人使劲,送你参加去吧,真要拔河你摔倒了,住院去,我们这儿发生过,长跑那个哥们,人家跑没事儿,他跑把腿跑瘸了,去住院我们花了四五千啊。"

资本推动论认为,一个国家越是社会形式均衡表象明显,那这个国家的国家资源就越无法使用在这个国家的每一个人身上,因为繁衍的贪婪将吞食表象下面的一切公平均衡。因而最贪婪的人只会使用出卖资源来换取他个人所需要的富有。人成为完全受利益驱动的经济动物,经济发展简化为资源的掠夺式开发,对"城中村"居民的身体健康的集体漠视体现在某些政策中,反映在思想观念中,表现在行动中,其结果就是"城中村"居民的健康遭到侵害,"城中村"居民的生存权遭到侵犯,"城中村"居民的发展权遭到藐视,又还谈何发展呢? 人的存在是一切事物发展的基础,一切发展都是以人为本,人才是整个社会发展的中心,一个地区的良性发展不应该是建立在损害大多数人健康的基础上进行。体育权利的贫困从公民权利的角度看,体育的权利性质取决于体育的人民性。

第三节　"城中村"居民体育的诉求

当今社会,安全感的缺失越来越成为广泛的社会问题。人们无时无刻不在感受到恐惧、焦虑、无望、无力、自我价值否定和自尊缺失。在社会转型期,由于信仰危机、道德、精神的缺失以及过度追求物质化,这种不安全感缺失弥散在社会的各个方面,存在于不同阶层人群、不同行业之间。而这种现象在"城中村"尤为明显。无论是外来居民还是原住民过去那种由"熟人关系"而建立起了的非正式网络的信任方式,已经被打破,新的信任纽带方式还没建立,加之新的农民工和大学生不断涌进"城中村",造成"城中村"居民的人际关系越来越复杂,又因为外来居民和原住民差别对待的社会政策,使人与人之间的矛盾深化,不安全感更加强烈,在"城中村",无论是什么阶层的人,对未来都充满了迷茫。笔者调研的"城中村"居民把这种不安全感转向对体育的诉求。他们认为,体育可以让他们身体健康,心理找到归属。目前"城中村"居民锻炼身体的还不是很多,但是大多数人对体育诉求非常高。对于"城中村"居民而言,失去世代赖以生存的土地意味着失去了生活来源,生活场景的剧烈转变,让他们过度担心未来的生活。焦虑、自卑感对他们身心健康带来较大的影响,导致体质的下降,增大了医疗支出的风险。开展"城中村"体育活动,对于提高居民的体育参与意识、增强体质、缓解精神压力、减少医疗支出有着十分重要的作用。

1 个人安全对体育的诉求

1.1 身体健康:对体育的诉求

通过前文分析不难发现,在"城中村"各个层次的群体都出现了具有较强烈的增强体质、强身健体需求。虽然"城中村"大部分居民的户口都变成了城市户口,但是城市的一切保障政策,都把"城中村"居民排斥在外。而居民们又失去了体力劳动的机会,由于缺乏劳动和身体活动,一些居民的身体素质、身体健康状况每况愈下。甚至一些心血管疾病、糖尿病、肥胖症、慢性病等开始在"城中村"蔓延。高昂的治疗医药费,已经使一些家庭不堪重负。"城中村"居民渴望健康,需要通过体育锻炼来促进自己的身体素质。从"城中村"居民对的体育需要来看,农民转变为居民以后,由于体力活动被剥夺,没有再次参加工作的机会,加之对于利益分配不均衡的不满,随着身体活动越来越少,身体素质下降、身体活动能力下降,使他们对自己的健康开始担忧,因此许多人,开始寻求体育的帮助,对于体育的需求也越来越旺盛,他们身在城市却少与社会交往,形成封闭群体,远离体育、渴望体育,又不知道如何参加体育。不同群体的他们,表达了对体育不同层次的需求。一些老年人比较喜欢身体负荷较小、以精神调节或心理放松为目体育项目,主要是为改善自己的身体健康状况,提高生活质量。一些中年人,希望国家在他们居住区周围的公园、绿地、街道周围提供一些基本的体育服务设施,能够满足他们基本的体育需求。一些失业的青少年,希望通过有组织的体育活动,来满足他们参加现代体育的需求,并愿意把体育作为自己的事业来做,为居民参加体育活动,作出自己的贡献。而外来居民则希望有免费的场馆。

1.2 精神安全:对体育的诉求

来自"城中村"的一个草根体育组织的体育,恰恰是为了寻找社会的认同才组建起来的。该草根组织成员的共同爱好是篮球,整个组织的人群全是外地人,年龄在23~35岁之间,男女都有,他们打篮球的目的,除了是为了锻炼身体之外,更多是在城市找到一种心理归属,在这个城市找到了一种心理安全感。他们告诉笔者,他们是这个城市的一员,属于这个城市体育的一个爱好者,属于篮球发烧友,需要在篮球运动中共享篮球的快乐,他们平时聚会,经常会探讨,打比赛中的犯规与守规则、篮球比赛的输赢,以及比赛带来的愉悦和经验。他们共同遵守的篮球价值的认同,使他们和城市其他爱好篮球的居民很好的融入到一起,最终达到社会融入,自我实现是他们终极的目标。他们希望居住的村子能为他们组织比赛,促进那些外来人口参加到体育比赛中来,而不是一味的排斥。其实很简单,只要需要有人组织,大家对于体育热情都是非常高的。城市化的最终目标是实现人的城市化。"城中村"当地居民实现了户籍和居住地的这种显性层面的城市化,并不能真正实现而诸如生活方式心理适应等隐性层面的城市化,这需要一个漫长的转化过程。"城中村"居民基于自由交流与合作形成的信任和合作网络严重缺失,人与人之间纵向网络被隔断、横向网络难以建立,人与人的关系疏远、淡薄,出现严重的信任危机,被称为"我不信"时代。无论是外地居民还是当地居民的不安全感,多是精神的不安全,他们觉得自己心无所依,找不到自己的组织和精神上的寄托。有钱的、没钱的、有社会地位的、没社会地位的、有文化的、没文化的,都找不到自己的精神家园,希望通过体育找到大家公共的东西,找到心理安全感。"城中村"的规范管理,在农民市民化的转化过程中起着至关重要的作用,村委会可以组织丰富多彩的体育文化活动来提高他们的生活情趣,培养健康的生活方式。体育作为活动的重要内容之一,对提高"城中村"居民生活质量、增进他们与城市居民的交流、增强他们的城市归属感有着积极的作用。

2　社会安全对体育的诉求

笔者在进入高碑店村调研的过程中,接触到一个饲养信鸽组织。该组织成员都是2000年农转非上楼的居民,住在社区管理的楼房,但仍然是这个村的居民,社区是村委会的下级单位,这个村已经有三个社区单位了,分东、西区及兴隆佳缘。东、西区是原来旧村,兴隆佳缘是拆迁上楼的居民。他们除了养鸽子,平时早上还到楼下的公园散步或者锻炼身体。他们告诉笔者村里很多居民打麻将赌博,急需要一些健康的生活方式,非常希望有人来管理,他们隐隐约约觉得是一种隐患,有的人已经因为赌博又变得贫穷了。非常希望体育进入居民的生活,构建一种健康的价值观。而来自笔者调研的另一个"城中村"的居民告诉笔者,她和她周围的人都有良好的体育锻炼习惯。以前他们喜欢游泳、打篮球、羽毛球和跑步。

因为受过正规的学校体育教育,所以体育活动是他们的一种生活方式,现在他们大多数都退休了,选择户外锻炼身体作为他们新的共同的体育方式,并组织了几个健身队,比如香山队、圆明园队、颐和园队。她们参加过 1991 年在大钟寺体育馆组织的第一节农民运动会,如今大钟寺体育馆被拆了,农民运动员会也没人组织了,现代的农民运动会都和农民没关系,城里人代替农民参加他们的运动会。他们现在非常渴望在村子里,组织各种各样的体育比赛、提高居民的身体健康、提高居民的幸福指数,场地不用国家提供,居民自己可以找到,比如,附近北京体育大学的场地、农业大学的场地,她们都可以自己来解决,就是需要有人来组织他们的比赛,组织各种体育活动,而不是一盘散沙。如今社会物质条件达到了一个更高的层次,而居民的健康文化层次不但没上来,而且还落后了。这个村子居住的都是外来人口,大约有 8~9 万人,这样一个群体没人管,想想就可怕,这里的居民大多数生活方式一团糟、除了赌博好像没什么爱好,黑医院、黑车、黑食品、垃圾满地等,村子里贴的到处都是治疗性病的广告,说明这里有不安全的性行为,如果继续传播对于人类来说是一个灾难。他认为不良的生活方式已经危及到了社会的公共安全。希望国家来组织体育比赛,建立大家共同的健康的价值体系来对居民进行教化。

总之,"城中村"居民不良的生活方式,正在给一些人造成心理压迫感。这种压迫感,表现在个人层面上就是身体和精神上不安全感,表现在社会层面上来讲,就是公关安全的不安全感。吉登斯认为在现代社会环境中,人们感受到的长期持续的不安全感会使人们产生本体性不安,外在环境的不安全便会内化为个人的不安全感。"城中村"居民的不安全感,恰恰是来自周围环境的不确定性,他们通过各种过激的行为来填补自己内心的不安全感。即使那些经常参与赌博,光顾各种娱乐场所的居民,也不认同自己的生活方式,他们认为如果有人组织体育比赛,他们也会参加,主要是在"城中村"实在没有更好的消遣方式提供给他们,实在无聊,没有工作,没事情干,能去干什么呢? 谁也不愿意天天这样吧? 这些处于过渡状态的居民,从来没有像今天这样遭受到公共安全给他们带来的残酷考验和严峻挑战,他们对自己生活的区域公共安全的现在和未来充满沉沉的顾虑和重重的忧患。他们把这种心理上的不安全感和他们公共生活上的不安全感,都投向了体育活动,他们普遍认为,健康的体育生活方式的建立,可以消除公共生活中的许多隐患。

本章小结

　　本节主要从"城中村"居民体育权利贫困、"城中村"居民对体育的诉求、以及"城中村"体育失范等几个方面对"城中村"体育发展的特有的现象进行了分析讨论，目的是找出"城中村"体育发展各种现象和存在问题，为治理"城中村"体育，促进其良性发展提供实证性依据。随着我国社会的转型，村落的社会秩序结构和村落的公共道德规范似乎已经不像从前那样对"城中村"居民具有很强地约束力，他们与社会的联系出现弱化，甚至断裂。而国家对"城中村"中的公共空间控制能力越来越弱，原来村落公共空间对人的约束以及控制能力也已经丧失，在"城中村"中，一些乡村绅士、家族威望以及熟人纽带关系在"城中村"也正在减弱。所有联系、凝聚居民社会关系的公共空间越来越少，而一些幸存的公共空间的社会凝聚功能也弱化了。"城中村"的空间正在"陌生化"。居民人际关系的纽带的关联性大大降低，他们普遍存在寂寞和孤独，这是过渡时期的普遍现象。政府行政组织的权力在"城中村"的"后退"，会给"城中村"的居民带来了极大的自主性空间，但这种权力的后退的本身并不等于"城中村"体育组织力量的增长，以及一些民间体育组织的健全发育。对"城中村"特殊现象的阐释，恰恰是在经济结构的急剧变革和改组，在信息化、知识化、全球化、后现代主义及思潮的猛烈冲击下，暴露了传统社会体育结构潜在的社会问题。

第六章

结论与建议

第一节　结　论

1　"城中村"向内构成一种亚体育文化圈

这种亚体育文化表现为:(1)在体育观念上是一种狭隘的体育观,"城中村"大多数居民认为参与体育活动是一种无聊的行为,甚至有一些居民认为劳动就是体育,这种体育无聊观表现出对现代体育文化的排斥,也造成休闲方式的低层次,即聊天、打牌、打麻将、上网、购物、进餐馆等。(2)"城中村"体育行政组织主要嵌入在村委会其他事业组织中,主要承担村子两种体育活动。一是组织村子向内的以农历记日或者阳历记日的各类体育民俗文化活动以及体育比赛活动;二是组织参与各类乡镇以及区体育比赛。因此"城中村"体育权力寻租现象普通,即只有村委会干部或者与村委会干部相关的家属、亲戚、朋友以及工作关系相关联的居民才能参与到组织内部的体育活动中来,而大多数居民是被排斥在体育之外的。(3)体育组织的嵌入性,使体育组织的体育经费来源表现出单一性,其主要渠道是上级政府拨款以及村庄自筹。(4)这种亚体育文化,还表现在对自尊的保持和传统体育文化自觉性的延续上,通过构建一个共享有意义的体育文化圈,将"城中村"居民凝聚成一个体育文化共同体,集中表现在集体性节庆庙会中的体育花会表演上。民俗体育几乎是"城中村"居民共同的体育记忆。

2 城市社区体育由内向往构成一种包容开放的体育文化空间

这种体育文化表现为(1):在体育观念上拥有正确的体育观,大多数居民认为参与体育活动是一种生活方式,为了满足自己更高层次的体育需求,有一些居民参与选择到社区之外收费的体育空间锻炼身体。社区之外的体育空间是社区体育空间的补充,体育空间的使用有很大的包容性。(2)体育经费的来源也是多渠道的,除了上级政府拨款,城市社区体育组织主要是社会捐赠和居民自筹。(3)这种体育文化,从体育社会空间结构上来看它表现出圈层结构,这种结构向内可以构成社区内聚力,向外可以和城市其他社会空间相融。体育社会空间结构的圈层结构分布致使社区体育组织以及居民的体育活动轨迹也依据空间圈层结构,层层分布,使社区体育构成了一种有序、开放性的体育活动方式。(4)城市社区体育空间结构圈层化使社区体育发展形成了一种内在的有序运行机制。城市社区体育空间的结构分布的同心圆模式使社区内部体育社会结构关系相对稳定,并形成以社区为中心的差序格局的社会关系双重性,主要表现为固定性和流动性两个方面。一种社会关系固化在社区之内,形式社区居民稳定的社会体育关系,一种社会关系向社区之外流动,形式了流动性的社区体育关系。(5)区域间的空间交互关系随着空间距离的增加而衰减。随着体育空间呈圈层形态向社区外迁移,社区居民在不同层圈结构点参加的体育活动与社区体育的关系也越来越弱化。

3 政府基层体育管理体系的弱管理致使基层体育文化活动的弱化

城市社区体育组织是一元管理体系,社区组织文化发达可以满足不同社会群体的不同层次的体育需求,而"城中村"体育组织是二元管理体现,体育组这文化缺失,会造成"城中村"居民基本的公共体育服务都得不到满足。体育组织是社区居民参加体育活动的主要形式,体育组织越发达说明体育活动就越活跃。由于安慧里小区居住的人口数量巨大、结构复杂,完全依靠社区体育组织不能满足居民基本的体育需求,因此有参加体育需求的居民开始向社区外的体育组织需求帮助,进而来满足自己锻炼身体的需求。社区体育组织的分布,恰恰是社区的内聚力和动力系统支配影响的结果,这说明着社区体育的发展是一个运动的动态过程,而不是静态的。社会组织的空间分布形态,恰恰反映了马斯洛的需要理论,在社区体育的发展也是适用的,我们可以利用马斯洛的需求理论来指导建设社区体育的发展。在满足人的基本的参与体育的需求的同时,要有层次的、渐进的,依据社区的实际情况发展社区体育。指导社会限制的体育资源,最大限度的发挥其社会效益,来弥补我国在城市化发展过程。

4 体育空间的转向造成体育文化活动的极化现象

(1)城市社区体育空间的圈层结构反映着社区居民选择体育活动由社区体育活动中心向外围呈规则性的向心空间层次分化。空间表现为:体育空间充足的地域吸引体育空间不充足地域的参与者的流入,导致收费体育空间向不发达地域转移,刺激不发达地域体育空间的开发,带动体育空间的转移。扩散集聚逐步向社区外推进,直至形成合理、有序的第二空间结构。城市社区体育空间的向心空间,使得体育空间、体育组织以及居民参与的体育活动形成了一种内在机制,即把参与体育活动的群体进行了有效的分层、分离。有共同体育特质的群体会选择符合自己群体个性特征的体育空间实现所在群体的体育活动需求。各个群体之间,在空间的使用上以及体育组织的选择上,就出现了差异性。

(2)城市社区体育社会空间的秩序化表现为两个方面:一方面是体育社会空间使用表现为等级的差序格局,另一方面是体育社会空间使用权的秩序分层。体育社会空间的圈层结构的形成,实则是体育社会资源在社会空间再分配的结果。它依据人群的不同收入、不同地位把不同的人群以一种更加隐性社会制度秩序形式,有秩序地固化在一层层的空间圈层结构中,不同收入、不同地位的群体依据自身的实际情况自发地选择适合自己的体育空间参与体育活动,形成了体育空间使用的差序等级格局。这些等级秩序与宗法伦理的尊卑体现在体育空间使用权上,就是在社区体育公共空间稀缺的情况下,老年和儿童对社区体育公共空间有优先使用权。并在社区形成了一种隐性约定成俗的制度,用一种传统的道德理念绑架了每一个居民。

(3)"城中村"体育空间建设布局的杂乱和碎片化使体育公共空间很难发挥其实际成效。城市社区的体育空是开放的空间,向内居民可以参与基本的体育活动,向外居民可以参与多种多样满足个人需求的体育活动,而"城中村"因为体育空间缺失性,使居民很难参加体育活动,造成"城中村"居民基本没有体育生活。城市社区体育空间的圈层结构,有效地把私人营利机构与民众体育参与结合起来,随着居民社会资本占用的多寡,社会空间的使用者,选择体育锻炼的空间,特定的群体或小场域受其体育锻炼的惯习影响而具有相对独立的属性,并以此与其他群体或场域区分,此时社会阶层体育也由此形成。社区体育空间使用的社会分层以一种非常隐性的空间分布得以固化。这种隐性的社会体育空间分层其实由体育空间使用者的收入、财产、职业声望、权力与教育所决定的。

5 城市与"城中村"体育公共服务不均衡,"城中村"优质体育设施配套落后

有关"城中村"居民的体育观念、参与的体育组织、选择的体育内容、体育经费来源、体育空间的占有、参与体育方式等方面都与城市居民的体育存在着较大差异,说明城市发展体育存在资源配置不均衡的问题。有关"城中村"体育发展的自发、无序行为,已经给"城中村"、城市乃至社会带来了诸多社会问题,这些问题已经远远超出体育领域的研究范畴,它具有很大的社会公共性。

一是,体育公共服务配置不平衡,城市与乡村管理体制同时并行的情况下,导致目前城市社区与"城中村"之间在体育环境差异明显,"城中村"居民所拥有的体育公共服务设施较为匮乏,"城中村"体育公共服务设施等级不高。

二是,体育公共服务设施配套与人、户分离现象相互制约。人、户分离现象导致原居住地用户,外迁到城里居住,居住在"城中村"的常住人口多是外地人,而外地人口的流动性很大,又难以管理,加大了服务设施的运营成本,制约了体育公共服务设施配套建设。体育公共服务配套不足会降低了城市的吸引力,进而加剧人、户分离现象,结果是越来越多的外地人聚集"城中村",造成"城中村"村委会以及上级单位越来越不愿意把更多的体育资源投入到公共服务设施配套建设中。

三是,体育公共服务设施与住宅区分离。目前体育公共服务设施配套建设滞后于商品房的开发,体育公共服务设施的空间位置通常都设置在"城中村"居住区非常偏僻的地方,人烟稀少,使用率很低,致使有体育设施配套,也是样子工程,不能发挥其公共属性,这样造成本来就稀缺的体育公共资源的浪费,而城市再配置体育资源的时候而忽略"城中村"的体育设施建设。

从我国的现实情况看,基本体育体育公共服务均等化的内容主要包括:一是基本体育民生性服务,如体育就业服务、体育社会救助、体育健康保障等;二是公共事业性服务,如体育公共教育、体育公共卫生、公共体育文化、体育科学技术、体育人口控制等;三是体育公益基础性服务,如体育公共设施、体育生态维护、体育环境保护等;四是体育公共安全性服务,如体育健身安全、体育消费安全等。这些基本体育公共服务做好了,才能使全体社会成员共同享受体育改革开放和社会发展的成果。

6 体育社会空间结构决定了居民体育生活的选择方式

什么样的区域空间结构分布决定了什么样的区域居民的体育生活选择,因此安慧里小区的圈层体育社会空间的圈层结构,使得居民参与的体育活动轨迹也呈圈层结构,向社区外衍生。安慧里的体育空间设置只能满足居民的基本公共服务体系,居民要想参加更高层次的体育需求只能转向社区之外,在居民体育活动外延的过程中塑造了社区体育空间的再分布。高碑店村扇形空间结构分布,使得体育空间缺失性,使得体育空间不能满足居民参加体育活动的需求,参与体育活动居民的运动轨迹,从高碑店村委会中心开始,沿着主要交通要道路线高碑店路向高碑店村外扩散形成楔形地带,逐步向城市社区呈放射性延伸。这拓展了体育社会空间。

尽管"城中村"居民是弱势群体,但是这并不意味着他们缺乏能动性,我们也没有认识理由来否定他们对体育需求和参与体育的能力。其中在"城中村"居民民间体育游戏的复兴,说明游戏是人生来就具备一种本能,无论生存于何种环境下,人总是能找到一种杜绝自己身体退化的方式。这种方式是有身体活动的游戏,是超出国家结构之外的。西方的体育、现代化的传统体育、官方的民间,相对于他者的我者,民间体育游戏在"城中村"的出场,简单地说是对现代化的抗争,民间体育游戏在"城中村"的发展,正好对应了现代化的单一性,也应对了现代化的断裂和恐慌。结构之外的偶然体育游戏行为在"城中村"正在复兴,他是对现代化城市体育的一种抗战,也是人锻炼身体、提高自己的身体健康一种本能的诉求。重新塑造"城中村"内部体育公共空间的缺失。

7 体育可以促进居民的社会认同

体育的社会意义从个人层面上意味着角色、规范、交往、荣誉等内容,从社会层面上看意味着人与社会、社会组织之间的关系、人的社会归属感、种族等内容,从国家层面来看意味着文化交流和经济一体化等内容。体育的精神内涵即是实现公开、公平、公正的行为品质。他并不看重所选择体育行为的结果,而是对人格精神的追求和完善。回顾百年来体育运动的发展,从地域、民族走向世界的实质就是精神价值符合时代的发展要求,确定了正确的社会价值取向,同时是价值理性和工具理性相互作用的过程。体育活动在教育和培养人们的良好道德品质上有着显著的作用。由于体育与社会的密切关系,体育获得了发展并被赋予了一定的象征意义。体育用于那些经典的、有社会价值的浅显易懂的名词构建了一个社会子系统，在这个子系统中不同类型的身份加固和社会认可都变成可能。通过成为一个体育社会团体的一员，一个特定的社会角色或者进行一场体育表演，都可以加固自己身份的认同感；或者作为现场或者电视观众，也可以间接地加固自己的身份认同。就体育而言，在像滑冰、网球、高尔夫和骑马等个人项目中，个人身份会反映出来，这些人不仅对高水平表演感兴趣，而且还要为体验那些质朴的未被损坏的天性而高兴。他们很容易知道他们拥有共同的身份认同和集体仪式，并且关注他们的相互交流和互动。

8 "城中村"大部分居民体质下降是另一个公共安全的隐患

农耕时代的消退，使"城中村"居民的体力活动减少，居民公共活动减少，他们从来没像现在一样如此渴望需要体育。而社会排斥、体育部门话语权的缺失、道德价值观扭曲、自身体育能力的不足、体育公共空间的私有化等剥夺了"城中村"居民体育锻炼的机会。而城市化后，让居民又失去参加传统体育的场所，传统体育的心理和精神的寄托也被剥夺，一些居民心中积满了怨恨，如果这些怨恨得不到很的的释放，那就会产生社会失范，甚至犯罪。

在"城中村"里发生的体育赌博、体育权利贫困、体育社会分层化、体育社会排斥、体育话语权缺失等社会问题，无时不刻不在威胁着社会的公共安全。"城中村"体育已经到了不得不发展的时刻。体育这种特殊的消遣娱乐方式，在"城中村"中流传的方式多是自发、无序、散乱地嵌入在"城中村"居民的日常生活中，居民对体育的需求越来越旺盛。体育是社会维稳最好的工具，它对社会具有镇定作用，但是要健康有序、有组织发展体育运动，体育的这些社会功能才能发挥出来，如果任其散漫发展，对社会不但没有裨益，而且还会威胁到社会的公共安全。恰恰像道格·桑德斯在其《落脚城市》中说的那样："我们只不过是想找一个心理和身体都安全的地方落脚，在这个时代，我们都是被城市化的一员，我们再也回不去了，也离不开城市，故乡在我们记忆的一角渐行渐远。大部分人从乡村来到城市，漂泊无根，生活在城市的边缘地带。"而目前中国，我们需要给这些正在被城市化的居民，无论是从身体还是从心理上都要找一个安全的地方落脚，否则不利于社会和谐和稳定。而这个落脚点就是体育。在"城中村"这样一个复杂的环境里，我们如何发展体育，才能解决这些人参与体育以及达到身体安全和心理安全呢？这是一个时代的课题，它关系到我国城市化的进程速度，关系到一个国家的社会稳定。笔者依据实践调研的情况以及上述的讨论分析,尝试着提出一些建设性思路,以便对发展"城中村"体育有所裨益。

9　体育文化部门应该参与"城中村"改革和新农村建设

十八大报告阐述的社会主义核心价值观包括三个层面:"从国家层面看,是富强、民主、文明、和谐;从社会层面看,是自由、平等、公正、法治;从公民个人层面看,是爱国、敬业、诚信、友善。"社会学家要探讨的是体育是如何帮助社会、社区、组织以及团体平稳地运转,同时也探讨个体如何在参与体育的过程中为社会作出贡献。因此体育于国家、社会及个人的价值观形成都具有重要的作用,体育应该参与到"城中村"改造和新农村建设中来。

10　发展体育维稳成本最低

"城中村"中各种乱象的产生是因为政府对"城中村"的弱控制。在旧有的农耕纽带断裂,新的共同价值体系还没建立的社会转型期,此时凝聚人心最好的活动就是体育运动,经常参加体育运动的人,可以很好地释放不良情绪,并找到心理归属感。在运动中,极容易形成彼此相互约束的契约关系,约束参与人的过激行为,在比赛中,把不满和愤怒情绪转移出去,体育对抚平人的心理创伤是一剂良药。因此从某种情况来说,目前我国发展体育运动是维护社会稳定比较好的、成本最低的一种方式。

第二节　建　议

1　构建城市社区与"城中村"体育发展平衡的路径

1.1　打破城乡二元结构、优化"城中村"体育功能布局

一是,适当提高"城中村"体育公共服务的建设标准,优化"城中村"体育环境。建立快速便捷的交通道路,配套城乡一体的体育基础设施建设,将优质体育公共资源向"城中村"倾斜,提供"城中村"体育生态环境质量,创造良好的体育人文环境,形成中心城区与"城中村"相互链接相互通融的格局,才能提升"城中村"

体育消费的吸引大了,逐步形成一批高起点、高标准、环境优美、各种体育特色、体育功能突出的体育小镇。一方面解决了城市社区居民参加体育消费的需求,另一方面带动了"城中村"居民自身体育能力的提高。

二是,强化体育产业的支撑,培育绿色体育发展的动力。"城中村"一般都在大都市的郊区,相比较城市,塑造性还比较强,还有可开发的空间。比如高碑店村开发的民俗餐饮饮食一条街,因为城市人口的缺少,而外地流动人口的偏多,使这样高端的餐饮一条街并没有发展起来,显然在规划产业的过程是错位的。目前城市人口拥挤,建设场馆爆满,加之越来越多的人更加喜欢户外运动,为了适应全市全民运动的需求,按照"减重、加绿、强基础、集约化"的理念,"城中村"应该转型升级产业,大力发展体育产业,吸引更多的城市居民来"城中村"参加体育锻炼,这样"城中村"的体育公共服务体系有了自身的造血功能,从而促动地方村委配置更优质的体育资源,建设体育公共服务体系。

1.2 城市人口导入与体育产业互动发展,体育公共设施配套与人口聚集相辅相成

一是,在城市人口导入区规划足量的体育产业用地,打造体育产业与城市相融合的空间体系。体育产业就业门槛低,结合失地农民的工作需求以及人口结构特征与本地村子地理历史文化以及传统产业的发展基础,适当保留存在的传统产业,为不同层次的人口提供合适的就业机会,建立与人口结构相匹配的体育产业功能。大力发展体育产业,让体育惠及到更多的"城中村"居民,在发展体育经济的同时,实现"城中村"居民参与体育活动权利,最终实现村民转市民。

二是,城市人口导入区在基本的公共服务配套的基础上,应该着重提高体育公共服务的供给能力。目前在"城中村"建设了一定数量的大型居住区,但是体育公共服务设施配套不全,在城市人口导入的情况下,应该将体育公共资源向"城中村"倾斜,将城市地区优质的体育公共服务向"城中村"延伸,提升城市人口向"城中村"移居的意愿,优质的体育配套资源的倾斜,必然拉动"城中村"体育产业的发展,带动"城中村"居民参与体育积极性,加快"城中村"居民的城市融入时间。以创新引领健身休闲产业发展,促进体育与健康生活方式融合满足人民群众多样化的体育需求,推动形成投资健康的消费理念和充满活力的体育消费市场。

1.3 增强"城中村"的体育管理服务机能,构建科学合理的运行机制

一是,提高"城中村"体育服务机能。村委会要改变重形式主义的比赛、轻大众体育公共服务的模式,增强为大众提供优质的体育服务的意识,提高行政效率,

全面提高"城中村"体育公共服务的基础建设以及村委、社区体育管理等方面的服务水平。积极提供与体育产业相关的创业、就业、生活等方面的服务。

二是,吸引具有创新性健身休闲运动项目的企业落户"城中村",倡导全民到城市郊区健身消费的新时尚。为来"城中村"落户的体育企业提供完善政策措施,引导政府、企业、社会机构参与到"城中村"健身休闲设施规划、建设、运营中,盘活"城中村"现有闲置的厂房、商业房产等发展健身休闲体育产业,为城市体育发展提供配套服务,打造健身休闲综合服务体,大力支持喜闻乐见的、有广泛群众基础的、符合当地风土风貌的业余体育赛事供给,合理布局,因地制宜,建立城市社区与"城中村"间协同发展机制,打造具有"城中村"特色的健身休闲示范区,形成"城中村"与城市社区良性互动发展格局。

1.4　突破城乡行政区划,创新体育服务部门

一是,城乡联手,保障"城中村"与城市社区体育资源规划实施的协同一致。摒弃旧有的城乡二元观念,把城乡作为统一的整理来规划,城郊协同,建立统一公共管理机制,实现优势互补,功能耦合,统筹协调城乡一体化的格局,打破现有的行政区划界限,树立统一全局的观念,在一定地域范围内,联合编辑体育产业规划,共同发展,在城市人口导入区,腾出更多的体育产业发展空间,创造土地的利用价值,发展优势体育产业项目,拉动城市体育消费,解决"城中村"本身发展的难题,同时提供"城中村"必要的体育公共服务空间,为"城中村"居民参与体育活动提供基本保障,为拥堵的城市体育空间,提供疏散地,以实现"城中村"与城市社区体育资源配套以及体育资源发展的均衡。二是,创建"互联网＋体育",提高政府的体育服务效能。

1.5　促进城市社区与"城中村"居民体育社会空间融合发展

居住区空间的体育基本公共服务体系设置构成要素包括体育社会空间、体育组织、体育场地设施、体育经费、体育管理者和指导者、体育活动以及体育活动的参与者。其中体育社会空间、体育组织、体育场地体育经费是居住区体育得以开展的物质保障条件,而体育管理者和指导者、体育活动是居住区体育得以开展的必要条件。当所有的社会条件和物质条件都得以满足的时候,人本身的活动性和能动性,决定了社居住区体育是否能够开展以及开展的质量如何。居住区体育社会空间设置是为了满足居民参与体育活动的基本需要。因此人是居住区体育得以开展的关键。体育社会空间的社会功能包括三个方面:一是在户外设计体育生活空间,满足各种体育休闲环境的需要,包括游戏、运动、锻炼、散步、休息、娱乐

等;二是,创造自然环境,各种环境设施,如用树木、花卉、铺地、景观小品等手段创建优美的室外环境;三是创造体育空间设计与居住区周围自然环境的错落有致、发展有序的相互融合和相互互补的关系。无论城市社区还是"城中村",一个良好的居住区进行体育社会空间规划过程中都要考虑两种要素:第一要考虑体育空间设置的各要素构成以及各要素之间的相互关系;第二要考虑体育空间各要素如何和居住区其他自然环境相互融入和互补。合理的体育社会空间的基本公共服务体系的设置应该是满足社区体育结构的长久稳定,尽量减少空间结构壁垒,城市体育社会空间和"城中村"体育社会空间发展应该实现共融,应该以差序格局的形式相互关联的圈层,以居住区为中心,一圈一圈向空间外外延,对内要基本保证居民能享受到基本的体育锻炼的权利,对外又可以满足居民更高层次的体育需求。城市社区和"城中村"应该作为城市规划的统一整体,统一规划、统一布局。城市体育社会空间的结构的理想模式如图6-1所示。

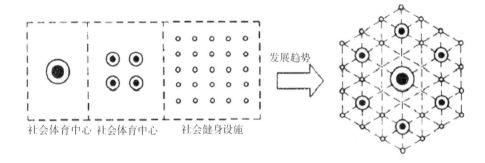

社会体育中心 社会体育中心 社会健身设施   发展趋势

图6-1 城市体育社会空间的结构的理想模式

2 构建"城中村"基本体育公共府服务体系

我们知道,任何一个事物能否顺利发展。首先要有一个基本思路,其次要有构成组织的基本要素,最后才是如何组织实施的问题。因此构建"城中村"基本的公共服务体系首先要对中国"城中村"体育发展有个整体规划和设计。本节将讨论三个主题:"城中村"体育发展的总体框架、"城中村"体育构成要素以及"城中村"体育的制度设计。

2.1 "城中村"体育整体发展的设计思路

目前"城中村"体育发展的方式是一种政府弱控制发展方式,如果继续任其自发无序发展,"城中村"体育将彻底失去控制,不利于社会稳定发展,给社会造成伤害。如果强化控制管理则有可能实现理想管理方式。具体如图 6 - 2 所示。

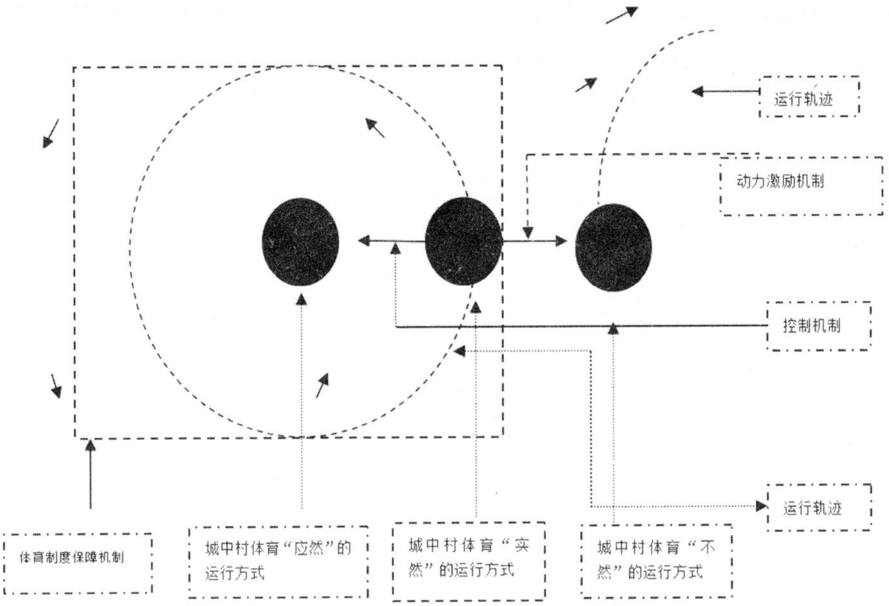

图6-2　"城中村"体育运行方式机制①

　　"城中村"体育发展总体设计思路关系如图 6 - 3。总体设计思路需要三个层次的运行机制以及人的能动性共同来完成。三个机制分别是：动力机制，它是"城中村"居民参与体育以及相互交往的公共空间，是"城中村"居民体育健身娱乐服务业迅速健康发展的动力。控制机制，是指管理的主体(村委会)依据各种类型的体育组织，设定一系列组织规章制度，依据一定的奖惩措施，来控制所有参与体育活动居民的行为。它的功能主要是通过有效的体育组织，为居民组织各种体育活动，包括日常居民的体育锻炼、日常体育比赛、村子里对内对外综合性比赛、调整组织运行轨道或运行秩序等，以维护"城中村"社区的社会秩序和社会稳定，维持居民的正常生活以及促进社区安定团结发展。保障机制。其功能主要是保证整个"居民"参与健身娱乐服务体系畅通的运行，主要包括体育组织者、体育服务人员、社会指导员、体育志愿者、体育产地器材的准备、体育咨询的服务、体育资金的支持等。三个层次的机制之间互为联系、互为制约。为了防止体育组织的僵化控

①　注：图中的"应然"是指理想的"城中村"体育行为方式；"实然"是"城中村"实际体育的行为方式；"不然"是指如果控制机制，"城中村"体育行为将不受控制。

制产生矛盾,影响"城中村"的正常秩序,还要充分调动"城中村"居民参与体育活动的能动性,使他们真正有能力参与到体育活动中来,以实现每个"城中村"居民参与活动的基本体育权利,以达到锻炼身体目的、与邻里相互交往和学习的目的,培养居民健康的体育生活方式、促进社会和谐互动。

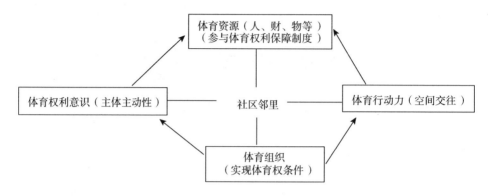

图 6-3　"城中村"体育发展总体设计路线图

2.2 "城中村"体育构成要素

2.2.1 体育场地器材

体育场地、设施是"城中村"居民参加体育活动的主要条件。场地的合理分布是构成"城中村"体育健身娱乐服务的重要物质要素。它包括村子里的提供的场地、器材,经费等。由于中国体育场地、设施的稀缺性,应该实现"城中村"、城市社区、单位、企业以及学校体育资源共享。充分利用和创造良好健身娱乐环境,以及对各级各类公共体育设施的管理,扩大服务的内容,实现网络服务,实行多层次、多时段、多种优惠的多元化服务,打破城市社区与"城中村"社区的条块分割管理,实现体育公共设施资源共享,满足"城中村"居民锻炼身体的基本条件。

2.2.2 体育组织

体育健身的组织管理就是"城中村"居民参与健身活动的保障体系。服务内容包括健身活动的组织、健身活动的管理、健身机构的设置、各种规章制度以及奖惩条例的建设。发展健身组织的数量,发展组织体育人口。村委会应该发展大众性体育组织、加强对体育团队的管理,帮助自发性体育群体增强自我组织和管理能力、开展体育援助服务、培育和发展体育社团、建立体育骨干培训、鼓励各种有组织地体育活动、负责监督体育组织的各种体育活动、为组织开展各种比赛体育服务、负责组织村子一起涉内和涉外比赛等。

2.2.3 体育指导服务

加强体育公共体育服务,实现体育基本公共服务均等化目标,重点应是占"城中村"人口绝大多数的中低收入人群、失业年轻人、学生群体。体育指导员、社区体育骨干队伍、志愿者队伍,作为公益性的体育活动辅导者和组织者,其公益性的活动应该惠及到"城中村"居民,这样才能实现体育公共服务的均等化的目标。

2.2.4 体育信息情报

村委会应该对居民进行体育教育、体育知识的传播和培训。通过宣传体育精神,培养居民的公共意识。教育居民经常在公共体育空间,参与体育群体的各种体育活动,加强个人的社会责任和社会义务感。同时为居民提供各种体育咨询服务。

2.3 "城中村"居民如何参与体育:具体制度的设计

关键问题是在"城中村"应该如何设计一种制度,实现居民参与体育活动? 目前居民参与体育不足不需要过多阐释。由于"城中村"体育发展的特殊性,它既不同于城市社区体育也不同于农村体育的发展,因此在制度设计上既不能模仿城市社区体育的发展模式,也不能模仿农村体育发展的模式。在进行制度设计之前首先应该考虑的几个问题是:"城中村"体育发展定位,即是坚持政府主导还是走市场化?"城中村"体育应该承担的功能、发展的基本原则,然后才是具体制度的设计,实现"城中村"居民参与体育活动的目标。

2.3.1 基本定位

由于政府对于"城中村"的弱控制,造成"城中村"体育发展过程中的多种失范行为,并对社会的公关安全发生了威胁,因此,笔者认为政府在"城中村"体育发展中,要立足"城中村"体育发展的基本情况,立足"居民参与体育、享受体育的需求,建设群众身边的场地设施,建立健全群众身边的体育组织,开展群众身边的体育活动,使群众的体育权利得到充分保障;坚持政府主导,牢牢把握公共体育服务的公益性质。明确政府的主体责任,充分发挥各级政府在立法、规划、投入、监管和政策制定等方面的主导作用,统筹兼顾,积极推进公共体育服务全覆盖。"[①]体育是社会维稳最好的方式,应该把体育纳入"城中村"村委会的职能部门,组织开展体育活动,增强居民体质健康、促进精神文明健身以及社会安定团结。对"城中村"体育发展,政府应该实现强控制而不是弱控制。

---

① 刘鹏. 完善公共体育服务体系提供更多场地设施[N]. 中国体育报. 2012,11,28.

2.3.2　承担功能

发展体育组织,提供各种体育服务,宣传体育文化,组织居民锻炼身体,组织各种比赛,促进"城中村"和城市社区、其他村落、周围的单位、学校的体育交流和比赛等活动。体育比赛是一种特殊的文化现象,它的发展对"城中村"体育的发展起着重要影响,并进而影响着社会的和谐和团结,对社会居民具有镇定和安抚的作用。

2.3.3　构建原则

2.3.3.1　统一规划,因地制宜,坚持基本性的原则

每个城市都应根据自己的体育文化背景、居民的体育意识和体育基础以及城市的经济实力,做到统一规划、合理布局。要使体育发展成为一种可持续行为,避免体育发展的短期行为和超前发展,研究制订正确可行的长远发展计划,科学合理预测"城中村"居民对体育的需求,比如,哪些比较受欢迎项目、哪些人群参加体育活动等。

2.3.3.2　坚持公益性的原则

由政府主导、主持完成"城中村"体育工作。不能以营利为目的,不交给第三方机构组织参与。政府依托村委会管理,以体育组织为平台,开展"城中村"体育工作,有计划、有组织、有序发展"城中村"体育。把发展体育活动作为"城中村"维稳的辅助手段,要注重从业人员职业素质和职业道德的培训工作,制订和完善各种责任制,坚持公益性的原则,在"城中村"稳进推动体育事业发展。

2.3.3.3　坚持普遍性的原则

不论在"城中村"当地居民,还是居住在"城中村"的外地人,都有享受体育、参与体育的权利。不能只考虑"城中村"当地居民的体育权利而忽略"城中村"外居民的体育权利,努力实现全面覆盖、机会均等,统一标准,体现公平正义。

2.4　一个制度的设计

实现"城中村"居民参与体育权利的一个很好的制度设计就是要坚持运用以人为本的管理模式,推行以政府为主导的运行机制,实现"城中村"体育发展的公益性。最终实现"城中村"体育与城市社区体育发展的资源共享。笔者依据实地调的研的情况,尝试设计了"城中村"居民实现参与体育活动的制度。如表 6 – 1 所示。

表6-1 "城中村"居民参与体育的活动制度设计

参与的方式		具体描述	阻碍因素	改善办法
自发组织的各种体育活动	个人、家庭、同学、朋友、邻里	配被社会指导员以及体育志愿者指导居民正确健身	公众太多、交通不便、居民体育素质有限、村委会工作人员素质有限	设定意见交流区。
国家提供一定经费资助,对居民进行体育知识教育、对村委会工作人员进行上岗培训 各种体育组织的体育活动	各种协会、锻炼地点	与上一级体育协会和锻炼点联系,被给专业人员进行指导、训练和培训	管理人才、设备匮乏、经费不足,组合人员管理松散	村委会配给相关的管理人员监控管理,并帮助获得多种渠道体育经费资助、经常性组织各个协会比赛。
村委会组织的各种运动会	民俗庙会的体育花会项目、各种涉外体育比赛	定期广泛的在村委会的公共信息平台发布消息,注重吸收民众意见、针对有争议的运动会的组织,要在村子的公共网络平台进行讨论协商	大多数居民是文盲,不具备参加大型公共体育比赛的能力,村委会人员和设备缺乏,对村委会组织的各种体育运动员产生怀疑	加强体育文化以及体育素质的培养、并且长期坚持。配给相关的人员进行技术指导、尊重居民参与体育的权利,村委会设定《参加运动员的条例和奖惩办法》,实施体育运动会相关知识的培训、培养居民的体育兴趣。
公共空间里进行的各种体育活动	家庭、朋友、邻里、组织、社区间、单位和社区间等	村委会应该为居民免费提供体育公共场所的空间、并规定开放时间和管理办法	村委会财力有限、村委会行政事务繁多、无暇管理体育的公共空间、村委会管理人员素质有限、居民的素质有限	设定专门的体育活动场所或者是在集体公共空间划定一个区域进行体育活动,或者专门划定一个时间段来满足居民的体育活动、建立专门的管理空间的人员负责解决因占领场地而引起的纠纷。

从表6-1可以看出,目前虽然有几种居民参与体育活动的方式,但是这些方式真正能发挥作用还需要依赖以下几个方面的变量:国家体育资金的投入,健身志愿者、健身指导员的素质、村委会管理人员的素质以及"城中村"居民自身体育素质等。如表6-2所示。

表6-2 影响"城中村"居民参与体育的活动几个变量

影响居民参与 体育活动的变量	具体描述
国家投入	1. 国家投入较大财力、物力和人力建设居民参加体育的制度,包括体育场馆、体育健身器械、健身指导员的提供以及各种体育教育的培训,这样居民健身的质量和兴趣就比较高。
	2. 国家能否健康有序发展城镇化,依赖于"城中村"居民的健康生活方式的培养,这是一个缓慢的过程。
	3. 国家控制体育资源在"城中村"的投入,居民将丧失参与体育的兴趣。
健身指导员以及 体育志愿者素质	1. 国家体育总局通过社会指导员培训计划,培养社会指导员的体育技能、体育意识、体育知识、体育自主性,协助"城中村"居民参与体育。
	2. 社会指导员如果维持现状、技术没有进入、没有足够的热情、协助居民参与体育活动没有持续性,则会影响居民参加体育的积极性。
	3. 社会指导员如果没有职业素养、向居民收取费用,会出现居民抵触参加体育活动的情绪。
村委会管理人员素质	1. 村委会管理人员如果没有体育知识、不懂体育,会出现体育管理的混乱。
	2. 村委会管理人员没有责任心以及素质低下,会造成居民参与体育活动的反感情绪。
居民素质	1. 居民有较高的参与体育活动的热情、体育资源的限制会慢慢打破、居民会自己积极主动打破这些制度障碍和壁垒。
	2. 居民自身体育能力的低下,会让居民原离体育锻炼。
	3. 官僚的管理、制造参与体育的不公平,会让居民对体育产生憎恨心理。

当然上述变量并不能代表影响"城中村"居民参与体育活动主要变量,在"城中村"体育发展的过程,可能会出现其他变量,但是无论再出现什么样变量,上述

的三个变量是影响"城中村"居民参与体育活动的基本影响因素,因为从这三个变量中,我可以看出实现"城中村"居民参与体育的最直接有效的路径。对"城中村"居民而言,居民希望自己参加体育活动在一个稳定而延续的环境进行,他们不愿意看到像高碑店村高跷会那样因政治经济的发展而起起落落,因为那样他的心也是纠结的。然而"城中村"体育的发展还会出现另一种情况,在健康有序、公开的发展过程中,居民会对村委会组织的各种体育活动产生抱怨情绪,因此"城中村"体育管理应适当实施信息不对称管理,目的是为了便于"城中村"体育的持续发展。当然发展"城中村"体育是必须的,就像如前所述的一样发展"城中村"体育有利于国家维稳,体育是国家维稳最好的便捷性工具。

2.5　网络体育资源共享模式

从某种程度上说,实现"城中村"居民参与体育最理想的模式就是打破城乡结构的条块分割,实现真正的体育资源共享,即建立一个公共的网络平台,每个人都可以通过交互网站提供的网络咨询,自由选择参加体育锻炼的时间、体育锻炼的内容、社会指导员、比赛和场地、体育比赛对手等,实现参与体育和享受体育的快乐。未来城市中的"城中村"体育发展的理想模式如图6-4所示。

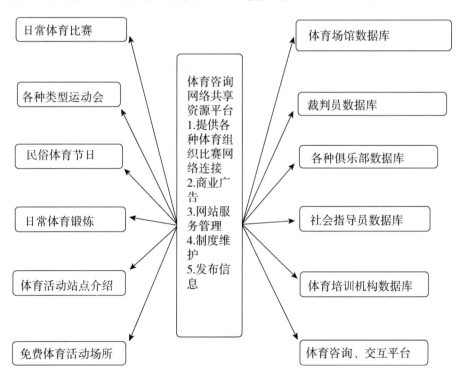

图6-4　"城中村"网络体育咨询平台图

图6-4告诉我们,体育资源合理配置是决定"城中村"居民能否参与体育活动的关键。而体育组织则是实现"城中村"居民参与体育活动的制度保障。其他体育资源,即体育社会指导员服务、体育咨询等,都围绕着体育比赛而进行。体育,作为重要的教育和娱乐工具,是社会的重要组成部分,并深入影响着人们的生活。其作为一门人类通用的语言,有潜力成为搭建身体、社会、经济发展的有效桥梁。还可以成为社会变革的有力媒介,体育可以增强社会凝聚力、包容和融合,缩小文化代沟,促进经济发展,化解冲突,构建健康的生活方式,并推动社会公平正义和教育事业的发展。

顾拜旦说:"体育,天神的欢娱,生命的源泉,你突然降临在终日忙碌的人群居住的林间空地,你像是容光焕发的使者,向暮年人微笑致意! 你像是高山之巅出现的晨曦,照亮了昏暗的大地。"[①]在人类进步的漫长历史中,体育是促进社会发展的一支重要力量,尤其是,在我国当前的城市化背景下,体育运动以一种独有的文化现象与文明形态,发挥着社会枢纽的组织作用。通过体育活动培养人健康生活,促进人城市化化发展,具有不可替代的作用。体育的发展是当代人类文明的重要组成部分。

---

① (法)顾拜旦. 体育颂. http://blog. sina. com. cn/s/blog_4d588bd80100a3yo. html

致　谢

　　首先,由衷地感谢我的合作导师仇军教授。仇军教授深厚的理论基础、丰富的实践经验、严谨求实的治学态度以及乐观、豁达、独特的人格魅力让我受益匪浅。调查报告能顺利完成,得益于仇军教授的信任、鼓励,也得益于仇军教授在生活上的帮助。在此,向合作导师致以最诚挚的敬意!

　　感谢北京体育大学杨桦教授,杨桦教授是我的博士导师,是我学术路途中的一盏导航明灯,为我的前途指点迷津,照亮了我前进的路。

　　感谢华南师范大学谭华教授,在我撰写报告过程中提出了宝贵意见。

　　感谢清华大学博士后流动站、体育部、各教研室为我撰写报告提供的设备支撑,感谢我的同学、朋友以及同门的师哥、师姐、师弟以及师妹的鼓励和关心。

　　最后要感谢我的家人。感谢他们在我撰写报告过程中的默默支持和付出。

参考文献

一、中文文献

[1] (加拿大)道格·桑德斯/陈信宏.落脚城市[M].上海：上海译文出版社.2012：02.

[2] 逯存磊.城市飞地的生机与嬗变[Z].http://blog.sina.com.cn/s/blog_69479efd01011uyi.html.2012,05,09.

[3] (美国)威廉·富特·怀特/黄育馥译.街角社会[M].北京：商务印书馆.1994：433.

[4] (美)戴维斯著/潘纯琳译.布满贫民窟的星球[M].北京：新星出版社.2009：01-16.

[5] 戴建中编.北京蓝皮书：北京社会发展报告(2012~2013)(2013版)/曹婷婷.北京市"城中村"改造中的农民就业问题研究——以海淀区为例[R].社会科学文献出版社.2013：229-236.

[6] (法)孟德拉斯/李培林译.农民的终结[M].北京：社会科学文献出版社.2010：01-10.

[7] 郑杭生.社会学概论新修.第3版[M].北京：中国人民大学出版社,2003.

[8] 黄宗凯.社会学概论[M].四川：西南交通大学出版社,2009.

[9] 周文建,宁丰.城市社区建设概论[M].中国社会出版社,2001.

[10] 崔雪梅.北京"城中村"居民体育研究[D].北京体育大学,2014：17-18.

[11] 唐忠新.中国城市社区建设概论[M].天津：天津人民出版社,2000：

22 – 23.

[12]于显洋.社区概论[M].北京:中国人民大学出版社,2016:33 – 35.

[13]熊晓正.体育概论[M].北京:北京体育大学出版社,2008:13 – 14.

[14]陈咏声.体育概论[M].北京:商务印书馆,1933:17 – 18.

[15]苗大培.论体育生活方式[M].北京:北京体育大学出版社.2004:58 – 16.

[16]陈国强主编.简明文化人类学词典[M].杭州:浙江人民出版社,1990:47.

[18]阮西湖.都市人类学[M].(都市人类学国际会议).北京:华夏出版社.1991:18 – 25.

[19]尹建中.研究都市人类学的若干问题[C].李亦园编《文化人类学选读》.台湾:台湾食货出版社,1980:58 – 60.

[20]麻国庆,比较社会学:社会学与人类学的互动[J].民族研究,2000,(04):34.

[21](英)雷蒙德·弗思著/费孝通译.人文类型[M].商务印书馆.1991:77.

[22]叶涯剑.空间重构的社会学解释[M].中国社会科学出版社,2013:23.

[23]列斐伏尔.空间:社会产物与使用价值[M]现代性与空间的生产.王志弘译.上海教育出版社,2003:53 – 64.

[24](美)弗雷德里克·詹姆逊(Fredric Jameson)文化转向[M].北京:中国社会科学出版社2000,(6):15 – 33.

[25]安东尼·吉登斯.历史唯物主义的当代批判:权力、财产与国家[M].上海:上海译文出版社,2010:23 – 33.

[26]刘林,刘承水.城市概论[M].北京:中国建筑工业出版社,2009:34 – 35.

[27](美国)詹姆斯·克里斯(James Chriss),纳雪译.社会控制[M].电子工业出版社.2012,05,10:35 – 55.

[28]郑杭生/主编.社会学概论新修(第三版)[M].中国人民大学出版社.2003,01,01:453.

[29]李毅.社会学概论)[M].济南:暨南大学出版社.2011:200 – 213.

[30] (法)国雅克·马利坦.刘有元,罗选民译;罗选民校.艺术与诗中的创造性直觉(现代西方学术文库)[M].北京:生活.读书.新知三联书,1991:123.

[31] (法)涂尔干.渠东译.社会分工论(新版)[M].生活.读书.新知三联书店2013:157-255.

[32] (美)杰克·D·道格拉斯,弗兰西斯·C·瓦克斯勒.张宁,朱欣民译.越轨社会学概论[M].石家庄:河北人民出版社,1987:46.

[33] (法国)埃米尔·迪尔凯姆.社会学方法的准则[M].北京:商务印书馆.1995:80-102.

[34] (法国)埃米尔·迪尔凯姆.冯韵/译.自杀论[M].北京:商务印书馆.1996:138-205.

[35] (美)罗伯特·金·默顿(Robert King Merton),小杰,齐心译.社会理论与社会结构[M].南京:泽林出版社,2006:27.

[36] (美)克莱德.M.伍兹,何瑞福译.文化变迁[M].石家庄:河北人民出版社.1988:3-8.

[37] (美)罗吉斯伯德格著/王晓毅译.乡村社会变迁[M].杭州:浙江人民出版社.1988,(05):11-12.

[38] Huang P C.华北的小农经济与社会变迁[M].北京:中华书局.1986:13-15.

[39] 陈吉元.中国农村社会经济变迁(1949-1989)[M].太原:山西经济出版社.1993:22-23.

[40] 王春光.中国农村社会变迁[M].云南人民出版社.1996:10-11.

[41] 龚维斌.劳动力外出就业与农村社会变迁[M].北京:文物出版社,1998:8-9.

[42] 乔志强,行龙.近代华北农村社会变迁[M].北京:新华书店经销.1998:10-12.

[43] 龚维斌.劳动力外出就业与农村社会变迁[M].北京:文物出版社.1998:13-17.

[44] 周沛.农村社会发展论[M].南京:南京大学出版社.1998:8-11.

[45] 曹锦清.黄河边的中国:一个学者对乡村社会的观察与思考[M].上海:

上海文艺出版社.2000:12-13.

[46] 侯建新.农民,市场与社会变迁/冀中11村透视并与英国乡村比较/东方历史学术文库:冀中11村透视并与英国乡村比较[M].北京:社会科学文献出版社.2002:45-47.

[47] 李佐军.中国的根本问题:九亿农民何处去[M].北京:中国发展出版社.2000:34-45.

[48] 李学昌.20世纪南汇农村社会变迁[M].上海:华东师范大学出版社.2001:120-123.

[49] 周祝伟,林顺道,陈东升.浙江宗族村落社会研究[M].北京:方志出版社.2001:45-50.

[50] 温锐,游海华.劳动力的流动与农村社会经济变迁[M].北京:中国社会科学出版社.2001:44-50.

[51] 杜润生.中国农村制度变迁[M].成都:四川人民出版社.2003.

[52] 孙立平.断裂:20世纪90年代以来的中国社会[M].北京:社会科学文献出版社.2003:67-69.

[53] 曾绍阳,唐晓腾.社会变迁中的农民流动[M].南昌:江西人民出版社.2004:5-8.

[54] 王春光.农村社会分化与农民负担[M].北京:中国社会科学出版社.2005:5-8.

[55] 黄海.当代乡村的越轨行为与社会秩序[D].华中科技大学.2008:4-7.

[56] 陈柏峰.乡村混混与农村社会灰色化[D].华中科技大学博士论文.2008:7-9.

[57] 赵晓红,李会增,刘艳霞,赵华恩.国城镇农民工体育参与的现状调查及对策探析[J].山东体育学院学报.2006,05:21-25.

[58] 施仙琼,我国城市农民工体育意识和行为现状及对策研究[D].广西师范大学.2007,06:8-17.

[59] 近胜.城市建筑农民工体育需求的研究[D].苏州大学.2007v05:8-17.

[60] 吴修敬.和谐社会条件下我国农民工体育模式构建[D].曲阜师范大学.2008,05:8-14.

[61] 刘年伟. 重庆农民工体育现状调查与分析[D]. 重庆大学. 2009,05: 7-17.

[62] 朱爱明. 长株潭试验区农民工体育锻炼现状及对策研究[D]. 华东师范大学. 2010,05:9-13.

[63] 张建宁. 昆山市农民工体育活动现状与发展对策研究[D]. 苏州大学. 2010,05:7-10.

[64] 赵俊珠. 唐山市城区农民工体育锻炼现状研究[D]. 河北师范大学. 2010,05:4-10.

[65] 陈锡尧, 庞徐薇, 刘倩. 上海市外来农民工的体育参与现状调查[J]. 体育科研. 2010,05:42.

[66] 刘巧. 长沙市城市农民工体育消费现状及发展对策研究[D]. 湖南师范大学. 2012,06:6-12.

[67] 刘振兴. 济宁市农民工休闲体育活动现状调查与对策研究[D]. 曲阜师范大学. 2012,05:7-10.

[68] 冯强明, 张华. 社会分层理论视域下我国弱势群体体育参与现状研究——以北京市农民工为研究个案[J], 体育与科学. 2012,02:40-44.

[69] 张华影, 姜田. 城市化进程中农民工体育运动现状与对策[J]. 长沙理工大学学报(社会科学版). 2014:20-33.

[70] 胡科, 黄玉珍, 金育强. 关于农民工体育责任主体的探讨[J]. 北京体育大学学报. 2007,02:167-169.

[71] 程一军. 困解与消解新生代农民工体育权益保障问题研究[J]. 武汉体育学院学报. 2010,06:90-91.

[72] 周帆. 社会性弱势群体体育权利保护的研究[D]. 安徽工程大学. 2010,06:5-12.

[73] 李程秀. 城市弱势群体体育权利保障机制研究——以河南省为例[J], 西安体育学院学报. 2013,01:18-21.

[74] 孙湛宁, 王利红, 李小岩, 孙双明. 体育权利的权力制约——HB省BG镇新生代农民工体育锻炼行为干预研究[J]. 中国青年研究 2013,10:51-55.

[75] 程华平. 新型城镇化背景下农民工体育权利的法律保障[J]. 体育与科

学. http://www.cnki.net/kcms/detail/61.1198.G8.20131230.1337.022.html.2014
-01-20-16:55.

[76] 夏青,秦小平.论弱势群体体育基本利益的保障——基于公民话语权的
视角[J].西安体育学院学报,2014,02.网络出版时间.2013-12-30:13:37.

[77] 周丛改.社会排斥与农民工体育边缘化问题研究[J].南京体育学院学
报(社会科学版).2009,06:20-25

[78] 王光,张秀萍.城市化进程中流动人群健身现状及服务体系的构建——
以上海市进城务工人员群体为例[J],北京体育大学学报.2011,05:1-4.

[79] 屈文会.城市化进程中南京农民工与城市体育融合的现状与对策研究
[D].南京师范大学.2012,05:5-8.

[80] 帅广震.我国农民工体育参与及利用体育公共服务对接研究[D].长江
大学.2012,05:4-9.

[81] 方洁.社会排斥与社会融合——让体育成为农民工融入城市的纽带
[J].长春理工大学学报(社会科学版).2012,25(8):25.

[82] 张雷,李永芳,王晓贞,陈雪.新生代农民工的体育文化建设研究[J].运
动.2013,10:23-25,

[83] 刘香年.生代农民工的体育参与与社会融入问题研究——成都市新生
代农民工体育参与情况调查[J],小说评论.2013,05:333-337.

[84] 苏睿.我国城市农民工体育健身社会保障制度的缺失及补救[J].西安
体育学院学报,2014,02.网络出版时间,2013-12-30:13:37.

[85] 奎龙,肖素霞.广州市"城中村"改造过程中的体育文化现状与对策[J].
山西师大体育学院学报.2004,02:16-18.

[86] 王梁超,西安市"城中村"社区群体体育活动现状的调查与分析[J].西
安体育学院学报.2005,11:6-9.

[87] 张敏.太原市"城中村"居民休闲活动的调查[J].研究地情研究.2008,
02:51-62.

[88] 陈文坤.论城市化与居民体育生活方式——以广州市部分"城中村"为
例[J].象牙塔内.2009,10:79-81.

[89] 王兴一.太原市""城中村""体育文化发展现状调查研究[J].搏击(体

育论坛).2010,10:44-46.

[90]肖素霞,解奎龙,潘小玲.广州市"城中村"改造过程中的体育发展现状研究[J].广州体育学院学报.2011,4:44-46.

[91]秦尉富.广西"城中村"体育现状及其问题对策研究以南宁、桂林、北海为例[D].广西师范大学.2011,04:4-19.

[92]杨丽华,王兴一.太原市"城中村"体育文化可持续发展的调查研究[J].体育搏击.2011,06:19-23.

[93]王蓓,员筱薇.渭南市"城中村"妇女体育活动参与状况调查与分析[J].当代体育科技.2011,04:59-60.

[94]许局.郑州市"城中村"体育现状和发展对策研究,当代体育科技[J].2012,02:66-67.

[95]张晶晶.武汉市"城中村"体育活动研究[D].华中师范大学.2012,08:8-10.

[96]林芳满.和谐社会视阈下福州市"城中村"家庭体育的现状与发展对策研究[D].福建师范大学.2013,06:8-15.

[97]朱家新,常德胜."城中村"居民的体育休闲娱乐进行研究[J].上体育学学报.2012,01:1-4.

[98]郭晓旭.太原市"城中村"居民体育锻炼行为现状调查分析[D].山西大学.2013,06:8-10

[99]赖学鸿."城中村"与城市居民体育锻炼行为之比较[J].山东体育学院学报.2009,09:13-16.

[100]杨爱华,李英,尹智涛.昆明市"城中村"改造前后居民体育的状况及发展策略[J].西华大学学报(哲学社会科学版).2011,06:6-10.

[101]李凯.基于公平理论的城市居民与"城中村"居民体育权利均等化研究[D].温州大学.2013,05:6-10

[102]肖素霞,解奎龙.影响广州市"城中村"体育文化发展的因素分析[J].山东体育科技.2010,02:18-22.

[103]杨俊涛.体育运动对"城中村"居民焦虑与抑郁水平的影响研究认[J].吉林体育学院学报.201,04:03-04.

[104] 原小琴."城中村"体育文化传播研究[D].成都体育学院.2012,06:4-5.

[105] 吕清.工业革命与英国城市的发展——从18世纪后期到19世纪中叶[J].魅力中国,2010,33:275-276.

[106] 中华人民共和国国家统计局官网.http://www.stats.gov.cn/.

[107] 中华人民共和国国家统计局 http://www.stats.gov.cn/tjsj/pcsj/.

[108] 中华人民共和国国家统计局 http://www.stats.gov.cn/tjsj/pcsj/.

[109] 向春玲,曾业松.中国城市化战略:"十二五"中国特色城镇化道路(音像解读).中共中央党校,2011.

[110] 阮西湖.城市人类学[M].北京:华夏出版社.1991:14.

[111] 阮西湖.城市人类学[M].北京:华夏出版社.1991:16.

[112] 北京市朝阳区亚运村街道办官网.http://yycjd.bjchy.gov.cn/.

[113] 北京市朝阳区亚运村安慧里社区居委会.http://bj.gsdpw.com/.

[114] 北京市朝阳区亚运村安慧里社区南居委会.http://qiye12542933.xinli-maoyi.com/.

[115] [清]于敏中等编纂,《日下旧闻考(套装全4册)》[M].北京:北京古籍出版社.1985-6.

[116] 张德操.奥运会影响下的北京亚运村居住社区更新研究[D].北京工业大学,2008.

[117] 朝阳区亚运村街道办官网.http://yycjd.bjchy.gov.cn/.

[118] 朝阳区大屯街道办官网.http://dtjd.bjchy.gov.cn/.

[119] 北京朝阳区亚运村街道 http://yycjd.高碑店村 jchy.gov.cn/

[120] 北京商务中心区(Beijing Central Business District),简称北京CBD,地处北京市长安街、建国门、国贸和燕莎使馆区的汇聚区.

[121] 高碑店村委会官网.http://www.bjgbd.com/.

[122] 蔡守秋.环境与资源保护法学[M].湖南大学出版社,2011:20-23.

[123] (美)爱德华.W.苏贾.第三空间:去往洛杉矶和其他真实和想像地方的旅程[M].上海:上海教育出版社,200506,43.

[124] 高小芳.社会空间理论研究[D].西北师范大学,2014.

[125] 王渝柯. 私人空间文化初探[J]. 艺术科技, 2013,9:14 - 15.

[126] 宣国富. 转型期中国大城市社会空间结构研究[M]. 东南大学出版社, 2010.

[127] A. A. 哥里高里耶夫, 李汀. 现代自然地理学的理论基础[J]. 自然辩证法通讯, 1964(1):62 - 63.

[128] 杨善华. 当代西方社会学理论[M]. 北京:北京大学出版社,1999:67 - 68.

[129] 陆大道. 区域发展及其空间结构[M]. 北京:科学出版社, 1995:44 - 45.

[130] 廖方. 城市公共空间层次结构探讨[J]. 规划师. 2007,04:35 - 15.

[131] 许纪霖. 都市空间网络中的中国知识分子[N]. 文汇报. 2004, (04):28.

[132] 许纪霖. 都市空间网络中的中国知识分子[N]. 文汇报. 2004, (04):57.

[133] 司敏. 从社区层面对社会、空间和人的行为的关系研究[D]. 复旦大学, 2004:23 - 24.

[134] 李志刚. 中国城市社会空间结构转型[M]. 上海:东南大学出版社, 2011:34 - 35.

[135] 吴飞. "空间实践"与诗意的抵抗——解读米歇尔·德塞图的日常生活实践理论[J]. 社会学研究, 2009:44 - 45.

[136] 姚俭建、高红艳. 关系性思维模式与社会分层研究——关于布迪厄阶级理论的方法论解读[J]. 上海交大学学报(哲学社会科学版). 2008,04:33 - 34.

[137] 何雪松. 社会理论的空间转向[J]. 社会, 2006,02:22 - 23.

[138] (美)格尔哈特·伦斯基,关信平译. 权力与特权:社会分层的理论[M]. 杭州:浙江人民出版社. 1988:44.

[139] (英)安东尼·吉登斯,赵旭东,方文,王铭铭译. 现代性与自我认同——现代晚期的自我与社会[M]. 北京:三联书店. 1998:8 - 10.

[140] 周大鸣. 族群与文化论——都市人类学研究(上)[J]. 广西民族学院学报:哲社版 1998:16 - 23.

[141] 中华文本库. http://www.chinadmd.com/file/wwauurtaztauvxswcwspupaa

_1. html.

[142] (法)迪尔凯姆/渠东汉喆.宗教生活的基本形式[M].上海:上海人民出版社.1999:234.

[143] 刘鹏.完善公共体育服务体系要准确把握诸多理论和实践问题[N].中国体育报,2021,11,28.

二、英文文献

[1] Warner S. B,Jr. Streetcar Suburbs:The Process of Growth in Boston 1870 ~ 1900[M]. Cambridge:Harvard University Press. 1978:45 −55.

[2] Ulf Hannerz. Exploring the City:Inquiries Towardan Urb an Anthropology [M],Columbia University Press. 1980:01.

[3] Robert Lynd and Helen Lynd. Middletown:A Study in American Culture [M]. New York:Harcourt,Brace and World,1929:47 −48.

[4] Fuchs S, Kuhlicke C, Meyer V. Editorial for the special issue: vulnerability to natural hazards—the challenge of integration[M]// In care of the state :. Polity Press, 2011:795 −800.

[5] Michael Banton. Encyclopedia of nationalism,Paragon House[M],1990:68 −69.

[6] Kahn M. Tahiti Intertwined:Ancestral Land, Tourist Postcard, and Nuclear Test Site[J]. American Anthropologist, 2000, 102(1):7 −26.

[7] Manuel Castells. The Urban Question. A Marxist Approach (Alan Sheridan, translator). London,Edward Arnold (1977) (Original publication in French,1972).

[8] Michel. Surveiller et punir : naissance de la prison[M]. Gallimard, 1993: 245 −254.

[9] Lefebvre, Henri. The production of space[M]. Blackwell,1991,27(79): 175 −192.

[10] Allen N J, Gregory D, Urry J. Social Relations and Spatial Structure[J]. Man, 1988, 22(1):197.

[11] Merton, Robert King. Social Theory and Social Structure[M]. New York:

Free Press. 1957：260 – 344.

［12］Merton, Robert King. Social Structure and Anomie［J］. American Sociological Review. 1938,(03)：672 – 682.

［13］Mertonv Robert King. Social Theory and Social Structure［M］. New York：Free Press. 1957：264 – 265.

［14］Eric G. Dunning, Patrick J. Murphy,John Michael Williams. The Roots of Football Hooliganism：An Historical and Sociological Study［M］. Routledge & Kegan Paul,Limited,1988：203 – 255.

［15］Steve Frosdick, Peter MarshFootball Hooliganism［M］. Taylor & Francis, 2005,(07),01.：197 – 220.

［16］Gibson – Graham, J. K. Beyond Global vs. Local：Economic Politics Outside the Binary Frame［M］// Geographies of Power：Placing Scale. 2002：25 – 60.

［17］Sidaway R, Duffield B S. A new look at countryside recreation in the urban fringe［J］. Leisure Studies. 1984,3(3)：249 – 272.

［18］Riess S A. City games：The evolution of American urban society and the rise of sports［M］. University of Illinois Press. 1991：22 – 23.

［19］Mukhopadhyay A, Dutt A K. Slum dweller's daily movement pattern in a Calcutta slum［J］. Geo Journal. 1993, 29(2)：181 – 186.

［20］Dutt A K, Tripathi S, Mukhopadhyay A. Spatial spread of daily activity patterns of slum dwellers in Calcutta and Delhi［M］//The Asian City：Processes of Development,Characteristics and Planning. Springer Netherlands. 1994：309 – 326.

［21］Trangsrud R. Developing skills and building self – esteem：outreach through sports［J］. Mathare Youth Sports Association – Kenya. 1998：12 – 20.

［22］Jamin Shitsukane Muliru. A CAPABILITY ENHANCEMENT INITIATIVE-FOR NAIROBI URBAN SLUM YOUTH IN KENYA：A Case Study of Mathare Youth Sports Association Approach in Mathare［D］. Ohio University. 2008：4 – 10.

［23］Wamucii P. The Role of Sports in Strategic Health Promotion［M］. Strategic Urban Health Communication. Springer New York. 2014：187 – 197.

［24］Kimball R. I. Sports in Zion：Mormon Recreation, 1890 – 1940［M］. University of Illinois Press. 2003:14 – 15.

[25] Achola H O. Koch Life: Community Sports in the Slum[M]. Paulines Pub-
lications Africa. 2006:23 – 25.

[26] Kimathi T. My personal critical Review concerning Slum Tourism in Kenya
[M]. 2013:3 – 4.

[27] Kaviraj S, Sinha A, Chakraborty N, et al. Physical Activity Status and
Body Image Perception of Adolescent Females in A Slum In Kolkata[J]. India.
2013:13.

[28] By Ken Adachi. The New World Order (NWO) An Overview[Z]. Editor@
educate – yourself. org. Copyright 1997 – 2012 Educate – Yourself. org All Rights Re-
served.

[29] Joseph Strutt . Sports and Pastimes of the People of Englang[M]. london:
thomas tegg. 1838,02.

[30] Henry Lefebvre. The Production of Space,Malden: Blackwell Pub – lishing[
M],See Edward W Soja,Third Space. Oxford: Blackwell Pub – lishers,1996:45 – 46.

[31] Shields,Rob(1991) Places on the Margin: Alternative Geographies of Mo-
dernity. London: Routledge

[32] Huifang Wu. Fromm's Humanity Theory [J]. Theory Journal; 2014:
32 – 34.

[33] Veblen. The theory of the leisure class[M]. New York:Mentor. 1953:34 – 55.

[34] Giddens A. Modernity and self identity[M]. Oxford: Blackwell,1991:67 – 77.

附录1

访谈提纲一

1. 你平时都喜欢玩什么？

2. 你参加体育锻炼吗？

3. 你通常在什么地方锻炼？

4. 你和谁一起锻炼？

5. 你都去哪里锻炼？

6. 你们村子有什么体育活动吗？

7. 你都参加什么体育活动？

8. 你希望参加体育运动吗？为什么？

9. 你曾经上过体育课吗？都上什么内容？

10. 你曾经都玩过什么体育游戏？现在还玩吗？为什么？

11. 你会花钱去健身吗？

12. 你如何看待你们村子的农民运动会？

13. 你觉得村子里运动会和有你关系吗？

访谈提纲二

1. 你们村子的基本情况是什么？你了解村子的历史吗？

2. 你们村子的主要经济收入来源是什么？

4. 你们村子的都住着哪些人？

3. 你们村子居民的主要收入来源是什么？

5. 居民平时休息娱乐活动是什么？

6. 你们组织体育活动吗？都那些？你觉得效果怎么样？

7. 你觉得自己现在身体健康吗？

8. 你觉得应该怎样在村子开展体育活动？

9. 你们村子过节都有什么娱乐活动？有体育活动吗？

10. 你打算在村子开展哪些体育活动？

附录3

访谈提纲三

1. 你平时参加体育活动吗？不参与体育与锻炼，那你能谈一下你平时生活都做些什么吗？

2. 你觉得全民健身活动缺少的是什么？（健身设施、社会指导员、积极心态等）

3. 你觉得健身能给你带来什么？你支持健身吗？（跑步，打羽毛球，篮球等）

4. 你觉得怎么更好地实施全民健身？

5. 你锻炼的方式是什么？

6. 你和家人、培养、同事、亲戚经常参加锻炼吗？你进行的体育活动时间，主要是和谁一起进行的？

7. 你觉得踩高跷是体育活动吗？

8. 体育花会表演属于体育民俗活动吗？

9. 你参与体育活动的内容、地点、时间和次数分别是？

10. 你认为自己从事的体育的活动是城市社区体育还是"城中村"体育？

11. 你认为你从事的体育活动和别人有差别吗？差别表现在哪里？

12. 你认为外地人有使用社区以及村子的公共体育设施吗？

13. 你觉得参加体育锻炼给你带来什么？

14. 你有体育消费支出吗？都花费在哪里？

15. 你觉得什么是体育？

16. 你经常参加体育培训吗？

17. 你会花钱请专业的健身教练为你服务吗？

18. 体育能促进中国经济发展吗？

19. 你参加体育活动的目的是什么？

20. 你经常约人打比赛吗？

附录4

访谈提纲四

1. 你觉得城市社区与"城中村"体育有差异吗？表现在哪些方面？

2. 你觉得"城中村"有体育活动吗？全民健身活动覆盖到"城中村"了吗？

3. 你如何理解"城中村"体育的？

4. 我国城市社区体育的管理体系是什么？有什么优缺点？

5. 我国乡村体育的管理体系是什么？

6. "城中村"体育应该纳入到城市社区体育还是乡村体育？

7. 发展"城中村"体育可行吗？

8. 你觉得怎么更好地实施"城中村"全民健身？

9. 你觉得"城中村"全民健身活动缺少的是什么？（健身设施、社会指导员、积极心态等）

10. 城市社区体育有必要开展体育竞赛活动吗？

11. 你觉得老社区居民的体育活动应该如何应对？

12. 社区老年体育应该如何发展？

13. 社区民间体育组织越拉越多,您认为如何规范？

14. 你认为城市社区与"城中村"的桌球游戏有利于人的身体健康吗？有必要发展吗？如何发展？

15. 你认为如何促进居民的体育健身消费行为

16. 你认为什么是社区体育？居民在户外参加的休闲活动属于社区活动吗？

17. 社区居民参加体育极限项目,国家有规范指导政策吗？

18. 城市社区体育与"城中村"体育的差异发展,在国家层面上,有政策倾斜吗？

19. "城中村"体育发展国家是如何定位的？

279

20. 我国城市社区体育发展需要国家总体规划吗？

21. 社区体育的构成要素，在社区体育的地位与作用是什么？

22. 目前我国社区体育能满足居民基本的体育公共活动需求吗？

23. 社区体育有没有为青少年提供单独的运动空间？

24. 社区体育教育对社区的和谐发展有促进作用吗？

25. 体育的价值在社区如何体现？

附录5

附件5 采访人员情况一览表

采访编号	采访人信息					采访地点	采访时间
	采访者	性别	年龄	文化程度	职业		
A1	××社区居民	男	40	初中	农转非	回××社区的路上,边走边谈	2015 年 12 月 30 日
A2	××社区居委会	男	35	高中	不详	某社区办公室	2014 年 3 月 21 日
A3	××社区居民	女	40	初中	无业	回××社区的路上,边走边谈	2014 年 1 月 3 日
A4	××社区居民	男	42	初中	公务员	××社区	2015 年 1 月 5 日
A5	××社区居民	男	25	高中	无业	××社区	2014 年 1 月 12 日
A6	乔××	男	22	初中	无业游民	××俱乐部	2014 年 3 月 17 日
A7	小峰,××社区居民	男	26	高中	无业	××社区	2015 年 3 月 18 日

续表

采访编号	采访人信息					采访地点	采访时间
A8	赵××	男	不详	大学	××社区主任	社区办公楼	2014年12月19日
A9	××社区居民	男	40	不详	农转非	回××社区的路上,边走边谈	2015年3月15日
A10	季××	女	56	初中	退休工人	××社区	2015年3月17日
A11	阿阳	男	29	大学	小企业主	××社区	2015年2月12日
A12	大张	男	30	大学	企业小管理者	××社区附近的烤肉馆	2015年2月15日
A13	李××	男	27	高中文化	配货工	××社区健身中心	2016年3月20日
A14	阿磊	男	22	高中	动车司机	××社区健身中心	2016年12月12日
A15	刘××	男	28	大学	电脑维修店主	嘉华商厦	2016年3月15日
A16	王××	男	30	高中	车租车司机	司机车上	2015年4月20日
A17	李××	男	25	高中	理发师	司机车上	2015年4月25日
A18	孙××	男	22	高中	理发店洗发工	司机车上	2015年4月26日
A20	春子	男	29	大学	小企业主	××社区健身中心	2016年2月12日
A21	小磊	男	22	高中	业务员	××社区健身中心	2016年1月12日

续表

采访编号	采访人信息					采访地点	采访时间
A22	小易	男	28	高中	销售员	××社区健身中心	2016年1月15日
A23	小毕	男	23	高中	配货工	××社区健身中心	2016年2月12日
A24	阿杰	男	28	高中	电脑维修	××社区健身中心	2016年11月12日
B1	赵某某	男	不详	小学	三轮车车主	高碑店村车主的三轮车里	2016年10月2日
B2	赵××,高碑店居民	男	56	不详	农转非	高碑店路边三轮车上,边走边谈	2016年10月2日
B3	高碑店居民	男	69	不详	退休工人	高碑店东村居民家,大门口一颗大树下	2016年10月19日
B4	高碑店村居民	男	68	未读书	农转非,无业	高碑店居民家楼下	2014年10月23日
B5	高碑店居民	女	45	不详	农转非	高碑店路上,边走边谈	2014年10月10日
B6	高碑店居民	男	40	不详	农转非	高碑店路边三轮车上,边走边谈	2014年11月10日
B7	高碑店居民	男	40	不详	公务员	高碑店村	2015年10月23日
B8	高碑店居民	女	38	不详	教师	高碑店十七中学	2016年10月22日
B9	高碑店村居民	女	40	初中	农转非	高碑店村旅游接待处工作人员,接待处大厅	2016年10月24日
B10	秦××	女	55	大专	退休职工	高碑店村文化广场	2016年12月6日

续表

采访编号	采访人信息					采访地点	采访时间
B11	阿荣	男	40	高中文化	小企业主	古典家具城	2016 年 12 月 6 日
B12	阿军	男	22	高中文化	图书业务员	高碑店村阿军的出租屋	2016 年 12 月 7 日
B13	艳丽	女	27	大学文化	图书编辑	出租屋	2015,12 月 10 日
B14	小芬	女	22	高中	打工者	高碑店村	2015 年 10 月 11 日
B15	侯姓三表哥	男	35	大学文化	企业老板	海淀区人民大学西门附近的一家咖啡厅	2015 年 12 月 20 日
B16	王××,高碑店居民	女	56	小学文化	无业,农转非	高碑店文化广场	2015 年 9 月 13
B17	孙××,高碑店居民	女	48	没上过学	无业,农转非	高碑店文化广场	2015 年 9 月 13
B18	刘××,高碑店居民	女	50	小学文化	无业,农转非	高碑店文化广场	2015 年 9 月 13
B19	刘××,高碑店居民	男	50	小学文化	无业,农转非	办公室	2013 年 9 月 14
B20	浩××,高碑店居民	女	40	小学文化	无业,农转非	高碑店文化广场	2014 年 9 月 15
B21	郝××,高碑店居民	女	42	小学文化	无业,农转非	高碑店文化广场	2016 年 9 月 19
B22	牛××	男	45	大学	职工	高碑店某一社区	2013 年 9 月 17 日
B23	刘××,社区居民	男	50	小学文化	无业,农转非	社区楼下	2016 年 7 月 18 日

续表

采访编号	采访人信息					采访地点	采访时间
B24	李×,社区居民	男	35	大学文化	小学教师	咖啡店	2014 年 9 月 20 日
B25	王××,社区居民	男	52	中学文化	社区支援	社区楼下	2014 年 7 月 19 日
B26	刘××,社区居民	女	56	没文化	无业	社区	2014 年 7 月 20 日
B27	李×,××村	男	52	中学文化	社区职员	社区楼下	2013 年 7 月 21 日
B28	小田	女	35	高中	小业主	社区	2013 年 7 月 12 日

注 A1 – 24 社区居民,B1 – 28"城中村"居民。